政党外交与全球治理丛书

"冰上丝绸之路"倡议下北极经济发展的国际协调机制研究

肖 洋·著

时事出版社
北京

图书在版编目（CIP）数据

"冰上丝绸之路"倡议下北极经济发展的国际协调机制研究 / 肖洋著. --北京：时事出版社，2025.3.
ISBN 978-7-5195-0647-6

Ⅰ.F551

中国国家版本馆 CIP 数据核字第 2024JD9390 号

出 版 发 行：时事出版社
地　　　　址：北京市海淀区彰化路 138 号西荣阁 B 座 G2 层
邮　　　　编：100097
发 行 热 线：（010）88869831　88869832
传　　　　真：（010）88869875
电 子 邮 箱：shishichubanshe@sina.com
印　　　　刷：北京良义印刷科技有限公司

开本：787×1092　1/16　印张：15.75　字数：275 千字
2025 年 3 月第 1 版　2025 年 3 月第 1 次印刷
定价：140.00 元
（如有印装质量问题，请与本社发行部联系调换）

本书受到国家社会科学基金项目"'冰上丝绸之路'倡议下北极经济发展的国际协调机制研究"(项目批准号:19BGJ076)、北京市优秀人才培养资助青年拔尖个人项目(项目编号:2016000026833ZS06)的资助,特此表示感谢!

自　序

北极经济治理堪称一个影响全球地缘政治经济格局的战略问题。如同海雾茫茫背后若隐若现的巍峨冰山，似乎可探知其轮廓一二，但仍然有诸多变数有待浮现。当下，大国之北极竞争和合作，已是初露峥嵘，难以一笔写就。本书的写作是笔者在国内北极研究暂时沉寂后的逆向思考，虽然当前北极治理受到亚欧地缘政治影响而陷入困境，但学术研究不能因噎废食，更不能由此判断北极研究进入了"死胡同"，反而应冷静理智地"风物长宜放眼量"，以北极将长期作为地缘热点区域的学术判断来坚定研究初心。

随着北极治理的核心议程从环境保护向经济开发逐渐延展，国际机制作为国家间的协商平台，将扮演对北极区域经济治理的关键角色，因此各北极利益攸关方也必然会加大在北极经济资源开发与北极国际机制话语权两个领域的博弈力度。对于"冰上丝绸之路"建设而言，在面临北极既有国际机制先发竞争优势的情势下，中国理应围绕机制效率这个"牛鼻子"，扬长避短地实施效率竞争策略，即充分发挥中国在北极基础设施建设领域的技术与施工经验，对北极自然资源开发的投资优势，以及中国对北极商品的市场开放优势，将这些优势有效整合到"冰上丝绸之路"倡议的整体框架和实施过程之中，从而在与北极既有国际机制的竞争中显示出后发优势，为促进北极地区经济发展奠定高效化基础。"冰上丝绸之路"倡议在解决跨区域经济要素流动与整合方面所展现的高效率，是北极国家将其主导的国际机制与"冰上丝绸之路"相对接的底气之源。因此，提升"冰上丝绸之路"倡议促进北极经济发展的实践效率，有助于为中国参与北极经济治理营造良好的国际机制环境。

北极经济治理是北极治理的前沿议题，其本身也是区域与国别研究的极佳案例。学术的声誉不仅来源于作者的学识，更来源于研究主题本身所具有的前瞻性、科学性和价值性。中国的崛起离不开对极地战略环境的精细化研究，"冰上丝绸之路"的有效推进也离不开对北极利益攸关方之间机制构建的实证研究。从亚欧大陆甚至是北半球经济整合的视角来看，北极经济发展终将从机制崩坏重回机制重构的轨道，面对百年未有之大变局，作为重要的北极利益攸关方，中国不应缺席，也不可缺席。

新时代的中国战略视野愈发清晰，不仅是深海冰原，更是星辰大海。构建基于人类命运共同体和中国政治哲学视角的智慧体系，为北极治理发挥积极的作用，是笔者努力的方向。这种努力也是新一代极地研究学者的自我修养过程。一个国家的国祚昌隆，依赖于资深学者的德性修养与大局思维。与时俱进地研判北极战略格局体系的演变，是一个漫长且艰辛的过程，但如钻木取火般令人充满希望。探索中国制度性护持北极权益的有效路径，同时完善中国对于北极地缘战略格局的认知框架，是笔者的写作初心。毕竟，学者对任何国际政治问题的关注，落脚点还是在于中国关怀，以及对其的挚爱与祝福。

本书是笔者主持的国家社会科学基金项目"'冰上丝绸之路'倡议下北极经济发展的国际协调机制研究"（项目批准号：19BGJ076）的结项成果，感谢学界同仁的抬举与厚爱！我愿奉己余生，致力于北极问题研究，与祖国一同负重前行，早日重启属于中华民族的荣耀时代！

肖 洋
2024 年于北京

目录
Contents

第一章 研究设计与研究概要 ……………………………… (1)
    第一节 研究初衷、核心问题与概念界定 ……………… (1)
    第二节 北极经济与国际机制的文献回顾 ……………… (8)
    第三节 前提假定、理论假设与推导过程 ……………… (18)
    第四节 研究价值、创新之处与研究思路 ……………… (23)

第二章 机制现实主义视角下的北极经济发展 …………… (29)
    第一节 机制现实主义的学理框架 ……………………… (29)
    第二节 北极国际机制的权力属性 ……………………… (38)
    第三节 北极国际机制的公益属性 ……………………… (44)

第三章 北极经济发展中的国际机制复杂化 ……………… (51)
    第一节 国际机制复杂化的学理基础与框架 …………… (51)
    第二节 北极经济发展的国际规范多元供给 …………… (59)
    第三节 北极经济治理国际机制的多维互动 …………… (74)

第四章 北极经济发展中的国际机制竞争 ………………… (84)
    第一节 大国因素与北极国际机制竞争 ………………… (84)
    第二节 等级结构与北极国际机制竞争 ………………… (91)
    第三节 理念差异与北极国际机制竞争 ………………… (99)

第五章　北极经济发展中的国际机制协作 （110）
  第一节　北极经济治理国际机制协作的演化模式 （110）
  第二节　北极经济治理国际机制协作的动力要素 （119）
  第三节　北极经济治理国际机制协作的行为逻辑 （126）

第六章　国际机制与北极经济发展的地缘政治经济格局 （136）
  第一节　北极地缘政治经济格局的冲突逻辑与规则导向 （136）
  第二节　国际机制与北极地缘政治经济格局的互动模式 （142）
  第三节　北极地缘政治经济格局的安全风险与研判路径 （148）

第七章　国际机制与北极经济发展的规则设置 （166）
  第一节　北极地区国家话语权威与国际规则构建 （166）
  第二节　北极国际机制封闭性与排他式规则构建 （175）
  第三节　国际机制与北极航运治理国际规则构建 （190）
  第四节　国际海事组织与《极地规则》标准权威 （194）

第八章　"冰上丝绸之路"与北极国际机制的融合路径 （205）
  第一节　国际机制距离对北极经济一体化的影响路径 （205）
  第二节　"冰上丝绸之路"与北极国际机制的对接逻辑 （219）
  第三节　"冰上丝绸之路"与北极国际机制的融合路径 （226）

参考文献 （233）

后　记 （243）

第一章 研究设计与研究概要

21世纪的第三个十年，是北极治理从环境治理转向经济治理的转折之年，这不仅因为北极地区的持续转暖使得北极经济开发的愿景日益明朗，更在于北极治理，特别是北极经济治理已经成为区域内外大国共同关注的议题领域。虽然全球政治经济秩序和欧亚大陆安全环境存在持续动荡的发展趋势，但北极作为全球政治经济的新兴区域，将在较长的时间内仍然是一个大国和平博弈的区域。即使存在北极战略分歧和利益冲突，主要的北极利益攸关方仍然有意愿在特定北极经济发展议题上开展双边或多边协调，而非选择武力对抗。因此，随着北极冰融的加速，北极地区的秩序构建与大国之间的权力角逐，都将在北极地区国际协调机制的框架内徐徐展开。北极经济治理将成为北极治理研究的核心领域，不仅涉及北极资源治理、北极航运治理、北极原住民经济权益维护等传统议题，还包括北极投资的地缘政治风险、北极经济协调机制政治化、北极国家国内法"长臂管辖"等新兴议题。当前，北极地区出现了不同的国际机制，以协调区域或次区域的经济发展事务，并致力于在具有话语优势的议题领域推动相关国际规则的构建。国际机制是北极经济治理国际规则设计的主体，亦是北极秩序及相关国际制度体系的构建基础，对北极经济治理的发展方向和北极地缘政治经济格局的演变趋势，具有极为重要的影响力。因此，本书从北极经济治理的视角研究国际协调与规则设置问题，就需要关注北极国际机制的协调功能与有效性。

第一节 研究初衷、核心问题与概念界定

一、研究初衷

北极治理的国际机制安排基于这样的愿景：北极地区已经随着气候暖

化，从全球地缘政治经济格局的"边缘地带"成长为"热点地区"，并且成为国际治理机制创新的"试验田"。如今北极地区已经显示出经济开发的巨大潜力，不仅引起众多国际能源公司的注意，而且促使非北极国家与北极国家共同关注北极经济开发的利益协调与权益保护问题。虽然当前北极并非国际政治的核心地区，但仍然深受大国地缘战略博弈的影响。

和平与发展能否成为21世纪北极治理的时代主题？关于这个问题，国际社会存在不同的看法。一是从传统的地缘政治视角出发，认为北极作为全球自然资源开发的宝藏，必然成为大国战略博弈的新场域。这种新现实主义的叙事风格，在美俄北极对抗与北约北扩中都得以验证。按其理论逻辑，美国、俄罗斯、欧盟的战略互动对北极地区所产生的溢出效应，将在较大程度上影响北极经济治理的发展轨迹。由于从人文社科的学术框架研究北极治理成为自2007年俄罗斯"插旗事件"后的一股学术热潮，很多对北极事务感兴趣的政策分析者，尽管对北极地缘政治经济格局认识有限，但大多坚持按照现实主义的"权力逻辑"来认知北极地区的未来发展。二是从区域主义的视角出发，认为北极国家主导的既有北极国际机制能够促成北极合作，为未来北极经济开放提供了国际协调的机制保障。例如，北极理事会在2021年发布的《北极理事会战略计划》，就明确指出北极国家有责任、有实力让北极成为一个独特的国际合作空间。虽然北极理事会已经向非北极国家有限开放，但未对北极治理及其国际协调机制产生深刻且积极的影响。[1]

以上这两种观点并未对北极经济治理研究提供一个合理的理论框架与方法论思路，更难以诠释当前北极利益攸关方之间对利益协调的现实需要与共建机制的愿望，尤其是在北极经济开发领域，相关利益攸关方在制定北极区域、次区域协调机制方面具有明确的共同利益需求。这就为北极经济治理研究提供了新的学术机遇，促使学者将北极治理研究的视野，从传统的环境保护转向经济开发，从宏观层面的北极区域治理，下沉到中观层面的次区域国际经济协调与合作，甚至微观层面的国别经济发展规划。

北极经济治理不仅是北极治理的重要组成部分，也会对全球政治经济格局产生深远影响。然而，当前国内北极治理研究，仍然停留在环境治理、地缘政治格局演变等传统议题领域，即使是涉及北极航运、北极能源开发、北极基础设施建设等经济治理议题，也大多呈现出散乱化的状态，

---

[1] 奥兰·扬、杨剑、安德烈·扎戈尔斯基：《新时期北极成为和平竞争区的发展逻辑》，《国际展望》2022年第3期，第2—6页。

缺乏系统论证。这表明，虽然一些具有远见卓识的国际关系学者，已经认识到北极经济开发的研究价值在不断增大，但受困于研究资料的匮乏和学科背景的限制，难以独立完成这种跨学科融合的研究创举。北极经济治理研究在方法论和国际关系理论层面尚存有一定的学术空白，主要表现在以下四个方面。

一是北极经济治理的概念内涵不明确。北极经济治理的内涵十分丰富，包括国家间的共同北极经济利益辨识、北冰洋公海资源开发、北极国际经济协调机制构建、北极经济活动的环境影响评估、负责任北极矿业开发、北极航运、北极商业融资等，这些议题的研究可以遵循全球经济治理的思维，同时也可以向国际政治经济学借鉴学科知识。但问题在于，当深入研究这些议题时，会发现每个议题的实践场域和行为主体各不相同，难以通过某种相同的思维逻辑对其进行逐一框定。这就使得研究北极经济治理面临一个首要问题，那就是北极经济治理是否会因研究对象的特色差异，从而难以产生共识性的概念内涵？虽然学者们已经认识到北极经济治理的议题复杂性，但仍然无法从中找到贯穿北极经济治理的核心逻辑链条，或者说是真正的研究抓手，这就是造成国内外北极经济治理研究长期呈现"碎片化"特征的根本原因。由此可见，若想准确把握北极经济治理的概念内核，就应该厘清"议题特征差异—治理思路转变—治理规则有效性"三者间的互动关系。

二是北极经济治理议题对相关国际机制发展的影响力存在差异性。由于北极经济治理的各个议题领域具有不同的实践主体和实践倡议，这自然对相关国际机制的发展，特别是相关治理规则的构建产生不同程度的影响。由此产生的问题是：哪些议题领域易于或难以推动国际机制协调功能的发展？对这个问题进行深入思考之后，我们会触及其背后的逻辑深意：如何解释国际机制对北极经济治理的有效性，国际规则的有效推广能否推动国际机制的权威化发展。

三是北极经济治理的概念解析需要融合不同理论流派的核心理念。在探讨北极经济治理的过程中，可借鉴国际机制理论与地缘政治经济理论，以增强对不同议题领域的解释力，提升多边协调机制对北极国际合作的促进作用。例如：国际机制理论的内核是否符合当前北极经济治理的现实需求；国际机制围绕北极经济发展的核心议题所进行的规则构建过程，能否摆脱国家间权力政治的约束。由此可见，北极经济治理研究有助于推动既有国际关系主流理论的更新与发展。

四是从北极经济治理的实践层面来探讨北极经济治理的方法论变革与

演进机理，有助于明晰其真正的概念内涵。例如，围绕北极国家试图垄断北极经济治理事务的决策权，探讨北极国家的集体性机制霸权问题，以及非北极国家在北极国际机制中的话语权提升路径问题，都可以作为探讨北极经济治理概念内涵的突破口。事实上，以治理实践为基础倒逼北极经济治理的范式改革，其本身就是一种学术思路创新，能够厘清北极经济治理国际机制构建的阶段性发展历程。

本书旨在探析上述这四个尚待明晰的主题，这不仅是一场徜徉于北极治理研究前沿的学术之旅，更是兼具战略价值与经济价值的有益探索。本书希冀对北极经济治理国际机制的演变路径进行深入研究，从而达到以下目标：（1）提出能够合理阐释北极经济治理国际机制体系演化的理论框架；（2）厘清影响北极经济治理国际协调机制有效性的影响因素；（3）审视北极经济治理实践对国际机制理论和地缘政治经济理论创新发展的现实价值；（4）探索北极经济治理范式选择的核心要素与发展态势。

二、核心问题

是否存在国家间的相互依赖和国际协调机制，是划分北极地区和平与冲突的历史界线。诚然，国家间的北极利益协调并非易事，在经济民族主义和地区霸权主义的双重压力下，北极地区经济发展面临贸易壁垒、外资审查及双重汇率的障碍，正是因为这种以邻为壑的宏观经济政策往往导致互相攻伐、两败俱伤。为了有效开发北极，避免冲突升级，借助国际机制来进行国际利益协调不失为一种较为可行的方式。北极经济治理需要大量的知识储备和科技支持，这已经超越任何一个北极利益攸关方的国力极限，随着越来越多的经济治理议题的出现，为了规范相关利益攸关方的行为，则需要设计大量的国际规则。北极作为欧亚大陆为数不多的自然资源丰储区，自然引起各国决策者的高度关注，并且围绕北极国际机制的规则设计过程展开激烈的博弈。与此同时，北极地区的国际机制作为北极秩序的重要基础，逐渐成为北极治理的重要平台，一方面及时增补北极经济领域的国际规则，另一方面也提升对各北极利益攸关方的协调功能。可以说，北极地区的经济发展，已经出现了北极国家的国内规则逐渐与国际机制构建的普适性国际规则共存的发展趋势。当然，就当前北极经济治理的现状而言，北极地区的国际规则仍然不够完善，北极国家的国内规则和主权管辖实力仍然对北极经济治理事务产生重要影响。但这不能掩盖一个事实，那就是：北极经济治理已经不能囿于某一国家的实力范围，以国际机制为代表的多边协商平台，逐渐掌控着北极经济治理国际合作的发展方向，更掌控着相关经济开发领域国际规则的演化路径。由此可见，无论是北极国家还是非北极国家，都已认识到协商而非冲突才是维护本国北极权益的有效路径，因此，它们都高度关注北极国际机制的演化进程并纷纷加入其中，围绕北极经济治理国际规则的主导权展开争夺。

本书研究的核心问题是国际机制如何影响北极经济治理国际规则的演化过程。可以这样认为：国际规则是构成北极秩序的基本单元，国际机制是产生国际规则的基础平台。国际机制源于国际政治行为体为了有效解决某一共同关心的治理难题的初衷。在北极经济治理领域，各利益攸关方，特别是国家之间存在利益诉求差异、权益护持能力差异、战略执行力差异等，导致国际机制难以面面俱到地覆盖所有的议题领域，因此同一治理议题领域有可能出现多个国际机制。例如，北极经济治理领域就存在由国家主导的北极理事会、跨国企业主导的北极经济理事会和冰岛发起的北极圈论坛等不同机制。北欧地区的经济合作呈现出以斯堪的纳维亚半岛国家、欧盟、美国、俄罗斯和特定治理议题为核心的多元化机制共存格局，如巴伦支海欧洲—北极圈理事会、北欧部长理事会、北方论坛等。可以说，在北极经济发展的议题领域并存着多类、多层次国际机制，是当前北极经济治理和北极地缘经济关系的重要特征。

整体而言，北极地区的国际制度体系相较于欧亚等其他地区而言是不够完善的，其中，作为国际制度重要组成部分的国际机制，也并非严格按照设计者的初衷徐徐演进，尤其在国际机制内部的权责界定领域无法长期保持明晰有序，时常受到国家权力政治影响。此外，处于同一治理议题领域的不同国际机制之间，在治理目标定位与运行功能保障等方面通常存在同质性和交叉性趋势，不可避免地发生竞争和抵牾。这种国际机制在内外两个层面存在的竞争性，不仅有可能削弱国际机制的协调功能及对某一治理议题的治理成效，更有可能造成国际机制的失灵和"退化"。事实上，由于北极经济治理的低政治敏感性，相关国际机制的构建难度并不是很高。目前，北极经济治理比北极环境治理的国际机制数量要多，已经成为北极治理国际机制中较为成熟的议题领域。当国际机制日益增多且无序化发展时，彼此之间不可避免地出现了"契合风险"，[①] 难以有效发挥国际协调的作用。因此，为了有效疏导北极经济治理国际机制的混乱现象，需要从根本上解决国际机制的长效化问题。

[①] 卢静：《全球治理：困境与改革》，社会科学文献出版社2016年版，第208页。

对于当今中国北极外交实践而言,"冰上丝绸之路"倡议在欧亚大陆两端的布局与沿线地区既有国际机制存在地缘上和治理议题上的诸多交集。显然,当前北极地区各类国际经济机制之间相互掣肘的状况不利于"冰上丝绸之路"倡议的稳步推进,同时也为中国北极外交实践的资源投放与合作对象带来了选择困境。中国提出的"冰上丝绸之路"倡议作为一项极具开创性的顶层设计,必然以国际合作和互利共赢为基础,必然主动参与和融入北极地区既有国际机制,以此仔细研判不同国际机制之间的实践特征与功能性优势,有助于为"冰上丝绸之路"倡议的机制化构建指明发展方向。由此可见,如何实现"冰上丝绸之路"倡议与北极航道沿线既有国际机制的有效对接,如何通过国际机制的协调功能来化解"冰上丝绸之路"倡议与相关北极利益攸关方之间的利益摩擦与认知冲突,如何让北极国际机制认可"冰上丝绸之路"倡议的理念与原则,从而促使北极国家以积极、正面的态度来认知和对接"冰上丝绸之路"倡议,这是中国政府参与北极治理,特别是北极经济治理亟须解决的顶层设计问题。在这一过程中,应从国际机制演化的多重维度出发,审视北极地区经济发展过程中的"国际规则—国际机制—国际秩序"三者间的逻辑脉络。其中,北极国际机制有效性的可持续性,以及国际机制之间的竞合关系及其可能走向,是学界需认真探索的新兴议题。

三、概念界定

在本书的撰写过程中,将多次出现一些与北极经济治理相关的概念,在此对其内涵进行界定。

第一,区域。区域是一个多学科共用的名词,且概念界定具有明显的学科特点。例如,地理学将区域定义为地球表面的地理单元;经济学将区域定义为具有相对完整经济属性的经济单元;政治学认为区域是国家实施有效管辖的行政单元;社会学将区域界定为具有某种相同人类社会特征的社区。然而,区域的根本属性是整体性,即埃德加·M. 胡佛所定义的那样:"区域是基于描述、管理、分析、决策等目标而加以整体考虑的一片地区。"[1] 由于各学科都将区域概括为一个兼具自然地理和人文地理特征的整体性地理范畴,这就要求我们充分考虑区域内各行为体之间利益界定与

---

[1] Edgar Malone Hoover, "An Introduction to Regional Economics", New York: Knopf, 1975, pp. 25 – 74.

关系协调问题。由此可见,从北极研究的维度来看,区域可以被视为因地理、经济、政治、文化等多种因素联系在一起的地理空间。

第二,区域治理。区域治理是指政府和非政府等利益攸关方为实现区域公共利益诉求,通过协商和谈判等多种方式围绕区域公共事务所采取集体行动的过程。区域治理是一种集体协商与协作,必然强调利益攸关方之间的合作关系构建,因此区域治理往往会伴随协调机制的产生。

第三,北极。北极是指地球北极圈内的区域,即北纬66°34′以北的地理区域,包括北冰洋盆地和挪威、瑞典、芬兰、丹麦、冰岛、俄罗斯、加拿大、美国八个北极国家的北部领土。北极陆地面积约为800万平方千米,连接欧亚大陆和北美大陆。北极海域面积约为1475万平方千米,包括北冰洋及其边缘海域,如挪威海、白令海、楚科奇海、巴伦支海等。

第四,北极经济治理。北极经济治理是指在北极区域经济的自然发展不断受到北极地缘政治格局动荡影响和大国政治博弈冲击的背景下,为适应北极经济发展的现实要求而进行的国际合作关系构建与国家行为调整实践。可以说,北极经济治理是北极利益攸关方为了适应经济和社会发展而产生的集体利益诉求。大多数北极经济研究都是从北极国家的内部经济联系与国家安全需要出发,属于国别研究的范畴,而从国际经济合作及其机制保障为视角的研究则相对比较缺乏。要准确把握北极经济治理的内涵,就不能只从经济学的视角研究北极发展问题,而应强调非经济因素的重要性,特别是国际机制、国际协调在北极区域发展中的作用。

第五,国际机制。国际机制是指在某一特定国际治理领域中,各国际行为体共同制定的一系列明确的或隐含的原则、规范、规则和决策程序。原则是指对治理对象和因果关系的信念,规定了国际行为体应追求的目标;规范是指基于义务和权利基础之上的行为准则;规则是指对国际行为体特定行动的规定,明确国际行为体的权利与义务;决策程序是指制定集体行动政策的实践过程,提供了实施原则和改变规则的方式。[1] 因此,国际机制是在无政府状态下既设定国家的义务与权利,又规定或约束某些国家行为。国际机制对国家在国际体系中的行为方面具有极强的解释力。由于国际体系的运作仍然基于国家主权原则,但国家的私利性灵活且主观,因此国际机制可以重塑国家对自身利益的认知,从而影响国家对利益的期望。因此,国际机制反映出国家自发改变国际体系中利益冲突的不和谐状

---

[1] Stephen D. Krasner, "Structural Causes and Regime Consequences: Regime as Intervening Variables", International Organization, Vol. 2, 1982, pp. 185-205.

态，有助于进一步洞悉国家间的权力博弈态势和内生性利益导向。[①]

第六，国际协调机制。国际协调机制是近代国际关系实践的产物，源于1815年维也纳会议后形成的"欧洲协调"机制，即欧洲各大国通过举办国际会议等方式研讨欧洲国际关系发展趋势，并集体决定采取干涉行动以维护国际关系的现状，其本质上是大国磋商并协调行动的机制。二战后建立的雅尔塔体系则是大国协调机制从欧洲走向全球的标志。一方面国际协调机制需要国际关系行为体在特定治理议题上具有共同利益，并有意愿展开合作；另一方面国际协调机制的参与方需要明确共同的目标，并遵守共同的行为规范。此外，国际协调机制的运行需要各参与方让渡一部分权力以汇集成集体共有权力，用于护持各参与方的共同利益。最为重要的是，国际协调机制存在的价值是其采用协商和谈判的方式化解国际冲突与利益争端，并进一步实现国际机制的制度化。概而言之，国际协调机制是通过制定国际规则和集体行动范式等方式，以共同协商和共同行动为基础来应对某类共同关心的治理议题，从而维护国际治理场域的有序性和国际协调机制成员的共同利益。

第七，国际规则。国际规则是国际行为体为了维护全球或区域秩序的稳定有序，通过相互协调与合作等方式，基于共同利益护持和提升国际交往成效，构建出对国际规则签约方具有同等约束力的规范性安排。国际规则是一种国际公共产品，能够被相关国际行为体共同使用，在某种程度上能够降低国际社会无政府状态的消极影响。国际规则包括成文国际规则和不成文国际规则两类，前者通常以国际公约、国际协定等国际法的形式出现，也可以是国际组织、国际机制的决议文件及相关制度性产物，后者则以国家间默契等方式表现出来。国际规则最重要的特征是其可持续性和普效性。在具体论述过程中，本书关注的是出台国际规则的各类北极经济治理国际机制，未能产出国际规则的国际机制则并非本书重点关注的对象。

第二节 北极经济与国际机制的文献回顾

虽然北极气候的持续暖化为北极经济开发提供了机会，相关北极大国

[①] Keohane, Robert O., "After Hegemony: Cooperation and Discord in the World Political Economy", Princeton: Princeton University Press, 1984, p.57.

纷纷加强对北极经济事务的研究力度，但在北极经济发展过程中也出现了区域、次区域公共治理难题，并且这些难题往往缺乏相应的规则供给与机制构建。如今，北极国家和非北极国家仍然在国际机制框架下探索实现"北极善治"的路径，并围绕国际规则的制定展开长期博弈。在这种趋势下，国际机制作为协调国家间利益关系的重要平台，已经深度融入北极政治经济秩序的构建过程。本节分为三个部分，分别介绍国际机制理论视域下的国际协调、国际机制与北极经济治理的规则构建、国际机制与北极经济治理的议题领域。

一、国际机制理论视域下的国际协调

协调既是一种积极行为，包括行动协调与政策协调等，又是一种良性状态，即体系内成员之间的有效配合，以最小的系统内部损耗来维护整体利益的有效组织状态。协调与合作的概念内涵不一样，迈克尔·斯宾塞指出："合作"既可以用于表述合作形式从磋商到协调的进化，也可以仅仅表示两者间的友好状态。磋商主要表现为信息交流，协调则是相对高级的状态，是基于相互依存之上的政策趋同和集体行动。[1] 罗伯特·基欧汉认为，既然"协调"是一个过程，那么"合作"就是在这一过程中所使用的方式。[2] 罗伯特·J.凯伯指出，国际间的经济关系谱线图的两端分别是政策冲突与政策协同，政策独立则居于中位，指不对外国政策及相关行动施加影响，本国决策也不受外国因素影响。政策冲突是指本国政策与外国政策具有利益对抗性，倾向于零和博弈；政策协同则表示愿意将部分自主权让渡给国际机制等超国家行为体，通过各类协调与合作来获得高层次且可持续性利益。[3]

在国际问题研究中最早涉及国际协调事务的是国际经济治理领域。在20世纪80年代，尤其是第四次中东危机爆发后，国家间的经济相互依存促使西方国家积极推动"国际经济协调"，这里主要表现为各国相互调整

---

[1] Michael Spence, "Some Thoughts on the Washington Consensus and Subsequent Global Development Experience", Journal of Economic Perspectives, Vol. 35, Iss. 3, 2021, pp. 67–82.

[2] [美]罗伯特·基欧汉著，苏长和、信强、何曜译：《霸权之后：世界政治经济中的合作与纷争》，上海人民出版社2001年版，第9—12页。

[3] [美]罗伯特·J.凯伯：《国际经济学》，中国人民大学出版社2017年版，第21—54页。

各自的经济政策。事实上，卡尔·凯瑟勒等指出，国际经济协调是各国政府间明确的经济合作方式，是在宏观经济治理过程中需遵守的规则约束。[①]这是因为各国以互利协商的方式调整各自的经济政策，以维护既有国际经济联系。因此，国际经济协调的核心要义就是"国家有意愿以互惠的方式自愿修订各自的国内经济政策"，这里的"有意愿"和"自愿修订"是国际协调机制得以形成的两大前提要素。"有意愿"是指国家才是国际协调的主体，也表示国际协调不是自然产生的，而是国家间良性互动和共赢认知的产物；"自愿修订"是指国家在未受外部干涉的前提下对本国政策进行修改，使之符合本国与他国共同利益的需要。

既然国际机制本质上是调整国家行为并控制其结果的规则和程序网络，那么在罗伯特·基欧汉的眼里，国际机制就是一种非正式的国际制度，或者说是国际制度的某种表现形式，甚至为了与克拉斯纳等新现实主义者相区别，罗伯特·基欧汉坚持新自由主义的学术理念，多次试图用国际制度来代替国际机制。正是由于在研究过程中，大部分学者既采用克拉斯纳关于国际机制的概念，同时又用罗伯特·基欧汉的新自由制度主义研究方法来研究国际机制的议题，所以当这两位学术巨匠围绕国际机制的内涵展开争论时，不禁让人产生这样的疑问：国际机制与国际制度的概念是否遵循同种逻辑？本书认为，国际机制属于新现实主义的表述框架，强调国家权力对国际事务的主导性作用；而国际制度则更多属于新自由主义的表述框架，强调国际制度可以动摇或维持国家间的权力制衡。因此，国际机制与国际制度之间的学术分野在于逻辑起点的差异。

苏长河指出，构建国际机制的目标是建立国家间行为关系网络和维护国际治理秩序，国际机制往往聚焦在特定议题领域，并且存在实际的载体和议事规则，进一步而言，国际机制安排的结果之一就是国际组织的诞生。[②] 我们可以发现，国际机制之所以能够引起如此之多的学术争论，就在于其逻辑结构缺乏严密的要素组成。克拉斯纳并没有跳出以肯尼斯·华尔兹为代表的新现实主义学派的思维定势，仍然坚持正是因为国家实力的变迁才导致国际机制的兴衰，其必然的逻辑推论就是"霸权稳定论"，即只有霸权国才能维护国际机制的稳定性和公共产品的可持续供给，落实到

---

① Karl Kaiser and John J. Kirton, "Shaping a New International Financial System: Challenges of Governance in a Globalizing World", London: Routledge, 2000, pp. 121 – 156.

② 苏长河：《全球公共问题与国际合作：一种制度的分析》，上海人民出版社2009年版，第81—82页。

没有霸权国的北极地区，那么就有可能出现北极大国集体供给公共产品，共同维护北极国际机制的现象。从政治学的角度来看，权力才是国际机制的核心要素。丁煌等指出：北极治理的核心背景是安全治理，而责任嵌入则是中国等非北极国家参与北极治理的重要路径，从而营造一个稳定的北极治理国际环境。①

由此可见，国际机制协调功能取决于国际机制中的主导型国际行为体的实力强弱水平。本书认为北极治理国际机制，就是在北极治理的特定实践场域中，由主导型大国和其他相关北极利益攸关方在相互协调的背景下所构建的原则、规范、规则、决策程序及其运作系统。其中，大国协调是国际机制得以顺利运转并且发挥作用的重要因素。国际机制的协调功能则基于国家间对加强彼此沟通、协商的共识度强弱，以及通过国际机制来提升共同收益、减少共同损失的认可度高低。

二、国际机制与北极经济治理的规则构建

北极治理仍处于全球无政府状态的背景之下，国际政治语境下的国际机制，是国家自发形成的一系列正式或非正式的一般行为模式或制度安排，其中，国际规则是这种制度安排中最为重要的组成要素。国际规则对国际机制的参与方产生约束力，能够在一定程度上塑造各行为体的实践预期。那么，国际机制对国家的约束力到底有多强呢？

以苏珊·斯特兰奇等学者为代表的结构现实主义学派就否认了国际机制具有独立性，认为国际机制不能作为国际关系研究的独立变量，而是一种干预变量，权力才是唯一有效影响国际关系的决定因素，国际机制在权力均势和国家利益面前不堪一击。② 新自由制度主义学派则以国际机制建立后的运转成效为出发点，认为国际机制虽然主要由霸权国创设，但在成立之后能够发挥信息传递、协调各国行动的功能，并且随着成员日益增多，国际机制对霸权国的依附性不断变弱，或者说霸权国难以完全掌控国际机制的运转过程，从而使得国际机制能够具有相对的独立性，难以被某个大国推翻或掌控，因此，新自由制度主义者肯定了国际机制的独立性，认为国际机制可以被视为国际关系研究中的独立变量，能够有效影响国家

---

① 丁煌、云宇龙：《责任嵌入：中国参与北极安全治理的路径选择》，《湘潭大学学报》（哲学社会科学版）2018年第2期，第13—17页。

② Susan Strange, "Cave! Hic Dragones: A Critique of Regime Analysis", International Organization, Vol. 36, No. 2, 1982, pp. 479–496.

间的互动关系，至少能够促进国家间的沟通与合作。格劳修斯学派甚至认为，国际机制是国际社会的唯一变量，可以直接影响国家行为。①

那么，国际机制到底是干预变量还是独立变量呢？这属于判断国际机制对国际关系影响力强弱的核心问题。对于这个问题，克拉斯纳作为国际机制研究的代表性学者，一方面秉持现实主义的思维定势，视国际机制为干预变量，认为在某种权力结构稳定状态下，国际机制能对国家产生影响，尤其是霸权国通过向国际机制成员提供国际公共产品并容忍其"搭便车"行为，以维持霸权体系的稳定。总之，在无政府状态下，国家只有在确保能够获得相对收益时才会参与国际机制并接受其协调功能。另一方面则坚持国际机制具有动态性，尤其是国际机制一经创设即会可持续产出国际规则，形成稳定的决策程序，这就使得由国家权力结构变动导致的"基变量"与国际机制的运转逐渐脱钩，产生了滞后性，甚至国际机制一旦成功运转则会对"基变量"产生反馈作用，改变国家间的权力结构与国家利益认知与取向。② 由此看来，学界对国际机制是作为干预变量还是独立变量的争论仍具有开放性。

本书认同国际机制是国际政治中的干预变量这一基础设定。在北极经济治理背景下，北极地区的国际权力结构仍然是影响北极经济发展的决定性因素，北极国际机制能否发挥有效的协调功能，取决于能否在一个相对稳定的国际权力平衡状态下持续运转。本书更进一步地探索认为，既有相对成熟的北极国际机制是具有一定独立性的干预变量，例如，持续运转28年的北极理事会，已经成功产出一系列国际规则，对北极国家产生了有效的约束力；北极经济理事会也加速出台各类国际规则用于指导北极地区的经济治理实践。这些国际机制的确受到大国权力博弈和北极地缘政治格局变动的影响。但总体而言，国际机制与地缘权力结构变动之间存在事实上的滞后性与反馈作用，北极国家也有意愿在既有国际机制中发挥影响力，这使得国际机制能够相对独立地发挥政策协调功能。

三、国际机制与北极经济治理的议题领域

北极经济治理属于全球公域治理的组成部分，其治理议题领域非常宽

---

① Stephen D. Krasner, "Regimes and the Limits of Realism: Regime as Autonomous Variables", International Organization, Vol. 36, No. 2, 1982, pp. 497–510.

② John G. Ruggie, "International Responses and Technology: Concepts and Trends", International Organization, Vol. 29, No. 3, 1975, pp. 557–583.

广。这一部分回顾了北极经济治理国际机制研究的相关文献，并对国内外既有北极经济治理的研究成果进行了议题分类，大致包括北极经济治理国际规则体系、北极航运治理、北极资源治理。

（一）北极经济治理国际规则体系

国际规则是北极经济治理的基础性约束力量，也是国内外关于北极经济研究的热点领域，主要集中在以下三个方面。

一是既有北极经济治理国际规则的影响因素研究。奥兰·扬在分析当前北极经济治理机制"碎片化"的基础上，论证了在环境领域构建国际机制的必要性。① 蒂姆·考伊夫茹瓦等从北极航运开发的视角分析北极国家的政策立场差异，指出北极国家和非北极国家在北极经济治理方面互有需求，非北极国家需要利用北极资源与北极航道，北极国家需要非北极国家为北极经济发展提供资金与技术。② 马修·兰德奥特等从国际政治经济学角度分析了北极利益攸关方通过多种路径塑造北极经济前景，并认为将北极理事会作为北极唯一经济治理平台是不完善的。③ 范·皮尔特等指出，当前北极海洋开发合作不成熟，尤其是北冰洋公海地区没有科学协作活动，且缺少北极海洋经济和科研工作的政策议程。④ 这些都是从国际机制构建的角度来分析北极经济具体领域的治理。

二是北极国家对北极地区国际协调机制的影响力研究。道格拉斯·诺德指出，北极理事会的轮值主席国机制为北极国家提供了相对平等的制度话语权，各国可以在其任期内提出本国关注的北极治理议题和实施计划。⑤ 娜迪亚·菲莫诺瓦认为北极国家已经垄断了北极治理机制的决策权，并为

---

① Oran R. Young, "Building an International Regime Complex for the Arctic: Current Status and Next Steps", The Polar Journal, Vol. 2, Iss. 2, 2012, pp. 391–407.

② Timo Koivurova, et al., eds., "Arctic Law and Governance: The Role of China and Finland", Hart Publishing, 2017, Foreword–China.

③ Mathieu Landriault, Andrew Chater, Elana Wilson Rowe and P. Whitney Lackenbauer, "Governing Complexity in the Arctic Region", Routledge, 2020, p. 2.

④ T. I. Van Pelt, H. P. Huntington, O. V. Romanenko and F. J. Mueter, "The Missing Middle: Central Arctic Ocean Gaps in Fishery Research and Science Coordination", Marine Policy, Vol. 85, No. 11, 2017, pp. 79–86.

⑤ Douglas C. Nord, "The Arctic Council: Governance within the Far North", New York: Routledge, 2016, pp. 24–59.

非北极国家参与北极事务设置了制度门槛。① 迈克尔·戈尔茨坦通过分析北极气候暖化造成的影响,进而提出北极国家通过限制非北极国家参与北极事务,集体垄断了北极理事会和其他国际机制,进而推动北极事务"私物化"趋势。② 亚历山德拉·米德尔顿也指出北极国家在北极理事会框架下对非北极国家采取排他性立场,阻碍了非北极国家实施其北极政策。③

三是既有北极治理机制的影响力研究。维萨·维塔宁等从地缘政治和地缘经济的角度出发,认为北极治理已经走向多维空间,指出北极地理空间的经济化已经成为北极治理的新常态。④ 达丽亚·格里森科从资源殖民主义理论的视角出发,指出北极既有治理机制成为北极国家争夺北极能源的工具。⑤ 杨剑等指出,随着北极治理日益成为大国博弈的敏感地域,为了增强北极国家与非北极国家之间的互信与合作,需要对既有多边平台进行技术性调整,以应对北极生态环境变化、航运管理、科研合作等治理议题。⑥ 赵隆指出,俄罗斯"北极2035"战略将会打破北极国际合作的地缘均势格局,加速北极国家的"蓝色圈地"运动,削弱北极理事会等地区协调机制的有效性。⑦ 潘敏等认为,当前北极治理态势呈现出"门罗主义"特征,北极国家通过排他性制度安排来垄断北极治理的话语权,北极科学部长级会议将成为跨北极合作的新平台。⑧

---

① Nadezhda Filimonova, "Prodpects for Russian – Indian Cooperation in the High North: Actors, Interests, Obstacles", Maritime Affairs, Vol. 11, 2015, pp. 25 – 33.

② Michael A. Goldstein, "Arctic Economics in the 21st Century: The Benefits and Costs of Cold", Journal of Economic Literature, Vol. 2, 2014, pp. 565 – 567.

③ Alexandra Middleton, "Scenarios for Sustainable Development in the Arctic until 2050", Arctic Yearbook 2021, pp. 3 – 5.

④ Vesa Väätänen and Kaj Zimmerbauer, "Geopolitical and Geoeconomics Articulations of the Arctic: Towards Multidimensional Spatiality?", Arctic Yearbook 2021, 2021, pp. 1 – 5.

⑤ Daria Gritsenko, "Energy Development in the Arctic: Resource Colonialism Revisited", Handbook of Research on International Political Economy Series, Edward Elgar, 2018, pp. 172 – 184.

⑥ 奥兰·扬、杨剑、安德烈·扎戈尔斯基:《新时期北极成为和平竞争区的发展逻辑》,《国际展望》2022年第3期,第1—21页。

⑦ 赵隆:《试析俄罗斯"北极2035"战略体系》,《现代国际关系》2020年第7期,第44—50页。

⑧ 潘敏、徐理灵:《超越"门罗主义":北极科学部长级会议与北极治理机制革新》,《太平洋学报》2021年第1期,第92—100页。

（二）北极航运治理

北极航运是北极经济开发的重要领域，相关研究成果较多。李振福等指出，"近北极国家"参与北极航运开发面临的最大制度性障碍是缺乏北极航运多边合作的国际平台，这也是促进跨区域北极航运合作的共同目标。[①] 郭培清认识到俄罗斯开辟北极航道有助于获得更多的海陆联运通道，增强东亚经济区与欧洲经济区的经济联系。[②] 白佳玉从航运环保视角出发，指出北极航运存在着重油管控的行业标准博弈，其中国际海事组织和北极理事会都围绕北极航运的重油污染治理议题展开相关的建章立制活动，这需要船旗国、港口国和北极航道沿岸国进行协调与配合。[③] 孙凯等指出，当前北极航运治理处于建章立制的关键时期，北极航运不仅能够降低国际贸易的物流成本，同时将导致国际产业链的变化。[④] 爱德华·卡努尔指出，北极理事会是北极航运治理的重要平台，其出台的一系列北极航运治理国际规则有助于促进北极可持续航运治理。[⑤] 戴迪·R. M. 希钦斯指出，非北极国家也通过既有北极治理多边平台参与了北极航运治理的相关合作，并对北极航运重油运输和压舱水运输提供了环境保护领域的政策建议。[⑥] 兰伯特·约瑟夫等设计了一套评估北极航运成本、机遇和环境风险的评估体系，认为到2035年北极航运将迎来大发展时代，而隐性损伤成本则成为未来北极航运的重要风险。[⑦]

[①] 李振福、彭世杰、刘坤：《"近北极国家"的北极航行事务参与行为研究》，《欧亚经济》2022年第3期，第111—124页。

[②] 郭培清：《俄罗斯北方航道的战略价值及面临的挑战》，《人民论坛》2021年第13期，第106—109页。

[③] 白佳玉：《可持续发展视域中的北极航运重油管控趋向及中国应对》，《东岳论丛》2021年第10期，第171—182页。

[④] 孙凯、刘腾：《北极航运治理与中国的参与路径研究》，《中国海洋大学学报》（社会科学版）2015年第1期，第1—4页。

[⑤] Edward Canuel, "Sustainable Development, Natural Resource Extraction, and the Arctic: The Road Ahead", Alaska Law Review, Vol. 1, 2016, pp. 31-64.

[⑥] Diddy R. M. Hitchins, "Non-Arctic State Observers of the Arctic Council: Perspectives and Views", Leadership for the North, Springer 2019, pp. 167-183.

[⑦] Lambert Joseph, Thomas Giles, etc., "A Techno-Economic Environmental Cost Model for Arctic Shipping", Transportation Research, No. 151, 2021, pp. 28-51.

（三）北极资源治理

北极资源开发及其治理机制是北极治理研究的新兴议题领域，其中主要包括北极油气资源开发与北极矿业资源开发两个部分。罗猛等指出北极气候暖化使得北极地区经济价值日益凸显，北极国家围绕北极资源开发产生了诸多矛盾与冲突，共同开发北极资源理应成为北极自然资源开发争端解决机制的构建理念。[①] 奚源从环境伦理学的理论视角出发，指出北极资源开发应坚持可持续性和无公害化原则，注重从代际公平的维度实现北极资源开发与北极生态环境保护之间的平衡性。[②] 钱宗旗从俄罗斯北极开发的国家决策过程入手，指出北极资源开发已经成为俄罗斯民族复兴的重要路径，围绕北极能源开发和北极航运开发，俄罗斯与其他北极国家必然展开激烈的北极战略博弈。[③] S. 克兹缅科等学者分析了欧洲能源供应链对俄罗斯的非对称依赖，指出俄罗斯通过开发北极天然气资源和拓展对欧洲的天然气输送管道，可以进一步增强对欧盟国家能源安全的影响力。[④] 布莱特·达勒等关注北极矿业开发、政治结构与俄罗斯、挪威特定北极资源型城市发展之间的内在联系，填补了北极矿业发展与北极生态环境保护之间的学术空白，探索了可持续矿业开发与生态环境"破坏区"之间的内在联系。[⑤]

由此可见，国内外学界都已认识到国际机制构建与北极经济治理的适用性关系，并在以下三方面存在相同或类似的认识：一是北极经济开发是一种区域经济协调的过程，北极国家南北领土之间和北极国家之间都存在事实上的经济相互依存关系，这就是实现北极经济区域协调发展的逻辑起点；二是北极地区的经济开发具有开放性，这使得跨区域北极经贸合作成

[①] 罗猛、董琳：《北极资源开发争端解决机制的构建路径——以共同开发为视角》，《学习与探索》2018年第8期，第97—103页。

[②] 奚源：《环境伦理视阈下的北极资源开发研究》，《北京理工大学学报》（社会科学版）2017年第4期，第144—149页。

[③] 钱宗旗：《俄罗斯北极开发国家政策剖析》，《世界经济与政治论坛》2011年第5期，第78—91页。

[④] S. Kozmenko, A. Teslya and A. Shchegolkova, "Economic Conditions of the Arctic Natural Gas Transportation System", IOP Conference Series: Earth and Environmental Science, Vol. 539, Iss. 1, 2020, pp. 1–4.

[⑤] Brigt Dale and Ingrid Bay-Larsen, "The Will to Drill-Mining in Arctic Communites", Cham: Springer, 2018, pp. 25–64.

为可能，但也存在资源民族主义与经济全球化之间的矛盾；三是北极地区的国际协调机制有助于促进北极经济的可持续发展，减少北极不同区域间的经济差异。

然而，从国内外文献梳理的结果来看，虽然已经有了对北极经济合作、北极治理国际制度构建、北极次区域经济发展三个方面的研究成果，但围绕北极经济开发的国际协调机制研究却是近些年国内外北极治理研究的新兴议题，整体处于初始阶段，至少在以下三个方面留下了学术研究机遇。

第一，理论框架与研究方法论不完善。现有研究大多基于区域合作理论、区域协同理论等视角，尚未深度分析北极经济治理所需国际机制的专业特征与类别以及国际规则供给困境，也没有具体探讨既有国际机制在提供北极经济治理国际规则、有效发挥国际协调功能的合适路径。在跨北极经济协同的国际机制构建、支撑体系、模式选择等方面，尚未构建出系统性的理论解析框架。

第二，研究视角具有相对狭窄性。一方面，既有北极经济研究大多从北极航运、原住民权益、生态环境保护的跨系统协同发展出发，仍然围绕环境保护与资源开发的平衡性展开论述，却难以对北极全域层面和区域层面的国际协调状况进行比较研究。另一方面，既有研究往往围绕特定区域的特定时间节点进行静态化研究，缺乏对北极国家经济发展的区域协调进行分阶段的动态化研究，因而难以准确把握北极经济发展的动态演变趋势与阶段性特征。

第三，缺乏对北极经济发展的定量分析。当前有关北极经济治理的研究成果主要集中于定性分析方面，缺乏对北极经济治理的地缘政治风险、北极经济治理国际协调机制构建的内生动力等相关议题的定量研究，更缺乏对北极大国多尺度地理空间的区域经济协调发展进行定量分析，这就导致对北极经济治理的研究长期浮于表面。较少有学者从地缘政治经济学的理论体系出发，对北极经济治理的本源性进行探索。例如，北极经济治理研究的理论基础是仅限于国际关系学科还是跨学科融合尚存有争议性，这就导致北极经济治理和跨国、跨区域协调的内涵有待进一步深化。

总而言之，随着北极地区气候持续暖化，北极经济治理必将成为国际研究的热点。在"冰上丝绸之路"倡议的指引下，中国如何有效参与北极经济治理，护持合理的北极权益，需要对北极区域经济协调及其支撑性国际机制进行深入探讨，唯有如此，方能将我国维护北极经济权益的路径选择与北极经济治理的有效实践联系起来，提出既符合北极经济治理现实，又具有可操作性的政策建议。本书从理论创新与实践经验相融合的角度出发，借鉴既有国内外研究成果的宝贵启发，尝试解析"北极经济治理—北极国际机制的规则构建—跨北极区域协调"三者间的互动关系，并为中国参与北极经济开发建言献策。

第三节 前提假定、理论假设与推导过程

本书基于经典国际关系理论体系中有关国际机制的知识谱系，采用定性与定量相融合的研究思路与方法论，梳理北极经济治理研究与国际机制研究等相关成果，围绕核心研究问题提出了四个前提假定，然后根据这四个前提假定推导出本书的理论假设，并以相关案例解析来验证理论假设的合理性。

一、国际机制参与北极经济治理的前提假定

前提假定一：不同的北极实践主体对北极经济治理的影响力存在差异性。

北极治理是所有北极实践主体互动的过程，其本质是人类实践活动在北极地区的扩展。国家、国际组织、跨国公司等都可被视为北极治理的实践主体，共同组成了不同维度的北极治理关系网络，并推动相关国际行为准则的构建和推广。然而，北极经济治理国际实践主体所掌握的国际政治经济资源存在事实上的差异性，北极经济治理所需的资源和力量投放规模随着治理议题覆盖面的增多而增大，因此，国家构成的北极经济治理网络体系具有议题覆盖面广、相关资源投入大且不断扩展与交织的特点；反观国际组织和企业所拥有的资源量则相对较少，前者源自成员的资源让渡，后者则源于企业自身的利润积累，这与国家相比都存在先天的弱势。由此可见，国家参与北极经济治理是基于国家安全与利益，国际组织参与北极经济治理则是基于国家间围绕特定北极经济治理议题的共同利益，企业参与北极经济治理则源于经济收益，这就使得国家成为影响北极经济治理演变趋势的核心国际行为体。

前提假定二：北极国际体系存在资源分配的不均衡性。

北极国际体系受到大国博弈和核恐怖平衡的影响，其社会资源与物质

资源分配都存在事实上的不均衡性，并且在一些特定的北极治理议题领域，还存在资源供给的稀缺性。因此，构成北极治理国际体系的国际行为体，特别是弱国小国以及非北极国家，出于国力弱势和地理劣势的双重约束，更希望通过国际多边协商平台来重新塑造相对公平的资源分配规则。北极治理国际机制及其相关的国际规则供给，都是一种国际公共产品，其合法性源于能够确保所有的北极治理行为体都能以相对较低的成本来获得北极国际体系的社会与物质资源。这就说明，国际机制不仅是弱国小国争取和维护北极治理权益的有效路径，也是强国大国获取国际话语主导权的制度性基础，因此，构建北极治理国际机制的本质，就是国家间探寻相对收益和绝对收益之间平衡点的范式选择。

前提假定三：北极经济治理国际机制存在层级结构。

权力博弈与相对有序性是北极地区无政府自助社会的必然产物，在北极大国权力博弈处于某种均势状态时，国际机制才能发挥促进国际合作、缓解国际冲突的作用，换言之，缺乏国际协调机制的国际社会往往会导致国际政治格局的动荡。既然主导北极治理进程的核心力量仍然是权力政治，那么作为国家间利益协调的国际机制也必然具备层级结构特征，这不仅导致不同地域范围、不同议题领域的国家间互动实践将产生影响力与权威性迥异的国际机制，同时也会使得国际机制之间存在事实上的权力差异，这直接决定了国际机制在协调国家利益、出台约束性国际规则方面的能力差距。本书认为，北极治理实践受制于国际政治经济格局的共同影响，因此需要从政治和经济两方面路径来研究北极经济治理的现实成效，应将北极经济治理国际机制作为分析对象。北极经济治理国际机制分为权威国际机制、准权威国际机制和非权威国际机制，三者构成了以国际影响力为核心评价指标的北极经济治理国际机制差序格局。就北极经济治理实务而言，国际海事组织是具有全球影响力的权威国际机制，在北极经济治理领域能够出台具有普遍约束力的国际规则。以北极经济理事会为代表的准权威性国际机制，出台了一系列具有特定约束力和国家覆盖范围的国际规则，但由于成立时间较短并且受到大国政治博弈的影响，北极经济理事会的国际公信力与相关国际规则的约束力仍然较为有限。以北极国家为主导的北极圈论坛和国际北极论坛，以及次区域北极经济合作机制则属于非权威国际机制，其数量较多但处于北极经济治理国际机制体系的底端，在国际规则竞争过程中处于劣势地位。因此，各类国际行为体在追逐北极经济治理主导权的过程中，必然会在国际机制和国际规则两个层面展开竞争，这也是北极经济治理体系演化过程中长期存在的基本特征。

前提假定四：北极经济治理国际机制具有自我调整功能。

北极经济治理的国际机制在形成一定规模和国际声誉后会趋于稳定，运转过程日趋规范化，但随着同类国际机制的不断涌现与发展，既有国际机制的守成状态将被打破，促使其对运转方式与发展方向进行自我调整。同时，北极地区经济治理缺乏领导型的国际机制，这就使得国际机制的可持续发展与其拥有的国际权威性密切相关，从而不得不加大对北极经济治理所需的环境信息与科技信息进行"自主学习"，甚至与包括竞争对手在内的其他国际行为体进行"沟通协调"，以逐渐弥补自身在国际规则制定与推广过程中的短板部分，在国际机制竞争过程中找到符合自身优势的定位，以重新达到均衡状态。国际机制的动态演进过程，既表明其拥有一定的自主性与灵活性，同时也表明国际机制的存在与发展和国家间的合作与协商密切相关，这亦是笔者对国际机制能够协调北极经济治理国际合作的信心所在。这至少表明一个事实：既有北极经济治理国际机制具有一定的独立性，能自我调整发展方向和构建相关的国际规则，不仅可以通过先发优势与规模优势打压竞争对手，而且可以通过内生性革新来获取在北极经济治理过程中的权威性。

二、理论假设及其推导过程

以上述前提假定为逻辑初始点，可以产生本书的理论主假设：北极国际机制通过国际规则来影响北极经济治理实践。北极国际机制是北极利益攸关方的利益协调平台，也是北极经济治理国际规则的构建主体，国际规则是核心要素，北极经济善治是根本目标。按照前提假定与理论主假设的逻辑结构，可推导出以下四个理论分假设。

从前提假定一"不同的北极实践主体对北极经济治理的影响力存在差异性"可推出分假设一：国家是北极经济治理的实践主体，大国是构建国际机制的核心力量。国际机制是权力政治的产物，权力越大的国家，对国际机制的影响力越强，大国的权力地位则更具优势，出于维护大国政治经济利益和国际地位的目标，大国有意愿推动相关国际机制的构建，并且能够成为这些国际机制的领导者。当国家权力在国际机制的框架下运作时，就能合法影响国际治理的实践历程。就这点而言，无论是作为国际机制主创者的大国，还是参与国际机制的其他国家，都看重了国际机制对国家权力的赋能作用。国际机制的可持续性也就依赖于国家权力框架的相对稳定性。

从前提假定二"北极国际体系存在资源分配的不均衡性"可推出分假

设二：北极治理的国际行为体为了获取国际政治资源与国际经济资源，往往需要借助以国际规则为载体的国际机制来维护自身的北极权益，因此，北极治理的某些领域存在有序性。当国际行为体日益增长的利益诉求与北极国际社会有限的资源总量之间存在矛盾时，则导致国际行为体会通过竞争的方式来获得对己有利的资源分配方式。在核恐怖平衡时代，这种竞争往往体现为国际规则的制定权与国际机制的议题设置权之争。因此，当存在某一治理领域的国际规则供给过剩时，往往在国际机制之间、国际规则之间同时出现竞争态势。

从前提假定三"北极经济治理国际机制存在层级结构"可推出分假设三：北极经济治理国际秩序存在等级性。理解北极经济治理就需要从洞悉北极地区国际秩序的本质开始。理解北极地区的国际秩序可以从两个维度入手：一是国际秩序的底线维度，即如何减少北极地区爆发国际战争的可能性；二是国际秩序的顶线维度，即如何设置北极地区的经济发展、社会进步、生态环境的最低标准。既然北极治理的行为主体仍然以主权国家为主，那么北极地区的国际秩序与全球层面的国际秩序的本质并无太大差异；国际秩序的存在价值就是维护既有国际体系的等级特征和改革国际体系演变模式之间的动态平衡。①

探索北极经济治理及其国际秩序的变革，需要从国际秩序的底线维度来思考，尤其是研究如何化解国家间的北极利益冲突，因此需要结合国家间权力博弈与国际秩序的"去中心化"这两个角度来理解。国家间权力博弈的表现形式是战争，国际秩序"去中心化"的表现形式是建立国际机制与国际规则。② 由于北极地区呈现出无政府状态，所有北极利益攸关方都面临"自助式"安全困境，因此国家间的实力差距就成为塑造北极地区等级性国际秩序的现实基础。换言之，实现北极地区国际秩序的稳定需要避免国家间的战争，而军事强国或军事集团的进攻性行为则成为改变北极地区国际秩序的主要动因。因此，即使是建立在均势基础上的北极秩序，其稳定性也会随着对抗性北极大国之间的国力对比变化而改变，这种以特定国际机制与权力平衡共同构建的国际秩序，仍然属于仅限于尽可能避免战争这一最低安全利益诉求的脆弱型国际秩序。由于经济治理深受地缘政治格局的影响，因此，北极经济治理国际秩序亦是具有明显的等级性和脆弱性。

---

① Ian Clark, "The Hierarchy of States", Cambridge: Cambridge University Press, 1989, p.14.

② 严骁骁：《等级制·正当性·霸权：伊恩·克拉克对英学派理论发展的贡献》，《国际政治研究》2022年第3期，第119—124页。

从前提假定四"北极经济治理国际机制具有自我调整功能"可推出分假设四：能否有效构建与推广国际规则，是决定北极经济治理国际机制权威性升降的关键要素。北极地区同质性国际机制之间存在竞争性，则必然引发相互关注与自我调整，尤其是从内外两个层面加大对知识结构、运作规则、议题扩展、目标设置等多个领域的完善力度，从而出台更有成效的国际规则以提升自身在北极经济治理结构中的位次。需要说明的是，北极经济治理是个内容颇为宏大的领域，既有国际机制不可能在所有治理议题领域都拥有足够多的知识与资源储备，也不可能在相应的国际规则设置过程中永远拔得头筹。事实上，北极经济治理的国际规则体系仍然不够完善，议题覆盖面仍显狭窄，这就使得不同位次的国际机制对于特定的治理议题领域具有相对优势。北极经济治理国际机制要想获得更高的权威性，一方面需要进行可持续的自主学习与借鉴其他竞争性国际机制的成功经验，另一方面则依赖于成员，特别是主导型大国或大国集团的支持与推动，因此北极经济治理的国际机制，具有相对自主性与绝对依附性两大特征。

北极经济治理的国际机制竞争在两个层面同时展开，即机制内竞争与机制外竞争。前者是国家间围绕国际机制主导权展开的竞争，后者是国际机制之间围绕在北极经济治理的权威性展开的竞争。本书所阐释的国际机制同时包括上述两方面的内涵，但主要聚焦于国际机制之间的竞争态势。北极经济治理的国际机制竞争主要集中在国际规则竞争与国际影响力竞争两方面。一方面，国际规则是国际机制的有效性基础，主导型大国在国际机制框架下争夺国际规则的制定权；另一方面，国际影响力是国际机制的权威基础，主导型大国需要得到国际机制成员的支持才能增强国际机制的影响力与权威性，从而获得建章立制的特权地位。

国家自发建立国际机制，但国际机制的无序化和同质化发展又必然带来国际机制的竞争与兴衰，从而逐渐产生国际机制等级体系。然而，国际机制之间并非全是零和博弈，彼此之间存在合作与分工的可能。国家越来越倾向于在国际机制的框架下实现北极利益协调，因此国际机制的有效性将有可能塑造北极经济治理的基本运行轨迹，从根本上减少了无政府状态下国家凭借武力方式来获取利益的可能性。

大国领导下的国际机制竞争是北极治理实践过程中的新兴现象，亦是洞悉北极经济治理话语权博弈的现实基础。虽然北极国家和非北极国家都对北极经济开发拥有浓厚的战略兴趣，但北极经济治理的国际机制研究仍然滞后于实践需要，这就激发笔者在权力政治与国际协调之间探索一种新的理论解释框架——机制现实主义，用以阐释北极经济治理国际机制的互动逻辑，分析国际机制竞争的动因及其政治结果，探索提升国际机制协调功能的有效路径。

第四节 研究价值、创新之处与研究思路

当前北极治理过程中存在的国际机制竞争成为北极利益攸关方之间战略博弈的显著特征，而这种国际机制竞争已经从北极环境保护领域逐渐延展到北极经济开发领域，并为学界带来理论创新的三大问题导向。第一，为什么北极经济治理会出现国际机制竞争现象，其内驱力是什么？第二，国际机制能否在北极经济治理过程中有效发挥协调功能？第三，国际机制竞争将对北极经济治理产生何种影响？本书认为北极经济治理的国际机制能够发挥国际协调功能，但受到主导型大国的权力政治影响。具体而言，国际机制成员之间是伙伴关系而非盟友关系，国际机制形成的基础是基于成员之间的共同利益而非共同威胁。此外，国际机制的内部运转仍然受到国际权力结构的影响，强国是国际机制的领导者和维护者，弱国则是国际机制的追随者和观望者。权威国际机制能够出台具有普遍公信力和约束力的国际规则，往往位于北极经济治理的核心位置；非权威国际机制难以出台有约束力和广泛影响力的国际规则，通常位于北极经济治理的边缘位置；而准权威国际机制能够出台具有有限影响力和约束力的国际规则，因此位于两者之间的半边缘位置，但有可能向核心位置演变。本书案例解析的两个北极经济治理议题是北极航运治理与北极资源治理，立足于当前北极经济治理实践，研究北极国家和非北极国家在北极经济治理国际机制框架下展开的博弈态势。

一、研究价值

整体而言，北极经济治理的国际协调机制论题在近些年才得到国内外学界的重视，相关研究尚处于初始阶段。本书以北极经济国际协调的动态评估、国际机制构建及演变态势为研究主题，尝试通过大量理论探析与实证研究，以实现两大研究目标：一是尝试构建解析北极经济治理国际协调机制有效性的理论框架；二是对驱动我国参与北极经济开发的序参量进行实证研究，探索北极地区经济协同发展状况及其国际机制动态演变的关键

驱动因素,进而提出推动我国制度性参与北极经济治理的政策路径。研究具有学理价值与实践价值。

(一)学理价值

首先,尝试构建分析北极经济治理国际协调机制的理论框架。当前学界对北极治理的宏观研究成果较为丰富,但从学理视角对北极治理中观层面的关注较少,尤其是对北极经济治理及其国际机制协调功能的研究相对不足。在既有北极经济治理的研究成果中,相关学者多从传统国际关系理论流派的思维框架出发,局限于相对稳固的思维路径,但北极经济治理国际机制的演化与发挥国际协调功能是个动态过程,从北极经济善治的理念倡导,到国际机制的多维构建,再到国际规则的产出和国际机制协调功能的有效施展,每个阶段都具有独特性与复杂性,难以用某一特定国际关系理论和方法论进行精准阐释。本书基于前人既有的宝贵探索,尝试从"国际机制有效性"的视角来洞悉北极经济治理的实践,对国际机制研究进行理念重塑,以北极经济治理的机制化作为研究核心,将北极地区经济发展的国际协调实践视为国际机制演进的现实基础。本书进一步丰富国际机制研究的学理成果,提出"机制现实主义"思维框架来阐释北极经济治理国际机制竞争的内驱动力,以国际规则竞争为起点,实现反向推导与正向扩展的双重思路,认为北极经济治理国际机制有效性的原因是国际机制符合相关北极利益攸关方共有的沟通期望,而国际机制竞争则源于国际规则供给的相对过剩性与主导型大国的权力冲动。国际机制竞争有可能存在差异化分工的结果,而提升国际规则的有效性与影响力则成为国际机制获取权威性的基础。

其次,尝试进一步完善北极经济治理国际机制研究的议题领域,突破国内外北极治理研究长期以环保、贸易、人权等为主的议题选择偏好,尤其是突破现实主义理论和自由制度主义理论对国际机制有效性评价的学理惯性,重点研究北极国家和非北极国家在北极经济治理领域的共有利益与共有理念,探寻中国参与北极经济开发实践的理念秉持与国际机制保障路径。

再次,在区域—次区域经济治理的双重维度下,研究如何提升北极国际机制对非北极国家参与北极经济治理的权益保障力度与公平性,尤其是深入解析国内规则与国际规则之间的权力博弈逻辑,从而探寻易于实现北极经济善治的议题领域与规则框架。此外,在"冰上丝绸之路"倡议和"双碳"政策框架下,研究北极经济治理国际机制话语权的理论框架,拓展国际政治话语权研究的议题范围。提出国际机制演化路径的衍生价值——"内隐式权威"的国际政治心理学解释,以北极理事会、北极经济理事会等区域国际机制为研究对象,剖析其从"边缘化"向"核心化"正向演进的内在动因,以及北极国际机制在构建国际规则过程中出现的知识垄断、议题垄断与行政垄断等现象。

最后,构建了针对北极经济治理领域的"分工协作机制"理论,即存在竞争关系的国际机制之间,不必然出现零和博弈的结果,而有可能出现各个国际机制在各自优势议题领域发挥国际协调作用,从而向专业化、精细化国际协调机制发展,实现国际机制围绕北极经济治理核心议题领域进行分工协作,并在具体的国际规则设置问题上实现相互借鉴和融合,最终实现国际机制间的良性互动与共存共荣,为缔造北极经济治理的良好国际秩序奠定基础。

(二)实践价值

第一,有助于中国辨识北极国家在北极经济开发领域的战略谋划与既有北极国际机制建章立制之间的内在关系,从宏观层面筛选出"冰上丝绸之路"倡议框架下的合作伙伴国,以及具有不同经济利益诉求的国家集团。基于北极经济开发经典案例与北极经济治理实践,阐析北极大国对国际机制有效性的影响,突出国际机制的建章立制过程对实现北极经济治理有序化的重要性。在地缘政治经济学和机制现实主义理论框架下,深入探讨北极经济治理的时代内涵、国际机制作为北极经济治理多边协调平台的重要性、大国权力对国际机制建章立制的主导性等前沿研究议题,最终构建环境政治背景下的北极区域经济协调模型,以及北极经济治理国际机制有效性的评估模型。

第二,有助于深入解读北极国际机制的运转规则与决策逻辑。各类国际机制参与北极经济治理相关国际规则设置的实践日益加速,如何避免同类国际机制之间的恶性竞争,如何减弱北极大国或大国集团对国际机制决策过程的主导权,如何打破北极国际机制对非北极国家的权利歧视,是中国实质性参与北极经济治理所必须解答的战略性问题。本书提供了一种较具开拓性的思维,进一步丰富了国际机制竞争、国际机制有效性的相关实证研究,并为北极经济治理国际机制的议题设置权分配,以及成员的权责合理界定奠定数理研析基础。

第三,为中国有效参与北极经济治理国际机制的外交实践提供决策依据。在既有国际机制框架内积极构建符合包括中国在内的各北极利益攸关方共同期望的国际规则,是彰显中国负责任大国的重要体现,亦是中国制度性参与北极经济治理的路径选择。本书在深入解析国际规则有效性、国际机制复杂性、地缘政治经济格局变迁等相关理论的基础上,构建了中国参与北极经济治理国际规则的实践路径框架,在一定程度上能够为中国构建"冰上丝绸之路"的国际机制保障体系提供新思路,进而对维护中国在北极地区的合理经济权益具有重要的资政价值。

第四,探讨北极经济治理国际机制的"刚性化"趋势,检视中国参与北极经济治理的国际合作问题。在北极经济治理的大背景下,探讨中国如何有效提升在既有北极国际机制中的话语权,逐渐促进国际机制的开放性与公平性,尤其是改善既有北极国际机制的议题设置与决策过程长期被北极大国所把持的不利情况,以夯实中国护持自身北极权益的合法性基础。

二、创新之处

本书旨在剖析北极经济治理国际机制的演化路径与互动逻辑,尤其是直面国家权力与国际公益之间的矛盾性。研究过程以维护中国北极经济权益为起点,遵循严谨的逻辑推演与理论构建,对北极地缘政治经济格局的演变态势予以冷静研判。以国际机制的建章立制过程为视角来研究北极经济治理的有效性,是国内外北极治理研究较为疏于关注的学术新高地,因此本书的创新之处主要表现为以下几个方面。

一是理论创新。本书围绕北极经济治理实践,探索具有理论探究价值的真问题,以尽可能提升本书研究过程的质量水平。本书理论创新的立足点是,中国作为重要的北极利益攸关方,将如何有效参与北极经济治理,进而持续推进"冰上丝绸之路"建设。本书的回答是,参与并影响北极国际机制的建章立制过程。本书尝试从折中主义的逻辑视角出发,融合结构现实主义与自由制度主义学派对国际机制的有益探索,提出国际机制亦具有权力属性的学理论断,明确指出国际机制与国际规则是建立有序国际社会的重要力量,也是人类文明从暴力冲突向协作共存演进的重要支柱。本书开创性提出机制现实主义的理论框架,将宏观理论研究与北极经济治理实践相融合,有助于为深耕主流国际关系理论的同仁提供一种学术乐观主义的愿景,在西方经典国际关系理论的"旧瓶"中酿造具有鲜明中国学派印记的"新酒"。

二是思路创新。本书从地缘政治经济格局演变、次区域—区域双向协调、国家规则与国际规则博弈的三重维度出发,分析北极利益攸关方的战略实力结构、北极利益诉求、大国强权政治与国际机制有效性的互动机制，提出北极经济国际协调的机制基础与国际机制的演化周期，提出双轨外交和科技外交是中国有效推动"冰上丝绸之路"建设的重要保障。

三是方法创新。本书融合案例研究与定量方法的优势，对北极地缘政治风险进行系统评估与空间分异特征研究，不仅从时间维度评估北极地区各国际机制的国际协调成效，而且从空间维度分析其聚类特征与分布态势，力求揭示北极地区经济发展存在的差异化与阶段化特征。同时运用熵权-TOPSIS模型、障碍度模型和最小方差法分析北极地区地缘政治风险的时空演变、影响因子和风险类型，系统构建地缘政治风险评估指标体系。超越传统社会科学研究范式，实现了对概念模型的量化研究，提升了本书研究过程的科学性与研究成果的可信度。

四是谏言创新。本书借助北极经济治理日益全球化的发展趋势，以北极航运、北极资源开发为维度构建建言献策体系。从国际地理距离与国际机制距离的互动逻辑出发，创新性提出北极经济空间发展的四种模式：孤立模式、错位模式、飞地模式和协调模式，并详细探析北极各类经济合作模式所依赖的国际机制保障体系，为"冰上丝绸之路"建设的持续推进提供可行的政策建议。

三、研究思路

本书的整体研究思路包括四个递进步骤。首先，从国际规范有效性的理论视角探讨北极地区国际协调机制对经济冲突的管理能力。其次，分析北极地区国际协调机制的历史经验与不足之处。再次，评估主要大国对北极地区国际协调机制的政策立场与利益考量。最后，分析中国有效利用北极地区国际协调机制以推动"冰上丝绸之路"建设的策略选择。

此外，本书主要选用以下研究方法。一是比较分析法。研读各国北极经济政策和战略报告，掌握北极地缘经济格局的演变趋势，比较北极地区国际协调机制的最新研究动态。二是历史分析法。对不同时期的北极地区国际协调机制进行纵向比较，解析其从"软法"向"硬法"演变的趋势。三是调查研究法。对国内外权威智库进行北极经济问题的专访和问卷调查。四是案例研究法。以北极经济理事会、北极圈论坛等国际协调机制为案例，对其建章立制的相关数据及成效进行统计分析。

"冰上丝绸之路"倡议下北极经济发展的国际协调机制研究

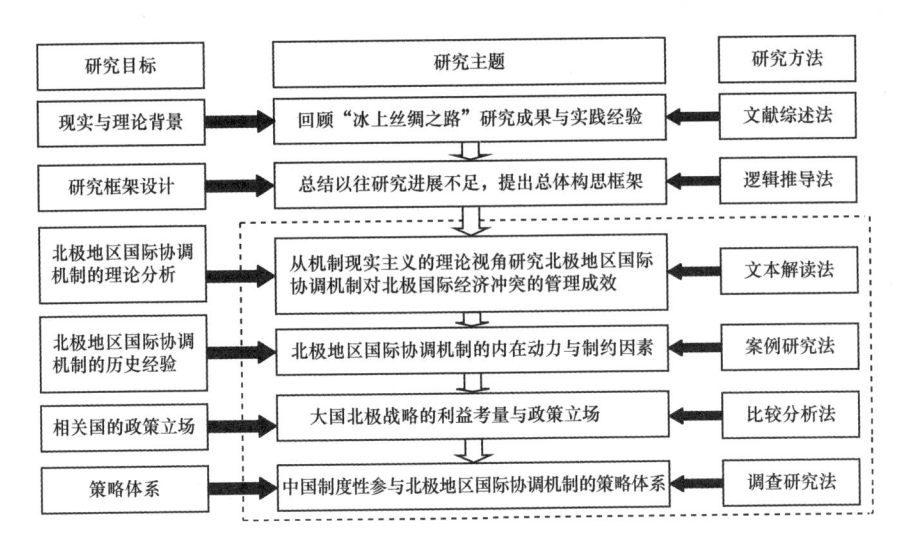

研究目标	研究主题	研究方法
现实与理论背景	回顾"冰上丝绸之路"研究成果与实践经验	文献综述法
研究框架设计	总结以往研究进展不足，提出总体构思框架	逻辑推导法
北极地区国际协调机制的理论分析	从机制现实主义的理论视角研究北极地区国际协调机制对北极国际经济冲突的管理成效	文本解读法
北极地区国际协调机制的历史经验	北极地区国际协调机制的内在动力与制约因素	案例研究法
相关国的政策立场	大国北极战略的利益考量与政策立场	比较分析法
策略体系	中国制度性参与北极地区国际协调机制的策略体系	调查研究法

图 1-1　研究思路示意图

本图为笔者自制。

第二章 机制现实主义视角下的北极经济发展

北极作为冷战期间美苏对抗的前沿地区,受到国际安全格局变动的深刻影响。然而在冷战后的相当长时间里,北极地区安全形势相对平稳,并未出现大规模的国家间对抗,维持了较长时期的稳定局势,这就为北极国家构建后冷战时代的北极秩序提供了宝贵机遇。随着北极地区出现了一系列规模不等的国际机制,包括北极理事会、北极经济理事会、北极圈论坛等,北极治理也从机制构建向规则构建演进。冷战结束至今,为什么北极会出现如此之多的国际机制?这些国际机制对于北极治理起到何种作用?国家权力与国际机制的互动逻辑是什么?这些问题都是北极研究学者共同面临的学理之问。本书从北极经济发展过程中的国家间经济相互依赖现状出发,将国际机制的协调功能变量引入现实主义的权力理论,提出了机制现实主义这一阐释框架,通过构建简明扼要的因果机制与理论模型,尝试对北极经济治理机制化提出合理的阐释。

第一节 机制现实主义的学理框架

本书之所以将北极经济治理的机制化现象作为理论探索的目标领域,是因为既有国际关系理论无法针对北极经济治理事务的独特性和复杂性做出令人信服的解释。自由制度主义者认为,后冷战时代,不仅北极气候暖化引发一系列跨区域生态环境问题,而且北极国家之间存在相对的权力均衡状态。在气候政治成为全球治理新领域的背景下,通过国际机制来协调北极国家之间、北极国家与非北极国家之间的利益矛盾,有助于维护北极地区的稳定和发展。虽然多边主义逐渐成为北极治理实践过程中的新现象,但北极国家对北极事务仍能产生巨大的影响,国家之间的权力与利益之争,时刻影响着北极地缘政治格局的演变。因此,当北极治理研究在很大程度上仍然囿于现实主义理论学派的解释框架,那么随之而来的问题是,国际机制是北极治理的独立变量吗?

一、既有国际机制研究范式的学术机遇

国际机制理论的诞生,体现出学界对国际关系研究的重点从"国家中心主义"向"国际治理主义"偏移,这种思维路径转向的核心逻辑是承认"多边主义"与"单边主义"都成为维护国家利益的方式,而国际机制理论由此成为国际关系理论体系的重要组成部分。因此,结构现实主义、自由制度主义、建构主义三大国际关系理论流派都从不同角度分析了国际机制的作用,尤其是国家参与国际机制的动因与影响国际机制发展的外部变量。

第一,结构现实主义将"权力"作为国际机制的关键词。在现实主义视角下,决定国家加入国际机制的变量是"相对收益"与"共同厌恶"。"相对收益"是进攻性现实主义的视域范畴,意指国家关注的是国际机制给本国和对手带来的收益差异,如果己方获益高于对手获益,且国际机制的国际公信力不断上升,那么国家才有可能以有限自我约束为代价来参与国际机制。[1] 换言之,国家参与国际机制的核心动因不是实现利益最大化——事实上这也是不可能的,而是维持自身在国际体系中相对较高的位次。[2] "共同厌恶"是防御性现实主义的视域范畴,意指国家在执行本国发展战略的同时,对解决某些对各国皆产生负面效益的议题存在共同意愿。[3]由于面临共同的威胁和挑战,因此无论强国还是弱国,都将加入国际机制以获得国外助力作为规避风险的理性选择。

结构现实主义学派认为,国际机制并非由所有成员共同支付资源建立,而是由霸权国或强国集团提供公共产品,而弱国小国则以遵循国际机制运行规则为前提,低成本或零成本地享受国际机制的国际制度资源,获取相关的话语权与投票权,即所谓的"搭便车"行为。对于国际机制的初创构建与资源投入问题,往往由主导型强国采取两种方式来进行,即温和霸权模式与强势霸权模式。温和霸权模式指主导型强国出于提升本国国际声望的需要,主动承担国际机制构建与运行的全部成本,其他成员不仅无需支付成本,而且

---

[1] 李洋:《国际机制理论视角下的 CAFTA 建设》,《东南亚南亚研究》2012 年第 1 期,第 44—47 页。

[2] Kenneth N. Waltz, "Theory of International Politics", Mass: Addison - Wesley, 1979, pp. 126 - 127.

[3] Arthur A. Stein, "Coordination and Collaboration: Regimes in an Anarchic World", International Organization, Vol. 32, No. 2, 1982, pp. 299 - 324.

能够便捷地从国际机制中获益，因此"搭便车"行为蔚然成风。[1] 强势霸权模式指主导型强国主导国际机制，其他成员需支付昂贵的参与成本，并且部分成员与主导型强国之间存在利益冲突，但迫于主导型强国的压力而不得不继续遵循国际机制的相关约束条款。因此，国际机制的运转与主导型强国的国力及利益诉求息息相关，尤其是当国际机制已经具备稳定的国际声望后，主导型强国则有可能将运行成本转嫁给其他成员，而独享国际机制对提升本国国际声望和制度性话语权的支撑作用。因此，在现实主义学派的理论框架下，国际机制存在被主导型强国"私物化"的风险。

第二，自由制度主义将目光聚焦在国际合作的必然性上。在全球治理的大背景下，很多治理事务的地域覆盖范围与能力诉求都超过了国家的主权管辖和国家实力之外，因此国家间存在相互沟通与协商合作的可能性。对于自由制度主义学者而言，国家加入国际机制的核心动因是"绝对收益"与"共同利益"。"绝对收益"是指国家只关注自身加入国际机制所获得的收益，而不去考虑相对于竞争对手的获益差距。"共同利益"则是指所有国际机制成员都肯定了国际机制的有效性，并且不会因各成员国的获益不均而阻碍集体行动。自由制度主义学者仍然承认强国对维护国际机制运转具有特殊的作用，但否认国际机制是霸权国的"私产"，同时也不是大国专属的权力分配工具。这里常常被自由制度主义学者用来举例的是联合国，因为当成员数量足够多，且弱国占大多数的情况下，弱国往往会通过集体合作的方式提出共同的利益诉求，不仅能够在简单多数投票规则的框架下对大国产生压力，同时也有助于弱国"抱团取暖"，以国际机制为平台获取更大的话语权。因此，无论是大国、强国，还是小国、弱国，在自由制度主义学派的学术视野里，国家参与国际机制的核心动力并非结构现实主义学派所坚持的"权力最大化"导向，而是"利益最大化"导向。只不过自由制度主义学派更注重从国家参与国际机制的所付成本与实际收益出发，尤其是对那些能够产生强制性国际规则的国际机制而言，国家参与其中必然会做出主权有限让渡、协调国内法与国际法、承担国际机制运转成本等行为，其目的在于能够参与甚至影响本国关心的国际规则的构建过程。因此，国家作为理性的国际行为体，其参与国际机制的全过程必然包含"成本评估"和"预期收益"两个核心决策逻辑。这种明显具有功利主义色彩的决策过程，其实也从侧面论证了国际机制的确有助于国家

---

[1] Duncan Snidal, "The Limits of Hegemonic Stability Theory", International Organization, Vol. 39, No. 4, 1985, pp. 585–590.

的利益护持,同时更表明了为什么弱国小国也积极参与各类国际机制——因为短期的经济损失有可能转变为长期的政治收益。因此,以何种身份、何种代价参与何种国际机制,就成为考量各国政府政治智慧的核心指标。

第三,建构主义的逻辑起点是如何在无政府状态下来实现"全球善治"。现实主义和制度主义的理论前提是"国际局势存在不确定性",国家利益是可以量化的物质目标,因此国际机制不是独立的变量,而是随着国家间权力格局变化而不断被重新分配的国际制度资源。建构主义认为国家对利益的界定源于对世界的认知以及与他国互动过程中所秉持的观念,换言之,观念是影响国家参与国际机制的独立变量,亦能改变国家对本国利益的界定。[1] 由于国家仍然是主要的国际行为体,因此对于某一全球治理议题领域的共识将产生相同的利益诉求,进而有可能推动国际良性互动并创建国际机制。换言之,国际机制不仅是国家对共有利益观念的构建所得,其与国家之间还存在一种互构关系,即国家在国际机制框架下的实践活动能够为国家带来新的身份和利益诉求,从而推动国际机制的演化。

三大主流西方国际关系理论对于国际机制的理论见解,都能够形成较为完整的逻辑闭环,但这些闭环之间并非存在严苛的学术壁垒,相反还存在相互融合的学术机遇。事实上,国际关系理论体系呈现出各个流派相互学习、相互借鉴的共生状态,不同学派之间存在互鉴的可能。例如自由制度主义可以通过与结构现实主义相结合,形成"嵌入式自由主义理论"。[2] 随着国际治理议题的日趋复杂,国际关系研究学者也发现很难选择单一的理论框架来分析国际形势,甚至较难区分自身所秉持的学术思维到底归属于何种理论流派。对于北极经济治理这一全新的议题领域,不仅需要学者重置思路框架和方法路径,更需要清晰地把握这一宝贵的学理创新机遇,因为越是复杂的研究领域,就越有可能产生学术思想的火花。本书赞同卡赞斯坦所提出的"折中主义"理念,同时也传承中华文化"博采众家之所长"的优良传统,将主流国际关系理论关于国际机制论述的精髓进行精细化研读,注重从不同学派的交汇点和共通点入手,探索新的学理思路。例如,自由制度主义注重国际机制的协调功能,结构现实主义强调国际机制

---

[1] Barry Buzan, "From International System to International Society: Structural Realism and Regime Theory Meet the English School", International Organization, Vol. 47, No. 3, 1993, pp. 327–330.

[2] John Gerard Ruggie, "International Regimes, Transactions, and Change: Embedded Liberalism in the Postwar Economic Order", International Organization, Vol. 36, No. 2, 1982, pp. 379–415.

的资源功能,若是能够将二者相结合,则可以进一步丰富国际机制的内涵。此外,不同国家参与国际机制的动因并非都是利益导向,而是与国别文化多元性及政治文化多元性密切相关,这就需要进一步从建构主义的视角来进行补充阐释。北极地区的地缘政治经济格局极为特殊,文化多元性与地缘政治敏感性并存,呈现出与传统欧亚大陆国际关系迥异的区域特征。因此,在研究北极治理,特别是北极经济治理实践过程中的国际关系时,套用任何单一国际关系理论都会略显解释力不足,可能会陷入"只见树木,不见森林"的认知盲区。从这个维度来看,机制现实主义能够为我们深入探析国际机制在北极经济治理中的作用提供合适的理论支点。

二、机制现实主义的理论基础

机制现实主义有机综合了现实主义的权力要素与制度主义的机制要素,这种交叉融合式的解释路径实现了既有国际关系理论的抽象性与国际关系实践的多样性之间的平衡,同时避免陷入构建"宏理论"的陷阱,因此在解释北极经济发展的国际机制有效性方面具有较为明显的学理价值。

机制现实主义的核心问题是:国家在什么情势下会选择"机制制衡"战略以应对国际体系压力?对此,笔者提出的理论假设如下。首先,地缘政治格局的演变动力是国家间权力博弈的结果,因此国际机制的运转仍然受制于地理区域的国际力量格局。其次,国际机制是国家间进行协商、产生国际规则的重要平台,国际机制的重要载体和主要发展方向是国际组织。再次,在核恐怖平衡和全球治理时代,国家间经济相互依赖关系促使国家倾向于选择"机制制衡"而非"军事制衡"来应对国际体系压力。最后,区域国际体系的权力结构决定了国家采取"机制制衡"的模式,即选择在国际机制内部制衡还是外部制衡。根据政治理性的思维逻辑,国家间的经济相互依赖程度越高,就越倾向于在国际机制框架下进行政策协商,并对竞争对手实施机制制衡战略。[①]

二战结束以后,北极地区的地缘政治格局发生了三次大的转变,同时也出现了不同的机制制衡的实践方式。第一阶段是两极格局时期(1945—1991年),在这个阶段,北极事务处于冷战大背景下,两个超级大国掌控着北极事务和相关国际机制的运转,其他国家要么分属不同阵营,要么长

---

① Kai He, "Institutional Balancing in the Asia Pacific: Economic Interdependence and China's Rise", New York: Routledge, 2009, pp. 8 – 9.

期选择严格的中立政策（如芬兰和瑞典），① 国际机制成为美苏争霸的工具。美苏两国一方面实施机制制衡战略，另一方面排挤其他北极国家参与北极机制的政治空间。第二阶段是单极格局时期（1991—1996 年），从冷战结束到北极理事会的成立。这段时期国际机制受制于超级大国美国，北极地区中小国家和瑞典、芬兰等中立国都不同程度地采取倒向美国的策略，在北极国际机制的话语权极少，俄罗斯更是选择大幅战略收缩，无力在北极地区对美国实施机制制衡战略。因此在这个阶段，美国几乎掌控了所有北极国际机制的话语权与议题设置权。第三阶段是多极格局时期（1996 年至今），这个阶段最显著的特征是北极理事会逐渐成为北极地区最大的国际机制，且开始向域外国家扩容，尤其是 2013 年 5 月，北极理事会第八次部长级会议批准中国、印度、日本、韩国等非北极国家成为正式观察员国，开启了北极理事会的全球扩容序幕，此后，北极理事会不断向非北极国家和其他国际组织扩容，使得各北极利益攸关方纷纷在北极理事会的机制框架内进行协商和合作。从某种维度来看，当前北极地区呈现出多极化的状态，通过国际机制来谋求利益、制衡对手成为北极和非北极国家的共同目标，但由于北极理事会规定观察员不能升级为成员，所以以美俄等为代表的北极大国仍然在既有北极国际机制中具有比较优势。需要说明的是，尽管北极气候暖化进一步加快了北极经济开发的步伐，但国家间的经济相互依赖并不必然导致国际合作和机制制衡战略的有效施行，而不过是一个先决条件。机制现实主义并不否认国家会放弃国际机制而使用军事手段来解决问题，机制制衡并非意味着大国均势格局的形成，而是有可能出现某些大国自立门户而导致既有国际机制的退化。总之，机制制衡是国家在某种层面上以国际机制而非战争作为谋求国家利益的方式。②

表 2-1 权力制衡与机制制衡比较表

类型	权力制衡模式	机制制衡模式	经济相互依赖程度
单极	霸权与战争	排他性霸权	弱
两极	冷战与联盟对抗	超级大国共同领导	弱
多极	威慑与有限战争	在国际机制内部制衡竞争对手	强

本表为笔者自制。

---

① 2022 年 5 月，瑞典和芬兰同时申请加入北约。2023 年 4 月 4 日，芬兰正式加入北约，2024 年 3 月，瑞典正式加入北约。

② 左超：《制度现实主义与制衡——评〈亚太地区的制度制衡〉》，《国际政治科学》2010 年第 4 期，第 112—121 页。

机制现实主义是结构现实主义与国际机制理论的双向融合，在权力制衡与权威获取的概念中融入国际机制的分析维度，以国际政治经济学的不对称经济相互依赖作为阐析为什么国家采取机制制衡战略的研究变量。相较于贺凯[①]、李巍[②]等学者提出的制度现实主义理论，机制现实主义最大的特征是研究视角重回"国际机制"。这是因为随着"国际制度"的概念与内涵日益泛化，将国际机制、国际规则、国际组织等实务性的国际交往成就都纳入"国际制度"的概念之中，不利于细分不同层面国际交往过程中的权力更迭状况，并且过于简单化地用国际制度来解释所有指导国家间集体行动的机制与规范安排。事实上，国际机制是相对成熟的国际交往制度性安排，其向下能够产生国际规则，向上能够演变成国际组织，甚至构建出国际秩序。因此，本书将研究目标放在国际机制层面，不仅避免了国际关系理论与实践案例相脱节的窘境，而且在某种程度上修正了国际制度主义向"包袱皮"方向发展的不利态势。国际制度主义作为非常重要的理论流派，不仅需要归纳总结共性层面的概念，更需要对具体的国际协商合作成果与规范安排进行个性化的深入解析，这种一上一下的双向拓展思路，才能突破"国际制度"概念一统自由制度主义学派的瓶颈制约，使得国际制度概念在被广泛传播和接受之前所出现的国际机制概念能够有一席之地。因此，机制现实主义并非是对制度现实主义的颠覆和修正，而是对其的一种补充与完善，更是一种自上而下的"回头看"学理思路。这种重新将国际机制列为与国际制度同等重要的学理思路，在某种程度上是国际制度主义研究务实化、深耕化的表现，从理论可持续研究的实践来看，理应具有价值。

三、机制现实主义的研究路径

为什么北极地区会出现安全制度化？这是由北极地区独特的地缘政治经济格局决定的。一方面，北极地区国际政治格局既没有出现"一超独霸"的单极结构，也没有出现具有极强权威性的国际机制；另一方面，北极地区国际经济格局则明显出现区域、次区域合作特征，在经济利益的推动下，北极国家与非北极国家都认识到国际机制的协调功能与约束功能。然而，在北极传统安全领域难以构建国际规则和国际机制的窘境下，北极

---

① 贺凯：《亚太地区的制度制衡与竞争性多边主义》，《世界经济与政治》2018年第12期，第66页。

② 李巍：《制度之战：战略竞争时代的中美关系》，社会科学文献出版社2017年版，第54—60页。

非传统安全领域，特别是经济和环保领域则出现明确的国际规则和国际机制。这种地缘经济格局反超国际政治格局的现象，使得国家同时重视国家实力与国际机制对维护本国利益的作用。因此，国家要想在北极地区获取经济与政治权益，就必然需要借助国际机制渠道。虽然相对于冷战时期的军事对抗，围绕国际机制领导权展开的国际博弈似乎看不到硝烟弥漫，但仍然关乎各国在北极地区的长远利益。就当前北极地区的国际体系而言，域内外北极利益攸关方的大量涌入已经构成了一种事实上的多极结构，这种结构开始撬动北极国家长期拥有的地缘临近优势，而且国际机制也一再表明某种现实结果：在国际机制框架内，无论是北极国家之间，还是北极国家与非北极国家之间并非必然是正和博弈，也存在零和博弈的可能。[①]因此，机制现实主义融合了现实主义与国际机制的分析话语共同点，有助于完善北极经济治理的理论构建与案例阐析的研究需求。

北极地区的多边协商平台以不同地理维度的国际机制为主，国际机制与国家权力共同影响北极治理走向，这就凸显了北极地区独特的以国际机制而非国际组织为主的治理态势。本书选择机制现实主义的分析框架，尝试探讨国际机制在北极经济治理中的有效性，进而明确主权国家—国际机制—北极经济开发实践之间的逻辑脉络。机制现实主义的理论框架在变量设置、理论假定、分析方法、研究目标上具有独特性。

首先，机制现实主义将国际机制设置为独立变量，国际机制的基础是国家权力，而实现国家权力则需要借助国际机制。权力与机制是相生相伴的关系，尤其是对于大国而言，其综合国力既包括军事和经济实力等硬权力，又包括对国际机制的领导权与话语权等软权力，而在国际社会处于无政府状态但总体相对有序的背景下，国际机制的创设与运转则成为国家展示权力优势的必然路径。事实上，尽管大国和小国在国际机制中的话语权存在强弱之分，但小国仍然有权选择加入或退出国际机制，并且在某些国际机制中，还被赋予与大国一样的投票权，这种程序上的正义与公平能够确保国际机制不完全成为大国谋求私利的工具，同时也能够保证国际机制有足够多的成员，以维持其建章立制的合法性。虽然国际机制并没有改变国家间权力博弈的状态以及国际政治等级结构，但绝大多数国家都是在接受特定的条款后自愿加入国际机制，且不能像大国一样能够承担随意退出或组建新国际机制的代价或成本。因此，国际机制的权力基础既包括对所

[①] 任琳:《"退出外交"与全球治理秩序——一种制度现实主义的分析》，《国际政治科学》2019 年第 1 期，第 84—115 页。

有成员的普遍约束力,也包括其建章立制的公信力与议题设置的国际道义性。国际机制的稳定性依赖于大国均势,但国家的权力可以在国际机制中实现。机制现实主义不仅能够从体系层面解释国家间的权力博弈如何影响国际机制的演化,同时也能从单元层面阐释国家如何通过实施机制制衡战略来获取权益。北极经济治理既包括北极国家组建北极国际机制以维护集体垄断权力,又包括俄乌冲突爆发后,美国联合其他北极北约国家在北极理事会框架下对俄实施机制制衡战略,而俄罗斯随即退出巴伦支海欧洲—北极圈理事会和"北方维度"等北极次区域国际机制。北极国家基于战略权益考虑所做出的北极多边外交决策,其出发点是权力政治,国际机制是实施渠道,这就是国际机制能够被视为独立变量的根本原因。

其次,机制现实主义的理论假定是国家为理性的国际行为体。国家针对国际机制的外交实践与决策过程是经过"成本—收益"的反复衡量的理性结果。[1] 如果参与某一国际机制的成本低于收益,则国家会继续留在国际机制框架中;反之,如果感受到留在某个国际机制的成本过高,例如遭受机制内多个成员的排挤、丧失机制性权力、国际声誉大幅受损等,则国家有可能退出或威胁退出该国际机制。例如,俄罗斯和美国、加拿大等国在北极治理国际机制中的攻守态势,以"选择性退出"和"极限或有限施压"等为基本特征,即既通过国际机制向对手施压,又注重控制施压力度以避免对手退出国际机制。在北约北扩和俄美战略对峙的大背景下,通过在北极国际机制框架下对俄罗斯进行"极限施压"是美国为应对自身在北极的权力相对弱势所做出的战略调整,这种张弛相继的机制制衡主义,则是机制现实主义中国家理性思维的显著表现。

再次,国际机制路径是机制现实主义分析国家权益护持的重要方法。在机制现实主义的方法论中,主导国的利益护持更多依赖于国际机制而非军事实力,这也是当前北极经济治理国际博弈不同于传统国际政治的特色之处。北极经济治理也是全球治理的重要组成部分,是全球化的必然结果,因此北极经济秩序的构建需要突破传统霸权武力的行为惯性,而霸权国则以国际规则作为谋求权益的替代性路径,从而必然提升本国主导的国际机制的权威性,以构建国际冲突管理、集体行动契约、公共治理议程等超国家规则体系,这种运用国际机制来维护霸权权益的做法以美国最甚。[2]

---

[1] 李巍:《制度之战:战略竞争时代的中美关系》,社会科学文献出版社2017年版,第54—60页。

[2] [美]麦克尔·哈特、[意]安东尼奥·奈格里著,杨建国、范一亭译:《帝国——全球化的政治秩序》,江苏人民出版社2003年版,第13—14页。

最后，国际机制的非中性特征是机制现实主义的研究目标。国际机制向不同的参与国进行差异化授权，从而构建起金字塔式的权力结构，北极国家和非北极国家在北极治理事务中存在事实上的权力不平等。具有等级特征的国际机制是否具有公正性呢？国际机制到底是为了哪些国家的利益？是依据平等原则还是等级原则？这就是国际机制非中性问题。[①] 所谓的国际机制非中性，具有双重含义：一是国际机制能够为成员提供投票份额和投票资源等激励措施，从而确保其能够获得国际影响力并自愿提供国际治理所需的公共产品；二是主导型大国能够在国际机制创设初期通过选择性激励来确保权力等级结构，以树立自身的特权优势地位。但随着相关国际机制的成员与议题领域不断扩展，维持国际机制的成本升高，并且边际效益不断下降，这就使得主导国难以独立支付维持国际机制运转的成本，则逐渐打破了国际机制在提供公共产品和有限激励措施两大功能之间的平衡，最终造成国际机制治理的低效化，由此出现改革既有国际机制的舆论环境。在主导国国际声誉下降的同时，新兴经济体提供有限国际公共产品、倡导国际机制改革的意愿则不断增强。事实上，主导国在面临领导力下降的现状时，常常选择威胁退出国际机制，或者结成联盟以打压新兴强国。这种以国际机制为中介，以国际规则、运转程序来制衡竞争对手的方式，往往发生在存在高度复合型相互依赖关系的国家之间，这也是当前北极经济发展的宏观背景。

坦言之，北极地缘政治经济格局的新特征决定了任何北极国家都无法形成绝对的权力优势，而往往利用既有国际机制来进行利益博弈，这使得北极地区的国家间博弈必然会融入新的元素，促使各北极利益攸关方之间的军事对抗与机制对抗同向发展。随着北约北扩和北极经济开发的规模不断加大，北极经济发展的国际形势日益复杂化，剖析地缘政治经济格局的演变趋势存在更大的不确定性，理解国际博弈的逻辑脉络难度加深。这就需要机制现实主义准确阐释北极国际机制的根本属性，以剖析北极经济开发与地缘政治的国际博弈实质。

第二节 北极国际机制的权力属性

从国际关系史的发展轨迹来看，国际秩序是建立在国家权力博弈的基

---

① 张宇燕：《利益集团与制度非中性》，《改革》1994年第2期，第98—99页。

础之上,国际机制的诞生与运转都依赖于大国之间的政治经济均势。二战后至今,大国之间虽然秉持武力威慑仍然是最有效的权力获取方式,但在核平衡的框架下,国际机制也日益展现出对国家权益的护持价值。因此,国际秩序的稳定是由国家权力与国际机制的动态平衡来实现的。[1] 但需要承认的是,国家间的权力对比状况决定了其提供全球治理所需公共资源的能力,而国际机制是基于国际权力结构,因此也具有等级性。国际权力结构是国际机制的基础,国际机制在某种程度上反映出国际权力结构的态势,但也具有一定的独立性。因此,从机制现实主义的视角来看,国际机制是国际社会无政府状态的产物,往往只有在国家权力均势状态下才能保障国际机制的正常运行。

一、权力博弈与机制安排

国际机制能否束缚国家权力?机制现实主义的回答极其谨慎。尽管自由制度主义学派认为国际机制能够降低国际交往的信息成本,以及解决信息不对称等问题,并且能够限制国家滥用权力,消除大国之间的权力竞争。[2] 然而,在国际安全领域仍然存在相对利益占主导地位的现实,国际机制虽然能够推动国家的集体行动,但影响国家行为的核心动力仍然是国家间的实力差距与利益冲突。[3] 既然国际安全治理的"自助性"本质并未改变,那么国家利益的实现则必然存在相对收益与绝对收益的双重结果,国家主权又是国家能够获得收益的基本保障,因此国际机制并非是与国家具有同等影响力和内驱力的国际行为体,而是国家间相互妥协的产物,客观反映了国际权力竞争与利益分配规则,更是霸权国或主导国通过国际规则来维护其霸权合法化的工具。换言之,机制现实主义从不否认国际机制的协调功效,而是指出国际机制之所以能够发挥国际协调的功能,是因为有国家权力的保障。国际机制在权力均衡的前提下,的确有助于遏制霸权国的单边主义行径,使其在大多数时候能够带头遵守国际机制的运行规则,从而推动国际合作、减少国家间的暴力冲突。

---

[1] 何杰:《权力与制度——国际机制理论的现实主义分析》,《欧洲研究》2003年第4期,第25—28页。

[2] 田野:《全球治理中的制度供给:一种交易费用分析》,《世界经济与政治》2002年第10期,第17—22页。

[3] 郭树永:《评"国际制度和平论"》,《美国研究》2000年第1期,第24—40页。

国际机制的权力属性源于国际权力均势结构，毕竟均势是维护全球或区域相对稳定的重要变量。任何国际机制的产生及其对国际政治经济治理领域的影响，都建立在大国或大国集团之间的均势格局基础上，但国际机制也能够为国家间的权力均衡提供协调作用。例如大国在联合国的框架下积极参与国际机制的构建，并且在国际政治与国际经济领域形成一系列基于国际协调的规则性安排，发挥了维护世界和平与稳定的作用。事实上，霸权国有能力通过国际机制进行内部协调并进而主导国际政治经济事务的治理方向，换言之，霸权国提供建设国际机制的资源与权力，进而将国际机制作为维护霸权体系的工具。① 因此，国际机制是权力均势下的国际协调平台。

在全球化的大背景下，国家间的经济相互依赖程度不断加深，客观上要求提升国际机制的适应性，以进一步提升国际合作所需的信息资源供给和低沟通成本等相关功效。在这种背景下，国际机制发生了两种变化：一是美国主导下的国际机制仍然成为美国构建一超独霸格局的制度性工具，并且持续发挥作用；二是存在大国均势的国际机制，面临着内部改革和权益分配困境，制约了其国际协调功能的发挥，尤其是当国际机制与霸权国利益诉求发生冲突后，霸权国以退出国际机制、断供国际机制资金和物质资源等方式，迫使国际机制服从霸权国。例如特朗普政府时期美国退出联合国框架下的多个子机构，直接引起联合国框架下国际协调功能的低效化和国际关系紧张化。2022年3月俄乌冲突爆发后，美国又联合其他六个北极理事会成员发表联合声明，宣布暂停参加俄罗斯作为轮值主席国期间（2021—2023年）北极理事会的所有会议，造成北极理事会这个北极最大治理机制的停摆，导致国际经济合作倒退与军事冲突风险攀升。随后，北极经济理事会执委会也以多数票通过对俄罗斯的谴责提案，并以在线会议的方式拒绝赴圣彼得堡参加年度大会。由此可见，如果霸权国及其盟友在某一国际机制中的影响力过大，则该国际机制往往会沦为霸权国谋求私利的工具，以及攻击他国的制度性武器。

机制现实主义准确把握了国际机制在体系层面和单元层面均受到权力政治影响的实质。国际机制的运转成效是权力博弈结果的外在表现形式，而权力分配结构则决定了国际机制发挥协调作用及其建章立制成效的大小。机制与权力的关系可概述为：权力决定机制、机制反映权力分配。国

---

① Howard J. Wiarda, ed., "US Foreign and Strategic Policy in Post - Cold War Era", Connecticut and London: Greenwood Press, 1996, pp. 9 - 10.

际机制不过是为了适应权力分配与竞争性合作而特别设计的制度性安排。由于权力分配可分为均势与霸权,前者表现为大国之间争夺霸权的均衡状态,后者表现为霸权国对其他国家的权力压服,两者都需要国际机制来维系国家间的互动关系。只不过在均势状态下,国际机制维持的是国家间相对平等的合作关系,而在霸权状态下,国际机制维护的则是国家间脆弱的等级关系。前者无疑更有利于维护国际稳定,后者则更有利于维护霸权国权益。因此,国际机制时刻面临着推动国际关系多极化与民主化,以及反对单边主义与霸权主义的双重考验。

二、国际协调与有限权威

国际机制为什么更多发挥的是国际协调作用?归根到底是因为国际社会的无政府状态使得国际关系仍然以权力竞争和利益分配为主,这种外部约束导致国际机制存在软弱性和非中立性,国际机制的核心功能之所以是国际协调,就是因为协调本质上是一种妥协,显示出国际机制不可能像国内机制一样具有强大的独立性、资源富集性和权威性。此外,大国或大国集团也主导着国际机制的运行规则与操作流程,甚至在决策依据和知识供给等方面具有垄断性,因此,国际机制优先反映出主导国的意志和利益诉求,而国家理性又迫使其他国家时刻权衡加入还是退出国际机制的成本与收益问题,尤其是相对收益问题。关于国际社会无政府状态,现实主义、自由制度主义和建构主义分别认为国家间的互动关系是敌对关系、竞争关系和合作关系,考察国际机制的真实功效也应兼顾这三种文化观念的合理性,既不能彻底否定国际机制在协调国家间利益冲突中的积极作用,也不能夸大国际机制对国家权力的约束甚至替代作用。唯有从无政府状态下的国际合作、国家的"自助性"安全、国际权力格局这三种现实判断前提出发,才能够真实洞悉国际机制的存在价值与现实短板。

那么,什么是判断国际机制真实成效的核心要素?答案是权威性。国际机制既然能够从治理地域面积的大小分为全球性、区域性、次区域三类,那么判断这些国际机制对国家行为的影响力大小,则是界定国际机制权威性的重要指标。国际机制是通过国际规则来影响国际行为体的,换言之,国际规则是否具有强制性,决定了国家能否遵循国际机制的相关制度性安排。通常而言,由于国际机制的组成方式分为平等协商式和大国主导式两类,这也造成国际机制的成员存在平等权益和差异化权益两种状况,因此,国际机制在出台国际规则方面,就有可能出现强制力不同的状态。

那些对成员没有约束力的国际规则，往往只有建议和参考的价值，被称为"软规则"，其背后的国际机制通常以"清谈馆"的形式存在，国际权威性较差，影响力较弱；而那些对成员具有强制约束力的国际规则，能够有效规范国家的行为，被称为"硬规则"，其背后的国际机制往往能够借助强制性国际规则的持续推广而逐渐成长为权威性国际机制。可以说，权威性是国际机制生存的必然条件。因此，能否推出具有约束力的国际规则，则成为国际机制获取权威性的核心基础。

那么，既然机制现实主义认为国际机制仍然受制于国家间权力博弈，那么国际机制的存在是否合理、是否对实现国际社会的有序化具有现实价值？在此，可以从国际机制客观存在的兼容性来思考，既不能高估国际机制对国家的约束力，也不能低估全球治理对国际机制发挥国际协调功能、促进国际合作的现实需求。因此，对国际机制的价值判断，不应仅从学理层面，而更应从实践层面来进行界定。[①] 可以说，国际机制的权威性源自所有成员的共同肯定与支持，是民族国家根据对特定国际关系治理议题的认知与期望而专门制定的一系列规则、规范与决策程序，以确保在均势状态下国家通过协商合作均能获得绝对收益，从而维护国际机制的有效性，以及在实际操作过程中的制度弹性。因此，国际机制必然需要永久性的官僚体系与多边外交实体机构，这就为国际组织的诞生奠定了基础，同时，具有普遍约束力和公信力的国际法也在国际组织层面得以实现。可以说，国际机制的现实价值就是这种实践层面的有效性，即在规范国家行为的同时，维护无政府状态下的国际社会有序性，同时又会随着国际政治格局的变化而自发调节，从而逐步具备中性化特征、独立性和制度弹性。换言之，一个成熟的国际机制必然具有稳定性和自我调节能力，不会因某个大国的退出或加入而改变既有的运转方针与根本宗旨。

机制现实主义认为国际机制的存在是合理且有效的，这是因为国际机制最大的优势就是能够赋予国家间的集体行动以道德化与合法化。道德化表现为国际机制能够通过制定一系列获得成员一致认可的国际规范，包括国际道德规范、履约义务和失信惩罚措施，以改变国家肆意使用武力等强硬措施谋利的行为惯性，尤其是能够逐渐扭转国家以本国利益而不是国家间共同利益来界定国际道德的现状，通过公共国际道德和国际舆论引导力来约束国家行为。合法化表现为国际机制通过制定国际法、国际规则等，

---

① Andreas Hasenclever, Peter Mayer and Volk Rittberger, "Theories of International Regimes", London: Cambridge University Press, 1997, p. 13.

让国家自愿接受国际机制的制度性制约，同时认识到接受并参与国际机制是一个国家有效开展国际实践的重要路径。正是因为国际机制具有无政府状态下促进国家间构建良性互动关系的弹性特征，才使得国际社会能够在无政府状态下仍然具有一定的有序性，国际机制的确受到国家间权力政治的影响，但仍然具有缓和国家间矛盾、促进国家间合作的功能，这就是国际机制的有效性，也是国际机制能够存在的合理性来源。需要说明的是，机制现实主义从不认为国际机制能够完全独立于国际权力结构，而是始终认为国际机制是国家理性的产物，即在均势情形下国家间共同推动国际合作的制度性设计。因此，国际机制是一种国家间进行利益协调的多次博弈平台，亦是国家间权力竞争的新形式。

既然国际机制的权威性受到国际政治经济格局的约束，那么其权威性就必然会大打折扣，因为国际机制从诞生之日起，在推动国家间集体行动的过程中就始终面临困境。尽管国家愿意在国际机制框架下参与集体行动，的确源于相同或相似的利益，但国际机制提供公共产品所需的资源，主要来源于大国或大国群体。可以说，对于大国而言，很难在国际机制内部按照资源供给量的高低来进行权益差额分配，因为这种收益分配的差异化策略会导致其他弱国小国放弃参与国际机制。因此，付出较多资源的大国在国际机制的大部分领域只能获得与小国大致相同的制度性权益，这就出现了大国与小国之间难以调和的矛盾性：大国与小国都存在付出与收益的非正比性。每个国家虽然获得了绝对收益，但大国对相对收益的追求会受制于国际机制的相对公平性和国际道义约束而难以实现，小国却能够在国际机制中因成员的身份而共同获得公共性的集体收益，且付出的成本相对较低。这就促使无论是大国还是小国，都愿意推动国际机制的扩容，因为国际机制的成员越多，能够分享的公共收益越大，国际机制就越不会因个别国家的退出或内部冲突而瓦解，因此稳定性就越强，提供公共产品资源的大国所需支出的资源也就有所减少，弱国小国"搭便车"的可持续性就越长。然而，造成国际机制崩溃的重要因素是大国最终无法容忍相对收益持续减少和公共资源供给不断攀升之间的矛盾，大国不愿为了维持国际机制的运转及所有成员的绝对收益而持续提供物质资源。因此，理解国际机制有限的权威性，就必须承认国家间实力差距必然导致利益分配不均，而国际机制难以在绝对收益与相对收益之间维持基本平衡，因此不得不对大国的利益诉求有所妥协以确保能够获得维护基本运转的资源支持，从上述提到的北极理事会大部分成员在美国施压下不得不对俄罗斯采取制度性排挤和遏制措施就可见一斑。

总而言之，国际机制的运转与公共产品的供给主要由大国提供，因此国际机制的有效性基于大国之间的相互制衡，需对大国优先权益甚至是某种层面的特权地位予以适当的制度性倾斜与妥协。所以说，国际机制公共产品的分配是相对公平，而非绝对公平，国际机制成员之间的收益获取也存在差异性，大国重视相对收益和超额收益，小国重视绝对收益和平均收益。因此，国际机制内部也存在显性和隐形的等级特征。

第三节 北极国际机制的公益属性

机制现实主义认为国际机制是当前国际体系中的一种公共产品供给平台，能够满足参与方的公共利益诉求，并发挥公共服务功能。[1] 国际机制在促进国际合作的过程中，会通过提供专业信息、沟通原则、规范安排等方式来促进国家在共同关心的议题领域开展对话和协商。国家参与国际机制就必须付出维持国际机制运转的成本，但同时也能共享相关公共产品，这就是解释国际机制为什么能够推动区域合作的核心视点。机制现实主义从国际机制的理性设计视角出发，认为国际机制的有效性依赖于三个因素：安全关切、经济发展、规范供给。国际机制在提供国际公共产品的同时，其自身也具有公共产品的特征，例如获益方的非排他性以及非竞争性。国际体系的所有国家在维护区域与全球秩序方面具有共同利益，因此对国际公共产品产生了共同利益诉求。换言之，国际机制提供的公共产品能够满足成员的公共利益诉求，因此国际机制就具有了公益属性，或者是公利属性。

国际机制的公益属性不是绝对公益而是相对公益，这是因为国际机制提供的公共产品分为无限公共产品和有限公共产品。顾名思义，无限公共产品是完全符合非排他性和非竞争性的国际公共产品，其获益方是所有参与方。有限公共产品又称之为"准公共产品"，其不完全满足非排他性和非竞争性特征，是只提供给特定成员的公共产品。由于国际机制的地域覆盖范围不同，其公共产品的供给对象也存在差异，因此根据国际机制的层次可将其供给的公共产品分为区域性公共产品和全球性公共产品。例如，北极理事会提供的是区域性公共产品，而国际海事组织提供的是全球性公

---

[1] Oran R. Yong, "International Cooperation: Building Regimes for Natural Resources and the Environment", Ithaca: Cornell University Press, 1989, pp. 19 – 22.

共产品。① 需要指出的是，区域国际机制及其国际公共产品的供给范围存在向区域外国家拓展的趋势。

国际机制的公益属性是全球化的必然产物，是实现全球善治的核心要素。国家实力等级结构并不能替代全球治理实践对各国的无差别影响，也没有任何一个国家有足够的实力应对超越国界的治理事务，如气候变化问题。因此，正是由于国际社会对全球治理和区域治理的规范构建提出更高的要求，才促使国际机制的公益属性日益突出，并且呈现出对国家间权力政治的约束作用。

一、国际机制公益属性的功能特征

机制现实主义关注国际机制所具备的功能特征。从某种层面来看，国际机制需要必备一些能够有效满足国家利益诉求的功能，才能获得足够高的国际社会认可度。功能，尤其是公共功能，是国际机制的基本构成要素，也是国际机制公益属性的基础。国际机制的功能主要包括以下几个方面。

第一，供给国际协商的必备信息。信息不透明是导致国家间合作困境的重要因素，只有获取充分的信息才能做出相对理性的决策。在无政府状态下，如果没有国际机制作为推动国家沟通的媒介，那么国家间获取信息和有效沟通的成本会大幅升高，信息获取不畅往往会导致国家间的相互猜忌和互不信任，从而有可能做出不符合本国利益和共同利益的决策。国际机制虽然往往由大国主导建立，但能够为所有参与方提供信息沟通渠道，从而构建一个复杂的多次博弈场域，促使国家通过多次对他国的试探与接触，获得足够多的外界信息，以促进理性决策。② 坦言之，多次博弈往往比单次博弈更能让国家耐心获取他国的信息，同时也有助于向外界传递本国信息与政策主张。国际沟通本身就是国家间增信释疑的重要方式，有助于构建相对稳定的国际关系网络和相对客观的双向认知图景，最终为凝聚共识、促使集体行动奠定基础。此外，国家在国际机制框架下进行的信息

---

① John Ravenhill, "Economic Cooperation in Southeast Asia: Changing Incentives", Asian Survey, Vol. 25, No. 9, 1995, pp. 851–865.

② Robert Axelrod, "The Evolution of Cooperation", New York: Basic Books, 1984, pp. 9–15.

采集和良性互动，有助于减少战略误判，降低国家对外行为的不确定性。①

具有较高国际公信力的国际机制，往往都会为不同行为体提供相应的互动机构以获取充足的信息储备。例如，北极理事会就设置了部长级会议、高官会议、工作组会议等一系列机制安排，为政府领导人、行政部门负责人、科学家群体等提供了交流平台，以供各方传递和沟通信息。国际海事组织的A类和B类理事国的代表之间也会在国际海事组织及其下属的各专业委员会中进行充分的交流，围绕极地航运规则、航运环保标准、海洋污染防治等共同关心的议题进行沟通协调，并传递本国的政策立场信息与利益关切点。国际机制的信息供给功能是确保国家愿意在国际机制框架下进行外交实践的重要基础。此外，国际机制不仅提供了国家间信息沟通的平台与机遇，还提供了新的信息资源，尤其是为弱国小国获得专业信息和知识产品提供了重要渠道。例如北极理事会下属工作组经常发布免费的北极治理研究报告，涉及北冰洋环境保护、北极航运安全、北极生物多样性保护、北极科考合作等多个北极生态环保议题领域。北极经济理事会也会围绕北极经济开发、北极基础设施建设、北极能源开发和外资指南等发布研究报告，这不仅对于中国等非北极国家来说是一个全面了解北极经济事务的信息资源窗口，也推动了各北极利益攸关方纷纷加入北极经济理事会和北极圈论坛等国际机制。国际机制的信息资源供给还能潜移默化地影响成员的决策理性，在集体行动的过程中发挥重要的教育功能。这是因为国家在国际机制框架下进行的互动，其本身就是一种推动国际合作的宝贵实践，能够促进信息的多次多向传递，从而构建出相对稳固的国家间关系。

第二，构建国际行为准则。国际机制的发展绝不能止步于"清谈馆"的层面，而是要不断增强其权威性。国际机制权威性的主要表现形式就是出台能够约束国家行为、指导国家间集体行动的国际行为准则，以降低国家间互动行为的不确定性。国际行为准则的产生，能够提升国际合作与沟通的愿景，为国际合作扫清障碍。尽管在权力政治格局中仍然屡屡出现大国霸凌现象，然而对于弱国小国而言，国际机制及其供给的国际行为准则，的确是国际社会所急需的公共福利。

随着全球化的深入推进以及国家间相互依赖程度的不断加深，国际社会对国际机制供给国际规则的要求也随之提升，从通过国际规则来减

---

① Barbara Koremenos, "Contracting around International Uncertainty", American Political Science Review, Vol. 99, 2005, pp. 549–552.

少大国对小国的霸凌行为,以及降低小国对大国战略图谋的信息误判,逐渐上升为推动国际社会的有序和公平,尤其是促进区域一体化的国际规则体系发展。国际行为准则能够促成国家间互动的标准化,从而既能保障国际经济的运转,也能发挥降低国际政治利益冲突烈度的"润滑剂"作用。

国际机制倡导的国际行为准则并非都有强制性和明确性,对于国际惯例和非强制性国际规范等,国家不遵守的可能性较大,规则实施效果不甚明确。通常而言,国家对非约束性的国际行为准则存在选择偏好。[1] 但从国际有序治理的有效性角度来看,明确的国际行为规则更能减少国家集体行动中存在的不确定性,同时降低"大国例外"的可能性。[2] 尤其是那些追求权威性的国际机制,其构建的国际规则体系大多具有明确的行为准则,适用于所有成员。与此同时,包括大国在内的国际机制成员也具有较高的遵约自觉性。因为只有遵照共同的行为准则才能提升国际机制的国际影响力与国际美誉度,从而使得国际机制能够做大做强,为成员提供可持续的收益。即使国际机制出台非强制性国际规则,这些国际规则仍然能够为国家提供一种符合公共利益的行为指南,其中一些具有指导性的原则与理念,可以潜移默化地融入国家的行为决策之中,并作为国际机制构建约束性国际规则的基础。

更为重要的是,机制现实主义还看到了国际机制的内部监管功能,以应对成员可能出现的欺诈和叛离行为,从而维护那些愿意通过国际机制获取长远利益的国家的积极性,同时也可以防范因某些国家的肆意退出对国际机制造成的声誉损失。虽然国际机制的内部监管功能也有可能被主导型大国所滥用,但不可否认其有助于提升国家对国际机制及其国际规则的遵循度,能够稳定国际机制的成员数量,培育成员开展多边外交的行为惯性。

国际机制通过构建国际行为规范,并将其内嵌入区域与全球治理体系之中,在一定程度上削弱了无政府状态下国家自主行为的随意性。当国家选择参与国际机制,就必须按照相关的国际行为准则进行自我约束,以换取国际机制所提供的各类公共产品,而这些公共产品是国家难以从独自行动中获取的。可以说,国家以有限放弃行动自由为代价,换取在国际机制

---

[1] George W. Downs, David M. Rocke and Peter N. Barsoom, "Is the Good News about Compliance Good News for Cooperation?", International Organization, Vol. 50, No. 3, 1996, pp. 379–384.

[2] Kenneth W. Abbott and Duncan Snidal, "Hard and Soft Law in International Governance", International Organization, Vol. 54, No. 3, 2000, pp. 421–433.

框架下共享公共产品,尤其是弱国小国都能感受到国际机制对大国行为的约束性,从而能够获得"霍布斯状态"下难以想象的安全收益。例如,北极理事会对所有北极国家的行为拥有约束力,对于芬兰、丹麦等北欧小国而言,北极理事会的部长级会议和相关国际规则一定程度上约束了北极大国的行动。换言之,北极国际机制给北极大国套上了"不可随意发动战争"的行为约束,同时为弱国提供了某种程度上的安全与道义支持。

第三,提供集体行动的合法性。国家间的集体行动到底是由霸权国来领导,还是根据协商一致的原则自主决定? 虽然霸权稳定论强调了霸权国直接领导集体行动相对效率较高,但霸权国的领导权始终面临合法性不足的问题,且霸权国所带领的集体行动,难免会被质疑"公器私用",例如美国对利比亚的战争就没有得到以联合国为代表的国际社会的授权,至今仍然被质疑其法理性。由此可见,霸权国也愿意通过构建国际机制的方式,为其主导的各类集体行动披上合法性外衣。

国际机制为了防范"集体行动的困境",选择了"胡萝卜+大棒"的策略,即"互惠条款+惩戒条款"。互惠条款旨在增大所有成员共享收益的规模,提升成员对国际机制的期望预期,从而稳定成员对国际机制的遵约意愿。惩戒条款并非所有国际机制都有,其大多出现在具有强制约束力的国际机制之中。惩戒条款是为了防止成员违规行为对国际机制权威性的损害。换言之,国际机制设置互惠条款和惩戒条款的根本目的,就是提升成员破坏集体行动规则的违约成本,规范成员集体行动的一致性。正是由于国际机制在促使国家围绕特定治理议题采取集体行动方面具有独特的道义优势与组织优势,因此区域和全球政治经济秩序的稳定依赖于国际机制的良性运转。

第四,参与公共治理。国际机制的独立性与其组织化和规范化程度息息相关,规范化程度越高的国际机制,其提供国际合作信息、制定国际规则的能力就越高,协调国家间矛盾的权威性和公信力就越强,可以说,这类国际机制具有较强的独立性,能够在国际公共治理事务中发挥和国家相似的治理成效。[1] 机制现实主义对自由制度主义的一次重大思维突破在于:在接受国际机制具有相对独立性的前提假定基础上,指出具有独立国际实践能力的国际机制,其本身就具有影响国家行为的能力。从某种意义而言,这也是一种权力象征,因为国际机制不再是从属于国家政治的产物,

---

[1] Daniel Nielson and Michael J. Tierney,"Delegation and Agency in International Organizations", New York: Cambridge University Press, 2006, pp. 140 – 164.

而是逐渐具备影响和引导国家行为、能够与主权国家共同参与国际事务的行为体,甚至国际机制比任何一个国家更能影响多个国家的国际实践。随着一个国际机制的组织化程度越来越高,其必然需要构建一个稳定的行政机构和专职人员队伍,并且拥有稳定的资金保障,甚至有对国际事务独立发表声明和见解的实力。① 例如,2021年5月,北极理事会就北极环境治理问题发布首份《2021—2030年战略发展计划》,以敦促北极国家和北极理事会观察员积极落实《巴黎协定》,推动北极可持续发展,从而彰显北极理事会作为北极地区重要国际机制所具有的行动能力。

国际机制之所以有能力参与国际事务,是因为其拥有以下三方面的优势。

一是专业优势。专业性国际机制具有主权国家难以比拟的智力资源优势,包括庞大的科学家队伍和专业知识储备。例如,北极理事会下属的多个工作组几乎囊括了所有北极治理领域的顶级专家和技术人才,在北极环保、北极动植物保护、北极海洋环境等领域发挥了知识生产与知识供给的重要作用。可以说,北极理事会强大的专业性是其吸引域内外国家参与的重要因素。

二是法理优势。国际机制的合法性是其成员共同赋予的,每个成员都需通过立法和行政部门批准后方可参与国际机制,因此,成员在国际机制中的活动需得到国内政治的认可,同时,国际机制对其成员的规范性安排也具有合法性,这是国际机制能够参与区域和全球治理的法理依据。在涉及国际安全等政治敏感度较高的议题领域,国际机制所具有的法理优势能够有效推动国家间的协商与对话,这种多边框架下的国家间协调比政府间的双边协调更易获得进展。例如,在北极经济开发问题上,北极经济理事会始终走在前台;在北极环境治理问题上,北极理事会则成为最知名的多边平台,其颁布的相关区域性国际规则,具有较强的合法性,得到了北极国家的共同遵守;在北极航运治理议题上,为降低非北极国家对俄罗斯所属北极海域管理国内规则的抵制和反感,俄罗斯北极航道管理机构的规范构建开始加速向国际海事组织颁布的《国际极地水域操作船舶规则》(以下简称《极地规则》)靠拢。

三是资金优势。国际机制往往由大国主导,机制现实主义认为虽然国

---

① Tana Johnsonal and Johannes Urpelainena, "International Bureaucrats and the Formation of International Organizations: Institutional Design Discretion Sweetens the Pot", International Organization, Vol. 68, No. 1, January 2014, pp. 177 – 209.

际机制存在被大国"私物化"的风险，但大国事实上仍然是国际机制最大的资金支持方。由大国和大国集团加持的国际机制，具有弱国小国无法比肩的资金优势，国际机制通过较为丰富的资金资源，不仅能进一步加大对专业领域的科研支持力度，夯实知识优势，同时还能够进一步制定出基于专业知识的国际规则与国家行为指南，从而提升国际机制相对于弱国小国的国际规范倡导权和国际影响力，有效推动国家集体行动的可持续进行。例如北极理事会对下属工作组的资金支持就来自北欧国家，通过资助短期和中期的科研项目和原住民扶助计划，以提升北极理事会在北极环保、科研、人文等多领域的参与度，这种行为能力已经超越了部分北极国家和绝大多数非北极国家。

随着国际事务的复杂性和多面性日益增大，全球性治理议题日益增多，一些国际机制的功能不再局限于被动成为国际沟通平台，而在于积极提供公共治理的资源与信息，甚至直接参与相关领域的治理实践，表现出国际机制既源于国际权力结构，又并行于国际权力结构的独特性。国际机制提供的公共服务，在满足成员需求的同时，也提升了国际机制有可能通过持续提供公共产品来逐步获得对主权国家的合法约束力。一旦这种合法约束力获取成功，那么相应的国际机制不仅在一定程度上改变了西方社会的"丛林法则"，推动国际秩序的有序化发展，而且其本身的独立性也不断增强，其初创成员，特别是霸权国的影响力和试图将国际机制作为"私利化"工具的能力将有所下降，这在某种程度上有助于维护弱国小国的国际机制话语权，从而营造一种相对稳定的国际环境。正因为国际机制具有公益属性，所以那些在传统国际政治等级结构中缺乏话语权的弱国小国，也愿意与强国大国一起推动国际机制的发展。因此，国际机制的兴起，表明国际秩序可以按照国际规则与国际权力的双重逻辑发展，这不仅符合二战后各大国的利益，更使得中小国家也能从中受益。因为以国际规则为基础的国际社会，能够在一定程度上减少权力政治对小国的歧视与不公。从这个视角来看，机制现实主义的另一个深入探讨的议题就是北极经济治理的国际机制复杂化问题。

第三章 北极经济发展中的国际机制复杂化

在北极治理走向完善与变革的重要时期，北极经济治理体系呈现出国际机制复杂性特征，主要表现为国际机制的数量相对较多，对特定治理议题进行集中建章立制所造成的规范供给过剩。随着北极区域治理和次区域治理的国际机制复杂化日趋明显，相关研究具有重要的学理与实践价值。本章以北极经济治理为例，剖析区域国际机制体系的影响因素与发展趋势，从国际机制复杂化的视角探究北极经济治理国际机制供给过剩问题，有助于在北极经济开发过程中不确定因素大幅增加的背景下，理解北极经济治理秩序的构建要素，以期适应未来北极经济大开发的有序化需要。

第一节 国际机制复杂化的学理基础与框架

国际机制复杂化是指某一特定治理领域存在多个部分重叠的并行国际机制，并且这些国际机制之间并无明确层级结构的状态。[1] 国际机制复杂化源于国际机制的重叠式发展以及全球化对国际合作的促进作用。二战结束至今，国际社会的"国际机制密度"大幅提升，造成了广泛存在的"规则拥堵"现象，即所谓的国际机制供给过剩。[2] 国际机制供给过剩问题是国际关系理论研究的新兴议题领域，使得国际机制研究从个体机制之间存在现实联系的视阈出发，着眼于国际机制之间的互动关系、运作路径和有效性评估，这类研究假定国际机制是具有规则扩散内驱力且彼此之间不必然存在等级性关联的实体。国际机制数量的快速增长反映出国际社会对国际机制的迫切需求，但国际合作的扩展也增加了国际规则和利益攸关方的

---

[1] Kal Raustiala and David G. Victor, "The Regime Complex for Plant Genetic Resources", International Organization, Vol. 58, No. 2, 2004, pp. 279 – 282.

[2] Oran R. Young, "The Institutional Dimensions of Environmental Change: Fit, Interplay, and Scale", Cambridge: MIT Press, 2002, pp. 25 – 49.

数目，从而使得国际机制出现了多维化、庞杂化和复合化的发展特征。国际机制复杂化的显著特征是不同组的国际行为体各自构建和维持国际机制与国际规则，因此其演化方式遵循的是多元路径而非单一路径。① 对国际机制复杂化的讨论，不仅有助于弥补国际社会对国际机制缺乏普遍权威性关注的不足，还引导学界对国际机制的合法性原则进行了反思，尤其是对国际行为体利益多元化与国际集体行动统一性原则进行了反思，从而为既有国际机制理论增添了新的思维创新点。

一、国际机制复杂化的成因

国际机制复杂化的主要成因是国家利益分散化导致国际机制扩散。首先，随着全球事务的跨区域影响不断增强，国家的利益边疆也超越国界。国家利益的多元化和分散化推动国际机制的产生，然而国际合作存在的不确定性使得大多数国家难以信任合作方会履行义务，并排斥国际规则的约束性。为了降低合作风险，国家往往更倾向于将自身的多元利益诉求与相关国际机制绑定，从而造成国际机制的分散化。而北极经济治理议题的多样性与地缘政治困境，也导致了北极经济治理国际机制出现了复杂性特征。② 其次，由于构建国际机制的预期收益较高，国际行为体为了实现利益最大化倾向于新建国际机制，而不是对既有国际机制进行改造或改革。因此，在国际社会中经常会出现与主流国际机制并存的区域性"俱乐部式"国际机制，此类国际机制由利益高度相近的若干国家构成，其出台的国际规则不仅约束成员，同时也满足成员的利益诉求，如北极理事会出台的《北极海洋油污预防与反应合作协定》《北极海空搜救合作协定》《加强北极国际科学合作协定》就只限于北极国家担负相关的履约义务、共享相关权益。再次，功能性扩散导致国际机制的外溢现象。例如，在围绕某一治理议题的建章立制过程中，会出现新的相关议题领域，相关国际机制和国家就不得不对此进行新的规则设置，从而造成重叠性规则供给。一些小国不满足于全球性国际机制做出的总体性国际规则安排，往往在区域性国际机制中推动出台类似的国际规则。即使在同一国际机制内部，为了克服个别国家，特别是大国的"战略不确定性"，一些国家会倡导构建补充

---

① 王明国：《机制复杂性及其对国际合作的影响》，《外交评论》（外交学院学报）2012年第3期，第146—148页。

② Karen J. Alter and Sophie Meunier, "The Politics of International Regime Complexity", Perspective on Politics, Vol. 7, No. 1, 2009, pp. 13 – 19.

型国际机制，或者精心设计跨议题领域的国际机制，以吸引不同利益诉求的国际行为体参与其中。① 最后，国际机制的扩散还存在模仿派生模式。新的国际机制为了降低试错成本，往往采取借鉴、模仿既有权威性国际机制的构建路径与运行方式，以获得国际社会的认可。因此，在上述四种情况的多重结合下，国际机制复杂化的呈现就不足为奇了。

国际机制研究的传统对象是单一国际机制，并且往往不考虑在特定背景下该研究对象与其他国际机制的互动关系，因此采用的是一种相对静态的研究路径。然而，随着二战后各类国际机制的大量出现并彼此交流，全球—区域—次区域的复杂国际机制系统形成，国际机制的研究向动态化方向转变。国际机制复杂化现象不仅为国际机制研究奠定新的基础，也为外交决策提供新的现实挑战。就北极经济开发而言，这些背景变化主要表现在以下几个方面。

一是北极地缘政治经济格局发生历史性改变，北极经济治理秩序处于创设阶段，国际机制复杂性日益明显。冷战结束后，以美国为代表的西方北极国家成为北极国际机制的主要供给方，但随着北极气候暖化的加剧，越来越多非北极国家开始护持自身合理的北极权益，主导型北极大国的国际影响力相对下降。在北极地区地缘权力格局发生改变的同时，北极国家加大了对国际机制的构建频率和规则供给力度，造成国际机制的数量不断攀升。

二是北极治理赤字加剧，国家间经贸联系存在障碍。近年来，北极经济开发成为北极国家的经济战略新起点，但由于大多数北极国家都将矿产和能源开发作为主要抓手，因此不可避免地造成同质性竞争，贸易保护、民粹主义、"逆全球化"思潮盛行。北极国家担心非北极国家介入北极经济开发会危及本国的国家安全，因此纷纷加大对既有国际机制的把控程度，阻挠非北极国家平等参与北极经济治理，多边合作机制的排他性色彩浓重。

三是北极区域一体化进程加速，加速国际机制复杂化。北极地区大国战略博弈造成地区安全局势的不确定性增加，为了避免既有国际机制的失效风险，提升域内国家的集体抗风险能力，北极国家开始加强次区域机制构建，与邻国"抱团取暖"，增强了北极国际机制的复杂化程度。

---

① Karen N. Scott, "International Environmental Governance: Managing Fragmentation Through Institutional Connection", Melbourne Journal of International Law, Vol. 12, No. 1, 2011, pp. 1–23.

因此，北极经济开发需要国际机制提供有序化保证，但国际机制数量过多必然加剧复杂化程度，其围绕特定议题的建章立制也将出现相对过剩，由此，研究北极机制的复杂化现象则成为分析北极经济治理的重要议题。

二、国际机制复杂化的形式与特征

国际机制复杂化与国际机制密度的高低息息相关。在国际机制密度高的情形下，会存在国际机制复杂化，主要表现为平行式、嵌套式和重叠式三种类型。平行式国际机制是指国际机制之间没有交集、各自发展；嵌套式国际机制是指多个国际机制围绕同一个治理目标而彼此相嵌；重叠式国际机制是指同一议题领域存在多重国际机制，并且国际机制之间互不排斥。[①] 在国际机制密度高的状态下，重叠式国际机制是出现频率较高的一种状态，因为多个具有相似功能属性的单一国际机制相互干扰，从而削弱自身的有效性。对于国际机制关联性与互动性的研究，一方面需要新建国际机制与既有国际机制之间的相互协调，另一方面则需要从国际机制良性互动的角度来思考新建国际机制与既有国际机制的匹配度问题。因此，问题视角与区域视角可以解释新旧国际机制的匹配问题。例如，关于北极航运相关国际机制的重叠性，就问题视角而言，可以通过国际海事组织的《极地规则》与北极理事会的《北极航运评估报告》之间的关系加以明确解释；就区域视角而言，国际海事组织与北极理事会、北极经济理事会、北极圈论坛的关系则提供了代表性例证。

国际机制复杂化的基本特征包括结构性复杂化和规范性复杂化两个方面。结构性复杂化是指国际机制体系呈现出自下而上的多维中心结构，并且不同国际机制的成员，能够在不同领域范围内进行相对独立的功能运作。随着国际机制密度的不断增大，在非等级性和非同质化的国际机制体系中，议题领域的多层次性与个体机制的多样化使得国际机制的复杂化特征进一步加剧，这使得国际规则和国际法难以在国际合作中发挥严格约束性作用，从而导致国际机制之间存在冲突性。

规范性复杂化是指国际机制的原则设置与规范供给存在明显差异化。其表现为分散复杂的总体国际机制框架所形成的原则理念与个体国际机制

[①] Vinod K. Aggarwal, ed., "Institutional Designs for a Complex World, Bargaining, Linkages, and Nesting", Ithaca, NY: Cornell University Press, 1998, p. 4.

的核心规范并不一致,因此这些个体国际机制的变化往往难以准确反映国际社会的内驱动力,也难以实现路径依赖。换言之,国际机制复杂化不仅指的是大量个体国际机制的存在,还包括高度分散化的国际规则和协议安排,围绕相似治理议题的国际机制之间与国际协议之间都有可能存在功能性重叠。当然,并非所有的国际关系领域都存在国际机制碎片化和复杂化局面,例如在海洋划界领域,相关多边与双边协定都是基于联合国框架之下,体现出全球性国际机制的话语权威。

三、国际机制复杂化的分析维度

研究北极经济治理实践中存在国际机制复杂化现象的分析维度包括功能维度与国别维度。功能维度指的是不同国际机制适用于北极经济治理领域的功能属性。[①] 特定的议题领域会造成国际机制形态的差异性。例如,国际海事组织、北极理事会、北极经济理事会由于所属议题领域的差异性而具备不同的功能属性。国际机制复杂化不仅表现为不同治理议题领域会产生不同的国际机制安排,还表现为不同国际机制在同一治理议题上存在治理效果差异。例如,国际海事组织的《极地规则》和《国际防止船舶造成污染公约》、北极理事会的《减少碳和甲烷排放行动框架》和《北极海洋油污预防与反应合作协定》、北极经济理事会的《北极投资协议》都对北极海洋治理具有"管制权"。相似功能领域与不同功能领域的不同国际机制共同构成了国际机制复合体。在北极区域经济治理体系中,洲际经贸投资与航运物流领域的治理机制由于功能属性差异,几近构成相对完整但复杂的国际机制体系。

国别维度是指从国际机制成员的构成状态来判断国际机制的复杂性程度。不同国际机制的成员存在差异性,也有可能存在重叠性或交叉性。重叠性是指两个国际机制的成员完全相同;交叉性是指两个国际机制的成员部分相同。由于成员在不同国际机制中的影响力与利益诉求并不一致,有"两面下注"的可能,因此在理性权衡且存在备选方案的背景下,有可能对某一国际机制采取违约或拒绝担责的策略以实现其利益最大化,这就导致国际机制的复杂化。需要进一步说明的是,国际机制的主导国差异决定了国际机制之间的竞合关系更为复杂多变,从而使得国际机制复杂化特征

---

① 任琳、张尊月:《全球经济治理的制度复杂性分析——以亚太地区经济治理为例》,《国际经贸探索》2020年第10期,第102—103页。

向中微观层面发展。主导国对国际机制复杂化的塑造力是极为强大的,当两个国际机制的主导国处于对立状态时,那么这两个国际机制也有可能呈现出竞争关系。①

需要指出的是,如何框定国际机制复杂化在北极国际机制谱系中的地位,以及如何选取可操作性的评价标准,仍然是难题。此外,关于国际机制复杂化对个体国际机制有效性的影响界定尚存争议。尤其是软法性国际规则对提升国际机制合法性具有重要作用,这对于研判国际北极论坛、北极圈论坛等出台非约束性国际规则的国际机制有效性开辟了新的视野。因此,将国际机制复杂化的概念引入北极经济治理研究进程,不仅有助于深入探究北极国际机制的碎片化状态以及弱势国际机制的有效性问题,更有助于探寻北极国际机制复杂化的结果及其应对策略,尤其是国际机制复杂化是削弱还是推动了北极经济国际合作,成为研究北极经济治理的关键性问题。

四、北极经济开发国际机制的层叠结构

在全球治理日益倚重国际机制来推动国际合作的同时,关于国际机制的多维供给问题也成为学界关注的焦点。虽然国际社会普遍认可国际机制的存在,但其在实际政治操作中所发挥的协调功能仍然受到国际权力政治结构的影响,这使得国际机制始终面临有效性与合法性之问。在北极地区复杂的治理环境下,既有国际机制存在较为清晰的层叠结构特征,在推进国家间合作和规范国家行为方面存在竞合关系,进一步强化了国际机制的复杂化。

虽然国际机制是独立的实体,但不能从孤立的视角去理解国际机制的本质。正如研究国际关系议题之间的联系对于理解国家间合作的内在动力至关重要一样,思考国际机制之间的相对位次与互动关系,同样能够为学界理解国际机制的存在价值产生重要意义。② 因此,国际机制之间的有机连接关系和分布状态,也成为比国际机制本身更具价值的研究对象。

层叠结构是指某一全球或区域治理实践场域中的一系列国际机制呈现出多层分布且彼此交错的等级结构。层叠结构的基本组成单元是单一的正式与非正式国际机制,并且这些国际机制因治理能力、影响力差异等因素

---

① R. A. W. Rhodes, "The New Governance: Governing without Government", Political Studies, Vol. 44, No. 4, 1996, p. 657.

② [美]奥兰·扬著,陈玉刚、薄燕译:《世界事务中的治理》,上海人民出版社2007年版,第153—158页。

形成分层散布状态，位于不同层面的国际机制之间因治理领域、功能特征、成员等因素的共通性大小而形成嵌套、重叠和平行三种关联方式。

北极治理的国际机制体系也具有鲜明的层叠结构，其中正式和非正式国际机制在不同实践场域层面彼此嵌套，逐渐成为一种新的发展趋势。正式国际机制是指具有正式的国际法律地位、功能属性和专家团队，并拥有完整的工作与决策程序，能够出台约束性国际规则的国际机制。非正式国际机制不具有正式的国际法律地位，往往以领导人峰会或高官会议等方式开展跨国协调与议题引领，政治属性较为明显，由于缺乏专业技术团队和严密的组织程序，因此难以出台具有约束力的国际规则。[1] 就北极地区而言，国际海事组织、北极理事会、北极经济理事会等正式国际机制成为北极治理层叠结构的主体机制，而北极海洋论坛、世界经济论坛、北极地区议员会议等非正式国际机制则围绕这些主体机制开展外围性工作。

虽然传统现实主义学者认为国际社会在无政府状态下不存在高于国家主权的法律权威，因此不承认国际机制建章立制的法律约束力，但机制现实主义思维框架认为国家对国际机制的认可以及对国际规则的遵守，并非完全源于对违约制裁的担忧。事实上，即使是在国内社会，惧怕惩罚机制也并非是公民守法的唯一原因，还源于"法律是保护绝大多数公民的共同利益，因此违法行为是与社会为敌，是错误的行为"这样惯性认知。换言之，在国际层面，国际规则也是国际行为体共同认可的行为准则，得到了国际社会的普遍认同，因此国际行为体的违约行为都必然损害其国际声望，损害其他签约方的共同利益。

因此，机制现实主义认为，正式国际机制能够为国际合作塑造"硬环境"。正式国际机制所出台的约束性国际规则，是成员共同价值观念的有形化体现，其权威性与合法性两大支柱是违约行为的惩罚机制，以及签约方对国际规则正当性的自觉认同与原则化理解。[2] 正式国际机制在成立之时，成员就默认了自愿遵守和违约责任的共同原则，尤其是当成员之间出现争端或违约行为时，其他成员就可以遵照国际机制共同认可的争端解决程序与惩戒程序进行协调与违约损害裁定。对国际规则公义性的共有理解使得正式国际机制及其规范供给成为成员互动时所遵循的法理依据，并使其进行自我约束，而这是非正式国际机制所不具有的功能。因此，从北极

---

[1] Volker Rittberger and Peter Mayer, "Regime Theory and International Relations", Oxford: Clarendon Press, 1993, pp. 78–93.

[2] 刘宏松:《正式与非正式国际机制的概念辨析》,《欧洲研究》2009 年第 3 期，第 94—96 页。

治理的成效来看，正式国际机制为国家间的可持续合作提供了"刚性约束框架"，能更有效凝聚国际资源以开展国际合作。①

非正式国际机制能够为国际合作塑造"软环境"。非正式国际机制的国际影响力比正式国际机制要弱，国家参与非正式国际机制不需要做出明确的义务承诺。由于国家行政机构参与非正式国际机制无需签署以国家名誉担保的国际条约，因此不需要经过本国立法机构的审批程序，有助于降低国家参与国际合作的国内立法障碍。此外，非正式国际机制还具有较强的灵活性，尤其是当国际形势发生变化时，非正式国际机制能及时调整国际沟通方式以促进国际协议的达成，而且国家在非正式国际机制框架下更能达成合作共识并签署协议。然而，非正式国际机制在带给国家宽松协商环境的同时，也极大降低了国家的违约成本。毕竟就北极复杂多变的国际形势而言，缺乏明确的权利与义务规定的非正式国际机制并不能得到成员内部政治制度的认可与保障，尤其是难以稳定获得成员的资金和场地支持。对于国家而言，参与非正式国际机制的重要目标是获得信息而非获得实质收益，至于对国际机制的遵约程度则取决于获益预期的强弱，国家对此具有较强的自主裁量权。正因为缺乏规范性力量和制度性威慑力，国家难以在非正式国际机制的框架下与其他成员形成稳定的合作预期，同时也增大了国家违约的可能性，这无疑降低了非正式国际机制的有效性与可信度，②使其逐渐向务虚化方向发展。

诚然，对于北极利益攸关方而言，无论参与何种国际机制，都面临着灵活性与有效性的选择困境。正式国际机制的有效性强，但受制于规范化的程序和流程，普遍缺乏灵活性。非正式国际机制的有效性较弱，但灵活性较强。因此在北极治理的复杂性与成员利益诉求的差异性共存的状态下，基于地缘临近和议题导向的"正式国际机制 + 非正式国际机制"层叠结构就应运而生，国家可以先通过非正式国际机制加强国际沟通以获得足够多的信息资源，再参加正式国际机制的建章立制过程以护持本国利益。可以说，当前北极地区的层叠结构是一种过渡状态，而多类国际机制在不同维度的共存格局符合北极地缘政治经济发展的需要。北极治理的机制化建设不仅要维护非正式国际机制的沟通功能，更要增强正式国际机制的规范供给能力，最终将各个北极利益攸关方的政治共识转化为具有约束力的

---

① Charles Lipson, "Why are Some International Agreements Informal?", International Organization, Vol. 45, No. 4, 1991, pp. 495–538.

② 朱杰进：《复合机制模式与 G20 机制化建设》，《国际观察》2013 年第 3 期，第 7—10 页。

国际政治承诺并付诸实施,唯有如此才能维护北极秩序的稳定,推动北极善治的实现。

第二节 北极经济发展的国际规范多元供给

国际机制与权力政治存在相互制衡和相互依存的关系。权力政治制约着国际机制的议题设置与实践扩展,国际机制则制约权力的过度集聚与肆意霸凌。就当前北极治理的国际环境而言,北极地区的地缘政治经济结构仍然存在不稳定因素,北极国家内部和非北极国家之间都存在大量的利益与观念冲突,这就使得新时期北极治理的国际机制建设,逐渐向权利与义务相融合、次区域与区域相协调的多维性方向发展。提升国际机制协调功能的关键也从如何制约大国的权力冲动,转向尽可能满足不同国家的协商诉求。[1] 总体而言,北极国际机制的价值取向呈现出合作、协商的积极态势,其中大国主导着区域及以上层面的国际机制,其他国家主导次区域层面的国际机制,这种国际机制的多维分布特征符合北极治理的实际情况,有助于满足不同层面、不同领域的国际利益诉求,国际机制对北极利益攸关方的规范供给能力逐渐增强。总体而言,北极地区的国际机制存在于全球、区域、次区域三个维度。

一、全球维度国际机制对北极经济发展的规范供给

(一)国际海事组织

国际海事组织成立于1959年,是联合国下属的海洋事务专门机构,旨在促进国际贸易航运监管领域的国际合作与协调。国际海事组织制定了全球海运安全、船舶建造以及防止船舶造成海洋与大气污染等海事管理国际法文件及相关措施,以支持联合国可持续发展目标为工作指南。国际海事组织拥有176个成员和3个联系成员,公布了50多份国际公约和议定书等国际法文件,并通过了1000多项关于海上安全、污染防治等相关问题的权

---

[1] Burkard Eberlein et al., "Transnational Business Governance Interactions: Conceptualization and Framework for Analysis: Transnational Business Governance", Regulation & Governance, Vol. 8, No. 1, 2014, pp. 4–5.

威性国际规范。① 与北极经济发展相关的国际规范主要集中在北极航运和北冰洋环保领域，以《极地规则》为代表。② 成员政府一旦签署国际海事组织的国际法文件，该政策文件就成为了国内法，国际海事组织负责监督各国对相关航运法规的执行情况。此外，国际海事组织拥有66个具有观察员地位的政府间组织，包括欧洲委员会、美洲国家组织和石油输出国组织；还有85个具有咨商地位的非政府组织。

国际海事组织由大会、理事会、五个技术委员会和七个小组委员会四级结构组成。国际海事组织大会是国际海事组织的最高管理机构，由所有成员组成，每两年举行一次会议，负责审批工作计划与财政预算，并选举理事会成员。国际海事组织理事会是国际海事组织的执行机构，在国际海事组织大会闭会期间，履行大会的所有功能。包括监督国际海事组织的各项工作、审查并向大会提交技术委员会和其他机构的研究报告和法规草案、审议工作计划和预算草案并提交国际海事组织大会批准、提名国际海事组织秘书处人选等。理事会成员分为A类、B类和C类，A类是10个航运大国，③ B类是10个海运贸易大国，④ C类是地区性海洋事务代表国。⑤

国际海事组织技术委员会负责起草相关领域的国际规则草案，并提交理事会审查。技术委员会包括海事安全委员会、海洋环境保护委员会、法律委员会、技术合作委员会、促进委员会。需要指出的是，国际海事组织建章立制的工作主要由技术委员会进行，其中海事安全委员会和海洋环境保护委员会担负着起草大部分国际规则的工作。

国际海事组织小组委员会由各行业专家组成，协助海事安全委员会、海洋环境保护委员会等技术委员会的工作，并向所有成员开放。七个小组委员会包括人为因素、培训和值班小组委员会，国际海事组织文书实施小

---

① 国际海事组织网站：https://www.imo.org/en/。
② 此外还包括《国际防止船舶造成污染公约》《国际油污防备、应对和合作公约》《关于危险和有毒物质污染事故的准备、应对和合作的议定书》《防止倾倒废物及其他物质污染海洋的公约》《控制船舶有害防污系统国际公约》《控制和管理船舶压载水和沉积物国际公约》等。
③ 2022—2023年国际海事组织A类理事会成员包括：中国、希腊、意大利、日本、挪威、巴拿马、韩国、俄罗斯、英国和美国。
④ 2022—2023年国际海事组织B类理事会成员包括：澳大利亚、巴西、加拿大、法国、德国、印度、荷兰、西班牙、瑞典和阿联酋。
⑤ 2022—2023年国际海事组织C类理事会成员包括：巴哈马、比利时、智利、塞浦路斯、丹麦、埃及、印尼、牙买加、肯尼亚、马来西亚、马耳他、墨西哥、摩洛哥、菲律宾、卡塔尔、沙特、新加坡、泰国、土耳其和瓦努阿图。

组委员会，导航、通信和搜救小组委员会，污染防治及应对小组委员会，船舶设计和建造小组委员会，船舶系统和设备小组委员会，货物和集装箱运输小组委员会。其中与北极海洋经济发展密切相关的小组委员会是污染防治及应对小组委员会、船舶设计和建造小组委员会。

随着区域和全球经济发展、国际贸易和旅游业繁荣、自然资源的勘探和开发以及气候变暖，特别是北极夏季海冰覆盖面积的持续减少，北极的海上航运将增加。由于这些地区地处偏远，作业条件恶劣，港口数量有限，船舶必须按照更高的标准建造和运营。在这个大背景下，国际海事组织于2017年1月1日生效了《极地规则》，对所有在北极海洋运营的船舶规定了极为严格的环保和安全标准，并成为适用于所有北极利益攸关方的权威性国际规范。

（二）联合国环境规划署

联合国环境规划署成立于1973年，在保护环境方面发挥领导作用并制定环保议程。联合国环境规划署致力于通过深入研究气候变化、自然与生物多样性丧失、污染与浪费这三大全球危机的根本原因，促进联合国会员国建立可持续发展的生态环境伙伴关系。联合国环境规划署拥有193个成员国，并通过全球最权威的环保决策机制——联合国环境大会来推广全球性环保规则。联合国环境规划署的常驻代表委员会由五人主席团领导，负责筹备联合国环境大会，并定期审查大会决议的执行情况。作为全球领先的环境权威机制，联合国环境规划署制定了13项全球多边环境协定和2项区域多边环境公约，还制订了7项区域海洋公约与行动计划。其中与北极经济开发密切相关的是《生物多样性公约》《濒危野生动植物种国际贸易公约》《保护野生动物迁徙物种公约》《波罗的海、东北大西洋、爱尔兰和北海小型鲸类保护协定》《控制危险废物越境转移及其处置巴塞尔公约》《关于在国际贸易中对某些危险化学品和农药采用事先知情同意程序的鹿特丹公约》《关于持久性有机污染物的斯德哥尔摩公约》《保护臭氧层维也纳公约》和《西北太平洋行动计划》。此外，联合国环境规划署还设置了四个管理环境保护事务的实体机构，即政府间气候变化专门委员会、塑料污染政府间谈判委员会、联合国原子辐射影响科学委员会、生物多样性和生物系统服务政府间科学政策平台。这四个机构涉及北极冰川加速融化、北冰洋海上塑料污染、北极地区核废料污染等治理议题。

联合国环境规划署高度重视北极海冰消失对全球生态、气候、经济和地缘政治的影响，并连续40年对北极海冰面积进行卫星观测，证明北极海冰面积已缩小了一半。① 早在 2019 年 3 月 13 日，联合国环境规划署就发表了《全球纽带——图说变化的北极》，明确指出北极正面临冰川和冻土加速融化、海洋酸化和塑料污染等环境压力，而严格执行《巴黎协定》规定的碳减排目标是延缓北极生态环境持续恶化的重要依据。联合国环境规划署所制定的有关碳减排、生物多样性、海洋环境保护、陆海污染物治理等国际规则，已经得到北极国家和非北极国家共同认可。北极国家在经济开发北极的过程中都坚持"环保优先"，这些"绿色开发"北极的国际法依据大部分来自联合国环境规划署的相关国际规范。因此，各国参与北极地区的经济开发都受到联合国环境规划署相关环保规范的约束。

（三）国际海道测量组织

国际海道测量组织成立于 1921 年，旨在协调各国海道测量部门之间的互动，统一航海制图标准、制定航道管理国际规则。该组织拥有 76 个会员。2021 年 10 月 6 日，在加拿大海道测量服务局的倡议下，北冰洋沿岸五国代表在国际海道测量组织框架下成立了北极区域海道测量委员会，美国、俄罗斯、加拿大、丹麦、挪威成为该委员会的成员国，拥有决策权。北极区域海道测量委员会下设三个工作组：战略规划工作组、北极航运指南工作组、业务与技术工作组。该委员会的成立标志着北极地区也被国际社会纳入区域海道测量的规划之中。为了在战略地位重要且生态环境极为敏感的北极地区开展海道测量国际协作工作，北极区域海道测量委员会与相邻海域航道测量委员会达成工作协调机制，对测绘海域的重叠性进行全面跟踪，并对每个成员的制图工作进行监测与协调。

二、区域维度国际机制对北极经济发展的规范供给

（一）北极理事会

北极理事会成立于 1996 年，是北极地区最著名的多边协商平台，旨在促进北极地区的可持续发展和生态环境保护，其关注的北极治理议题包括北极原住民权益保护、生物多样性、北极气候暖化、海洋环境保护、污染物治理、海空搜救等。为此，北极理事会设置了多个专题项目以推进相关治理事务，这些项目包括小型社区的预防、准备和应对，海洋垃圾区域行

---

① UN Environment Programme, "The Shrinking Arctic Sea Ice", https://wedocs.unep.org/bitstream/handle/20.500.11822/38414/FB028.pdf.

动计划与实施，北冰洋水下噪音监测，海洋生物多样性监测，北极海洋微塑料和垃圾治理，北极地区的蓝色生物经济，北极生物多样性监测方案，科拉半岛核废料处理项目，了解气候变化对北极生态系统的影响以及相关的气候反馈，北极生物多样性行动等。

北极理事会由成员、永久参与方和观察员组成。成员具有决策权，由俄罗斯、美国、加拿大、丹麦、瑞典、挪威、芬兰、冰岛8个国家组成；永久参与方由6个北极原住民组织组成；观察员由38个非北极国家和国际组织组成，分为特殊观察员和永久观察员。特殊观察员参加北极理事会的相关会议需要得到成员的批准；而永久观察员则无需审批可以直接参会，但观察员参与的会议主要集中在工作组层面，北极理事会部长级会议和高官会议则需要通过审批方可旁听，且北极理事会规定了观察员不能晋升为成员，所以无论是永久观察员还是特殊观察员都无权影响北极理事会建章立制的决策过程。[①]

北极理事会的建章立制活动由六个工作组和一个专家组负责起草相关文件，并最终提交部长级会议审批通过。工作组包括：北极污染物行动计划工作组，北极监测和评估计划工作组，北极动植物保护工作组，紧急情况预防、准备和响应工作组，保护北极海洋环境工作组，可持续发展工作组。专家组是指黑碳和甲烷专家组，负责定期评估北极理事会《黑碳和甲烷行动框架》的实施进展，并为北极国家政策制定者和北极理事会观察员提供科研信息。专家组每两年向北极理事会轮值主席国提交一份高水平"进展与建议"报告。[②]当前，北极理事会出台了三项具有法律约束力的国际协定，旨在加强在北极搜救、海洋石油污染和北极科考合作问题上的国际合作。这三个国际协定分别是2011年的《北极海空搜救合作协定》、2013年的《北极海洋油污预防与反应合作协定》和2017年的《加强国际北极科学合作协定》。

由于北极理事会是当前北极地区最具影响力的国际治理机制，其建章立制的思路与模式也影响着北极地区的经济发展，并受到两方面因素的影响：一是内生性影响，包括北极理事会轮值主席国的主旨性议题，北极国家的共识程度，北极理事会组织机构的稳定性等；二是外生性影响，包括北极生态环境变化趋势、大国地缘战略博弈在北极地区的外溢性影响等。因此，在这两方面因素的共同驱动下，北极理事会将继续扮演北极治理秩序的

[①] 肖洋：《北极理事会"域内自理化"与中国参与北极事务路径探析》，《现代国际关系》2014年第1期，第51—55页。

[②] Arctic Council, "Black Carbon and Methane Expert Group", https://www.arctic-council.org/about/task-expert/.

维护者、北极利益攸关方的协调者、北极治理规则的供给者三重角色。

（二）北极经济理事会

北极经济理事会创建于 2014 年 9 月 3 日，是北极地区独立的国际经济协调机制，旨在促进负责任且可持续的北极经济开发活动，制定北极经济合作的规则框架，培育稳定、透明和拥有潜力的营商环境，以促进北极商贸投资的便利化和创新性。北极经济理事会的主要议题领域包括八个方面：北极海运、北极通信科技、北极航空、北极能源开发、北极矿业开发、北极旅游、北冰洋蓝色经济、北极人力资源开发。由此产生了五个工作组来从事相关的治理议题，即海上运输工作组、投资与基础设施工作组、负责任资源开发工作组、联通性工作组、蓝色经济工作组。北极经济理事会运转的基础主体由各北极经济利益攸关方共同确定，包括：在北极地区建立强大的市场联系，以融入全球价值链体系；推动公私合作投资北极基础设施；促进稳定和可预测的市场监管框架；促进产学研各界的知识与数据交流；接纳北极原住民传统知识以更好促进小微企业的发展。

北极经济理事会拥有较为完整的四级组织框架：全体会员大会—执行委员会—董事会—工作组。北极经济理事会的会员分为传统会员和非传统会员两类。北极经济理事会共有 17 个传统会员，主要由北极国家的企业和四个永久参与方（格陵兰因纽特人环北极理事会、俄罗斯北方原住民协会、北极阿萨巴斯卡理事会、阿留申国际协会）的代表组成，传统会员大多来自北极航运和矿业公司，是从事北极商业活动和构建泛北极商业合作网络的重要力量。格陵兰因纽特人环北极理事会虽然是永久参与方，但因不是传统会员，所以不具有投票权。

非传统会员分为两类，且都没有投票权。一是北极伙伴，主要由北极国家和非北极国家的大型企业、原住民组织组成。北极伙伴共有 15 个，其中北极国家企业共有 12 家（俄罗斯有 3 家、美国有 6 家、挪威有 3 家），非北极国家企业共有 3 家，包括希腊船东协会、法国跨国海洋工程公司和瑞士巴厄诺冰雪帐篷冬令营。二是永冻土伙伴，主要由北极国家的中小企业组成。永冻土伙伴共有 3 家，涉及冰雪经济咨询和极地海运信托等业务领域。①

北极经济理事会的规范体系由基础文件、谅解备忘录、年度报告和工作组报告组成。基础文件对北极经济理事会所有会员最具约束力，包括北

---

① Arctic Economic Council, "Members", https://arcticeconomiccouncil.com/members/?_sft_membership-type=permafrost-partner.

极经济理事会议事规则、北极经济理事会三年战略计划、① 北极经济理事会会费结构、北极经济理事会会员申请流程、北极经济理事会道德规范、北极经济理事会隐私政策和《北极投资协议》七个文件。其中《北极投资协议》明确要求所有会员必须按照可持续发展的原则在北极进行经济活动，构建泛北极经济合作网络，② 这为各北极利益攸关方提供了多边协商平台与行为规范。而北极经济理事会议事规则，则明确了会员权益与资格获取、北极经济理事会议事规则与决策流程、北极经济理事会合作伙伴数据分享、非北极国家参与工作组的途径等，使得北极经济理事会的独立性与权威性不断增强。

北极经济理事会与其他国际机制的谅解备忘录也具有约束力。北极经济理事会积极与其他国际机制进行良性互动，不断扩展机制间的合作领域，目前，北极经济理事会已经与北极地区议员常设委员会、圣彼得堡北极事务委员会、北极理事会、北极大学、世界经济论坛等国际机制签署了五项谅解备忘录，不仅增强了国际机制之间的沟通与协作，也提升了北极经济理事会的自我调整能力与国际交往的灵活性。

北极经济理事会发布的年度报告与工作组报告虽然无约束力，但作为北极经济发展的指南性文件，仍然具有较高的参考价值。2017—2021年，北极经济理事会共发布了五份年度报告。此外，北极经济理事会工作组还公布了四份专题报告，即联通性工作组2021年发布的《北极的基础设施联通——北极联通的可持续性矩阵》和其前身于2017年发布的《北极宽带——互联北极的建议》，负责任资源开发工作组2019年发布的《北极矿业开发》，海上运输工作组2019年发布的《北极海上运输状况》。此外，北极经济理事会还发布了多份具有战略投资参考价值的文件，其中包括《北极可持续投资机遇》《北极连通性基础设施》《北极商业金融》《北极理事会的良好做法与政策建议》。由此可见，北极经济理事会的业务范围已经涵盖北极经济治理的核心议题领域，其建章立制的速度与质量有助于提升北极经济理事会在北极经济治理领域的权威性。

（三）北极圈论坛

2013年冰岛发起的北极圈论坛，是一个全球最大规模的北极治理国际

---

① 当前北极经济理事会实施的是《2022—2025战略计划》。
② Arctic Economic Council, "Arctic Investment Protocol: Guidelines for Responsible Investment in the Arctic", https://arcticeconomiccouncil.com/wp-content/uploads/2019/10/aecarcticprotocol_brochure_ir456_v16.pdf.

对话与合作平台。北极圈的组织机构由主席、荣誉委员会、顾问委员会、北极圈基金会、伙伴方、秘书处六个部分组成。北极圈论坛主席由冰岛前总统奥拉维尔担任。北极圈论坛荣誉委员会由摩纳哥亲王阿尔贝二世、美国参议员丽莎·穆尔科夫斯基、阿联酋工业与先进技术部长苏丹·艾哈迈德·贾比尔、俄罗斯杜马成员阿图尔·奇林加罗夫四人组成。北极圈论坛顾问委员会由40名地方政府、高校与科研机构、企业、基金会的代表组成，包括英国下议院、拉普兰大学、亚马尔—涅涅茨自治区政府、挪威极地研究所、笹川和平财团等。北极圈基金会是负责北极圈论坛财务业务的非营利组织，实行董事会制。北极圈论坛的伙伴方由全球合作伙伴—北大西洋战略合作伙伴—普通合作伙伴三级合作伙伴体系构成，包括政府官员、企业、国际组织、高校与科研机构、基金会等。北极圈的全球合作伙伴包括PT资本公司、阿里昂银行、北极绿能源公司、冰岛航空公司等16个参与方；北大西洋战略合作伙伴包括冰岛政府总理办公室、冰岛外交部、冰岛国家电力公司、冰岛怡之航公司等16个参与方；普通合作伙伴包括北欧部长理事会、世界野生动物基金会、美国北极研究委员会等58个参与方。① 这些合作伙伴可以通过北极圈的各种平台，主持或参加各种分论坛的会议，宣讲参与北极事务的政策主张与实践成就，并建立国际合作联系。秘书处设在冰岛首都雷克雅未克，负责组织北极圈大会和其他活动，以及与北极圈合作伙伴、政府、媒体的沟通与合作。

北极圈论坛的主要机构包括：北极圈大会、北极圈分论坛、北极圈任务理事会。北极圈大会是北极地区最大的年度国际会议，每年10月在冰岛雷克雅未克的哈帕音乐厅和会议中心举办，来自60多个国家的2000多名代表参会。② 2022年北极圈大会涵盖了北极安全、和平与繁荣，北极战略以及快速融化的北极等议题。北极圈分论坛在世界各地举行专题会议，由东道国政府与北极圈论坛合作举办。例如，2022年8月27—29日，北极圈格陵兰分论坛就由格陵兰政府与北极圈论坛合作举办，两大核心议题是"气候与繁荣"和"地缘政治与进步"，共有25个国家的400多名代表参会。③ 北极圈任务理事会基于专家团队，从多个层面推动北极圈论坛与北

---

① Arctic Circle, "Partners", https：//www.arcticcircle.org/partners.

② 出席北极圈大会的有国家元首和政府首脑、部长、议员、北极原住民组织领导人、科学家、企业家、环保主义者等。内容来自：Arctic Circle, "Assemblies", https：//www.arcticcircle.org/assemblies。

③ Arctic Circle, "2022 Arctic Circle Greenland Forum", https：//www.arcticcircle.org/forums/arctic-circle-greenland-forum.

极特定治理议题领域的深度交流,包括全球—北极原住民对话任务理事会、北极—格陵兰任务理事会、全球—北极任务理事会。上述三个任务理事会在加强原住民社区之间的对话、推动格陵兰岛的政治经济发展、促进北极全球化等领域发挥了重要的信息交流与跨国协商的作用。尤其是全球—北极任务理事会为非北极国家参与北极事务、理解全球化的北极提供了重要平台。[1]

尽管北极圈论坛并未出台有约束力的国际规则,但创新了一种新的跨区域合作模式推广路径,即"北极圈—阿联酋:第三极进程"。这是一项北极圈论坛与阿联酋气候变化和环境部共同将北极合作模式引入非北极地区的创新之举,建立在北极圈论坛多年来与各国政府的积极接触以加强环保科研合作的基础上。这一路径的基础性文件是北极圈论坛于2019年发布的《兴都库什喜马拉雅评估:山脉、气候变化、可持续性和人》。"北极圈—阿联酋:第三极进程"旨在在北极跨国科考合作的基础上减轻第三极地区(喜马拉雅山)的冰川融化与水资源枯竭威胁。北极圈论坛通过"北极圈—阿联酋:第三极进程"将各国政府首脑、科学家和专家聚集在一起,以加强区域对水资源短缺挑战的认识。它代表了各国政府和机构的积极参与,以加强科学研究和伙伴关系,为政策制定提供信息,以北极合作经验为指导,简化与专门应对气候变化政策制定者的科学信息交流。[2] 这种合作模式在亚洲地区的推广,无疑增强了北极圈论坛在国际协调领域的优势地位,提升了北极圈论坛在没有约束性国际规则前提下仍然能够促进跨区域国际合作和国家间集体行动的影响力。

(四)国际北极论坛

国际北极论坛是讨论与北极地区经济社会发展相关议题的多层次、多维度的国际协商平台。该论坛在俄罗斯国家北极发展委员会的支持下和俄罗斯总统的参与下举行,汇集了俄罗斯和其他国家的政府机构、国际组织以及科学和商业界代表,就影响北极地区可持续发展的热点问题进行了集中讨论和全面交换意见。首届国际北极论坛于2010年9月22—23日在莫斯科举行,重点关注北极发展问题,至今已举办了六届。国际北极论坛的筹办工作由国际北极论坛组委会完成,组委会主席由俄罗斯副总理担任,

---

[1] Arctic Circle, "Mission Council on the Global Arctic", https://www.arcticcircle.org/mission-council-on-the-globalarctic.

[2] Arctic Circle, "Documents", https://www.arcticcircle.org/third-pole-himalaya-documents.

委员包括各政府相关职能部门的副部长、地方政府负责人、俄罗斯大型企业和基金会的董事长等。第一届到第三届国际北极论坛由俄罗斯地理学会组织，从 2017 年至今，该论坛由俄罗斯国家北极发展委员会举办。

俄罗斯作为国际北极论坛的东道主，旨在通过建设性合作来加强北极地区的经济发展，实现政治生态与营商环境的和谐统一。由于北极经济开发已经成为俄罗斯愿景战略规划，不仅能够拓展俄罗斯对西方国家战略围堵的缓冲空间，同时也有助于俄罗斯借助非北极国家来实现北极战略价值的现实转变。俄罗斯总统亲自参加历届国际北极论坛足以显示出俄罗斯政府对该国际协商机制的重视程度，这也使得国际北极论坛成为北极地区唯一由现任北极国家元首亲自支持成立的国际多边平台。2019 年第五届国际北极论坛汇集了 52 个国家的 3600 多名代表和 845 家媒体参会，签署了 45 项合作协议，总额达到 698 亿卢布。[①] 原计划于 2022 年 4 月 11—13 日举办的第六届国际北极论坛，旨在进一步将国际北极论坛打造为探讨北极地区经济发展核心问题的跨国协商平台。

可以说，国际北极论坛与北极圈论坛构成了北极地区两大同质性国际机制，彼此间存在竞争。由于北极蕴藏着全球 13% 的未开发石油储量以及 30% 的未开发天然气储量，且俄罗斯 80% 的天然气生产来自北极地区，[②] 因此，能源开发成为俄罗斯北极经济开发的重要内容，其中亚马尔液化天然气项目是最具代表性的跨北极国际能源合作标志性工程。国际北极论坛采取开放立场，以务实合作替代规范约束，以国际北极能源合作为基础，提升俄罗斯在北极经济开发中的先导优势。当完成北极东北航道与北极能源开发两大经济支柱的协同发展后，俄罗斯可借助经济规模优势助推国际北极论坛的建章立制，逐步增强在北极经济发展中的制度性话语权，从而形成国际北极论坛、北极圈论坛和北极经济理事会在北极经济治理实践中的三足鼎立之势。

---

① 参加第五届国际北极论坛规模较大的代表团有：挪威 88 人、中国 72 人、芬兰 57 人、瑞典 33 人、美国 31 人、丹麦 19 人、冰岛 19 人、加拿大 16 人、日本 16 人。内容来自：Arctic Territory of Dialogue – International Arctic Forum，"International Arctic Forum to Take Place in St. Petersburg"，https：//forumarctica.ru/en/news/mezhdunarodnyy – arkticheskiy – forum – proydet – v – sankt – peterburge/。

② 韦进深、朱文悦：《俄罗斯"北极地区开发"国际合作政策制定和实施效果评析》，《俄罗斯学刊》2021 年第 3 期，第 29—46 页。

三、次区域维度国际机制对北极经济发展的规范供给

（一）巴伦支海欧洲—北极圈理事会

巴伦支海欧洲—北极圈理事会是北极次区域政府间国际机制，旨在推动地区的可持续发展。巴伦支地区曾经是冷战时期东西方军事对抗的核心区，因此维持地区政治稳定、避免紧张形势成为该地区国际合作的核心目标。巴伦支地区和北极地区的务实合作始于冷战结束后的1993年，主要集中在两个层面，即政府间的巴伦支海欧洲—北极圈理事会和地区间的巴伦支地区理事会。巴伦支海欧洲—北极圈理事会的成员是丹麦、芬兰、冰岛、挪威、俄罗斯、瑞典和欧盟委员会，主席则是在芬兰、挪威、俄罗斯和瑞典之间轮换。芬兰担任2021—2023年的主席。在巴伦支海欧洲—北极圈理事会休会期间，相关工作由高官委员会负责。高官委员会由六个北极国家的外交部长和欧盟的公务员组成，九个观察员的代表也有机会参会。高官委员会有权成立或终止工作组，工作组向高官委员会提供研究报告。当前巴伦支海欧洲—北极圈理事会有11个工作组，工作内容包括健康与社会、教育与研究、文化、森林、运输与后勤、旅游等。例如2018年5月的高官委员会就收到了工作组的报告《巴伦支合作25年报告：吕勒奥青年人对未来的展望》。[①] 国际巴伦支秘书处旨在确保巴伦支合作的稳定性和持续性，支持巴伦支海欧洲—北极圈理事会和巴伦支地区理事会的多边合作，为在巴伦支和北极地区开展业务的其他组织和利益相关者、成员的中央和地方政府的跨国协商提供信息服务。[②] 巴伦支地区理事会由13个郡县等地方实体组成，俄罗斯亚马尔—涅涅茨自治区是2021—2023年的轮值主席。这两个理事会都成立了专题工作组，以推动国家和地区层面相关领域公务员和专家的跨境沟通，并实施了多个相关项目。萨米人、涅涅茨人和维普斯人的代表都通过原住民工作组参与巴伦支海欧洲—北极圈理事会部长级会议和巴伦支地区理事会的相关工作并发挥信息咨询作用。巴伦支地

---

① Government Offices of Sweden, "Report from 25 Years of Barents Cooperation: Youth Perspective for the Future in Luleå", May 22, 2018, https://www.barents-council.org/files/CSO_Skelleftea_31_May-1_June_2018_Presentation_Report_from_25_Years_of_Barents_Cooperation.pdf.

② The Barents Euro-Arctic Council, "International Barents Secretariat", https://www.barents-council.org/about-us/international-barents-secretariat.

区理事会主席还是巴伦支海欧洲—北极圈理事会高官委员会的成员。

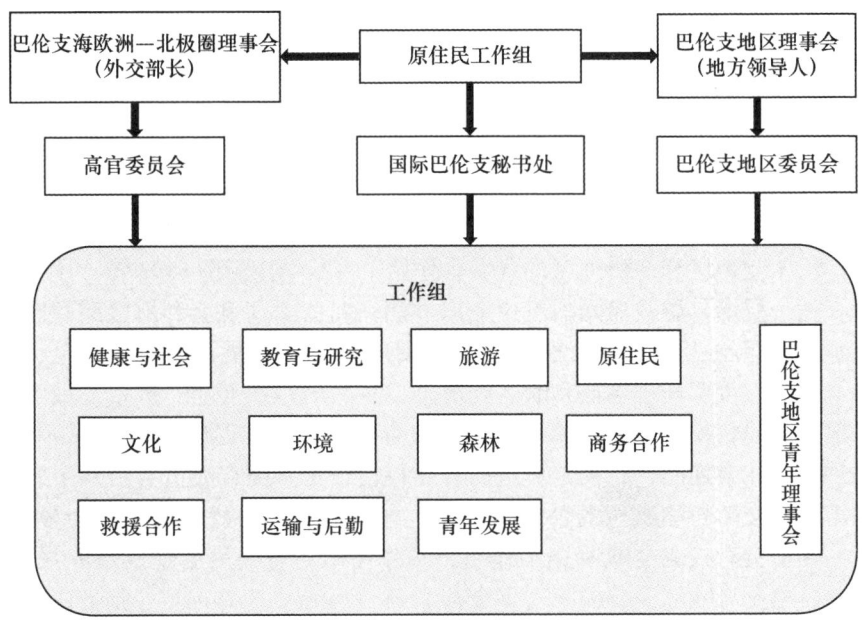

图 3-1 巴伦支地区次区域合作结构示意图

本图为笔者自制。

巴伦支海欧洲—北极圈理事会的国际协调实践成效显著，主要包括跨境救援、跨境物流、跨境文化和跨境青年—原住民合作四个领域。

跨境救援已经成为巴伦支海地区的标志性国际危机管理合作活动，也是巴伦支地区国际合作的核心领域，旨在提升巴伦支地区处理自然和人为灾害、大规模事故和其他紧急情况时的跨境协作能力。

跨境物流合作的代表性项目是俄罗斯与挪威、芬兰的边界物流合作。俄挪的物流合作以摩尔曼斯克—希尔克内斯的跨境走廊项目为代表，该项目是巴伦支地区根据巴伦支联合运输计划长期发展交通基础设施建设的典范，包括俄挪边界地区的泰瑞丰隧道、布克峡湾大桥以及在边界两侧重建欧洲 E105 路线，该项目还在不断更新和发展之中。芬兰和俄罗斯共同举办的尤里奥·卡累利阿合作论坛是巴伦支地区跨境物流合作的典范平台，已经成为俄芬、俄欧强化跨境合作的基础性国际机制平台，这也使得芬兰和俄罗斯之间的边界成为欧盟和俄罗斯最顺畅的边界之一。

跨境文化领域的合作包括巴伦支文化节、巴伦支文化合作奖学金、巴伦支地区百科全书、巴伦支运动会、"发现巴伦支"摄影大赛等。巴伦支文化节是由不同国家表演者联合实施的跨文化交流项目，旨在丰富人们对文化领域多元化艺术的体验。巴伦支文化合作奖学金于2016年启动，旨在表彰杰出的艺术和文化成就，鼓励巴伦支地区的跨境文化合作。巴伦支地区百科全书是13个巴伦支地区教育机构之间卓有成效的跨国合作成果，全书包含415篇文章，涵盖巴伦支地区历史、文化和经济等领域的内容。巴伦支运动会是一个综合30种运动项目的体育和文化交流舞台，旨在促进巴伦支地区四国之间的人文合作。2017年，凯努地区委员会与芬兰就业和经济部、外交部合作举办了"发现巴伦支"摄影大赛，旨在捕捉巴伦支地区自然风光的美好瞬间。①

跨境青年—原住民合作是巴伦支区域合作的重要领域。其中包括巴伦支地区青年理事会、北极职业技能锦标赛、原住民创业项目、俄挪远程医疗和教育合作等。巴伦支地区青年理事会由来自俄罗斯、挪威、瑞典和芬兰的15名青年代表组成，旨在为北方青年，特别是原住民青年提供就业机会，应对青年外流的挑战，促进跨国青年交流。北极职业技能锦标赛每年在巴伦支地区举办，旨在提高职业教育的地位，并提出职业课程的联合标准化。原住民创业项目旨在帮助原住民社区的年轻人提升他们的创新创业的理念与技能。为了解决俄罗斯和挪威北部地区居民的就医问题，俄罗斯阿尔汉格尔斯克地区医院和挪威北部特罗姆瑟地区诊所联合开展了一个远程医疗合作项目，旨在发展和加强卫生保健工作者之间的合作，并保障该地区人口获得医疗服务，分享知识和增强能力，并为俄罗斯和挪威的卫生保健工作者建立远程学习计划。"俄罗斯—挪威学校"是一个为期一年的综合培训项目，旨在为俄罗斯和挪威的青年提升就业与语言技能，为未来的跨境工作建立良好的人际网络，并学习彼此的语言和文化。

（二）北欧部长理事会

北欧部长理事会是北欧地区政府间合作的国际机制，其愿景是到2030年将北欧建设成世界上最可持续和一体化的地区。北欧部长理事会成立于1971年，由北欧部长理事会主席、北欧合作委员会、11个部长理事会、秘书处组成。北欧部长理事会的决策遵循全体一致原则，主席任期为一年，由北欧五国轮流担任。担任北欧部长理事会主席的国家主持部长理事会会

---

① 凯努区（芬兰文：Kainuu，瑞典文：Kajanaland），是芬兰的一个区，属奥卢省，东邻俄罗斯。The Barents Euro – Arctic Council, "Barents Success Stories", https://www.barents-council.org/barents-regional-council/barents-success-stories.

议，并在这一年中指导北欧的国际合作。由北欧五国公务员组成的高级官员委员会负责准备和跟进部长理事会的相关工作。

北欧部长理事会的议事规则和其他文件以1962年签署的《赫尔辛基条约》及其修订案为基础，该条约构成了北欧合作的法理基础。北欧部长理事会还出台了一系列重要的行业管理文件以促进北欧合作，包括：《北欧部长理事会资政企业财务条例》是适用于所有受北欧部长理事会预算资助企业的强制性财务管理、会计和审计规则；[1]《北欧部长理事会审计条例》负责对北欧议会授予北欧理事会和北欧部长理事会的财务支出、泛北欧机构和项目活动资金进行审计，并审查这些资金是否用于提高泛北欧经济活动的成效并实现既定目标；[2]《北欧部长理事会开放准入规则》确保北欧部长理事会的有效文件管理，适用于北欧部长理事会、高官委员会、指导小组或工作组、咨询部长理事会的机构，以及部长理事会下设其他机构文件的开放获取；[3]《北欧部长理事会议事规则》旨在促进北欧国家政府间、各国政府与北欧理事会之间的合作；[4]《北欧部长理事会关于取消资格的规定》在于防止某一成员国对北欧部长理事会相关活动的公正性提出不信任案，或者避免因个人利益纠纷影响审查案件的公正性，从而维护北欧部长理事会的权威性。[5]

（三）北欧理事会

北欧理事会于1952年成立，丹麦、冰岛、挪威和瑞典是其创始成员。芬兰于1955年加入，法罗群岛和奥兰群岛于1970年加入，格陵兰于1984年加入。1962年通过的《北欧合作协定》决定了北欧理事会由87名代表组成，这些代表都是北欧国家的议员。其中丹麦、瑞典、芬兰、挪威各有

---

[1] Nordic Co-Operation, "Økonomireglement for Nordisk Ministerråd", https://www.norden.org/en/node/1994.

[2] Folketinget Rigsrevisionen, "Audit Reports", https://uk.rigsrevisionen.dk/audit-reports.

[3] Nordic Co-Operation, "Open Access Rules for the Nordic Council of Ministers", https://www.norden.org/en/information/open-access-rules-nordic-council-ministers.

[4] Nordic Co-Operation, "Arbetsordning för Nordiska Ministerrådet", https://www.norden.org/en/node/2000.

[5] Nordic Co-Operation, "The Nordic Council of Ministers' Rules on Disqualification", https://www.norden.org/en/information/nordic-council-ministers-rules-disqualification.

第三章 北极经济发展中的国际机制复杂化

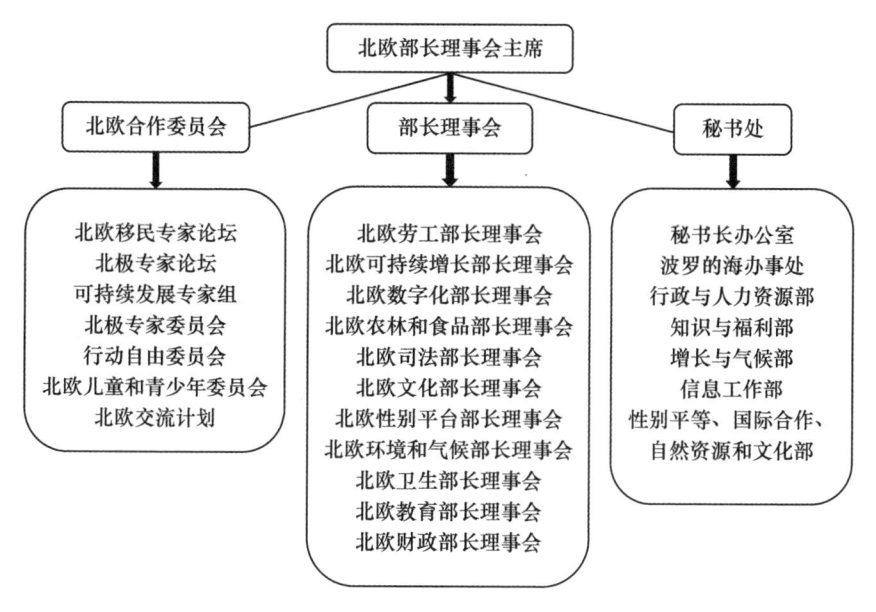

```
                    北欧部长理事会主席
        ┌───────────────┼───────────────┐
   北欧合作委员会        部长理事会           秘书处
        ↓                  ↓                 ↓
  ┌──────────┐     ┌──────────────┐    ┌──────────────┐
  │北欧移民专家论坛│   │北欧劳工部长理事会 │    │秘书长办公室    │
  │北极专家论坛   │   │北欧可持续增长部长理事会│ │波罗的海办事处  │
  │可持续发展专家组│   │北欧数字化部长理事会│   │行政与人力资源部│
  │北极专家委员会 │   │北欧农林和食品部长理事会│ │知识与福利部    │
  │行动自由委员会 │   │北欧司法部长理事会│    │增长与气候部    │
  │北欧儿童和青少年委员会│ │北欧文化部长理事会│   │信息工作部      │
  │北欧交流计划   │   │北欧性别平台部长理事会│  │性别平等、国际合作、│
  │              │   │北欧环境和气候部长理事会│ │自然资源和文化部 │
  │              │   │北欧卫生部长理事会│     │                │
  │              │   │北欧教育部长理事会│     │                │
  │              │   │北欧财政部长理事会│     │                │
  └──────────┘     └──────────────┘    └──────────────┘
```

图 3-2 北欧部长理事会框架示意图

本图由笔者自制。

20 名代表,冰岛有 7 名代表。丹麦的代表中有两名来自格陵兰,两名来自法罗群岛;芬兰的代表中有两名来自奥兰群岛。[①]

北欧理事会的实质是北欧国家的议会合作,为北欧五国政府提供政治协商和决策咨询服务。因此北欧理事会的代表是国家议员,由各国政党团体提名。北欧理事会没有直接选举的程序。由主席团管理的北欧理事会每年开两次大会,即理事会大会和主题会议,这两大会议也是北欧理事会的决策平台。主席团代表北欧理事会的政治领导层,负责整体政治事务、规划和预算,以及外交和安全政策议会合作,并交由相关委员会处理,其中包括:知识和文化委员会、可持续发展委员会、增长与发展委员会、福利委员会、控制委员会、选举委员会。每个委员会最多有 18 名成员,包括主席和副主席。任何一名成员或一组成员提出的提案都将先提交相关委员会审议,随后该委员会向主席团或年度会议提交议案。

每年秋季的理事会大会选举来年主席、副主席和主席团成员。北欧理事会主席在成员之间轮换。理事会大会在北欧理事会主席国举行,主题会

---

① Nordic Co-Operation, "Nordic Council", https://www.norden.org/en/information/nordic-council.

议则在北欧部长理事会主席国举行。北欧理事会通过下属委员会和政党团体进行国际协商与合作。北欧理事会秘书处与位于哥本哈根的北欧部长理事会秘书处共享办公场所,负责北欧理事会的常务工作。每个北欧国家的代表团还在本国议会设置了秘书处。

总而言之,北欧理事会与北欧部长理事会成为促进北欧次区域经济发展的两大国际机制支柱,其相关国际规范成为管理北欧各国政府间合作的国际法依据,具有明显的约束力。北欧理事会通过北欧投资银行和北欧工业发展基金等机构,协调北欧五国实施了一系列共同的次区域发展项目,制定了北欧统一劳动力市场、劳动力护照管制等国际规则,促进各国经济的协调发展与优势互补,提升了民众生活水平。其中包括:1962年7月1日生效的《赫尔辛基条约》(《丹麦、芬兰、冰岛、挪威和瑞典之间的合作条约》),奠定北欧五国合作的法理基础;1972年1月1日生效的《北欧国家之间关于文化合作的协定》,加深了北欧国家的文化合作与身份认同;1957年7月12日生效的《北欧护照管理协议》和1983年8月1日生效的《北欧共同劳动力市场协议》,加速构建北欧统一劳动力市场;1987年1月3日生效的《北欧语言公约》,确保北欧国家公民在其他北欧国家使用母语的权利;1989年10月13日生效的《关于北欧部长理事会秘书处和北欧理事会秘书处法律地位的协定》等,奠定了北欧理事会和北欧部长理事会的合法性与权威性。[①]

第三节 北极经济治理国际机制的多维互动

当前北极地区存在多个功能迥异或相近国际机制,并构成了相对稳定的国际机制复杂化状态。如前所述,阐析北极经济治理国际机制复杂化的维度,不仅包括机制功能的静态视角,还包括大国权力政治的动态视角。大国是北极治理的主导性力量,亦是能够提供公共产品的区域秩序塑造者与维护者。由于北极国家存在意识形态、政治制度、发展水平的差异,因此彼此之间的互动存在差异性,并有可能加剧国家间的互不信任。随着北极地区地缘政治格局和地缘安全格局的不稳定性逐渐攀升,区域内国家出

---

① Nordic Co-Operation, "Nordic Agreements and Legislation", https://www.norden.org/en/information/nordic-agreements-and-legislation.

于避险图存的考虑，其北极经济政策更倾向于采取防御性策略，以强化次区域、区域多边合作机制的方式来化解北极治理赤字带来的安全风险，从而加剧了北极经济治理国际机制复杂化的趋势。

一、北极经济治理国际机制的平行关系

北极国际机制的平行关系主要表现为以下形式：来自不同功能领域的国际机制之间存在平行共存关系。例如，在区域防务安全领域形成北极海岸警卫论坛与北极经贸领域的北极经济理事会，两者之间是典型的功能不一致的平行机制。在北极经济治理框架下，经贸、投资、物流等细分领域的国际机制之间也存在平行共存关系，如渔业领域的东北大西洋渔业委员会和北极航运领域的国际海事组织。此外，在同一议题领域且成员不尽相同的国际机制也形成平行共存关系。事实上，北极地区存在多个次区域自由贸易协定和国际经贸合作多边平台，如巴伦支海欧洲—北极圈理事会和《美国—墨西哥—加拿大协定》。

平行共存是理想化的国际机制体系构建模式，各类国际机制发挥各自的功能，彼此间不会产生激烈的冲突与竞争，因此能够实现国际机制成效的最大化。[①] 北极区域内部存在三个泾渭分明的次区域。一是北美国家，主要包括美国和加拿大。美加两国都是发达国家且社会文化和政治制度高度相似，并且是北极地区实力最强的经济区。美国和加拿大的北极合作已经从经贸、环保领域扩展到了防务安全领域，不断提升北极次区域合作层次的同时两国在北极治理方面的制度性合作也日益紧密。二是北欧国家，主要包括瑞典、挪威、芬兰、丹麦、冰岛。该次区域由五个经济体量较小的国家组成，这些国家都是西方发达国家，具有深厚的历史渊源与文化相似性，并且建立了多个次区域国际机制以对抗其他北极大国的战略影响，同时也推动北欧地区的内部合作。三是俄罗斯。俄罗斯是领土面积最大、军事实力极强的北极国家。俄罗斯虽然成功实施了亚马尔半岛天然气采—储—运一体化开发，也加入了北极理事会等区域国际机制，但随着美俄战略冲突的加剧，俄罗斯不得不调整其欧洲导向型的北极开发战略，开始与亚洲国家建立经贸合作联系，尤其是在美国拉拢其他北极国家在北极理事会框架内采取孤立俄罗斯的策略后，俄罗斯选择加大对"北极—对话区

---

① 王明国：《国际制度复杂性与东亚一体化进程》，《当代亚太》2013年第1期，第4—22页。

域"国际北极论坛的主办力度,以进一步协调俄罗斯北极次区域经济发展与国际合作。上述三个次区域之间存在的差异性催生了以次区域国家利益为核心的、彼此平行的国际机制。例如,美加同时力推北极理事会和北约北扩;北欧国家则加大了对巴伦支海欧洲—北极圈理事会、北极圈论坛的支持力度,强调从欧洲共同体的层面来实现北极治理主体多元化;俄罗斯则强调俄罗斯与非北极大国的北极经贸与投资合作,希望借助区域外国家的支持来打破西方国家对俄罗斯的经济制裁。这些平行共存的国际机制一方面的确有助于促进北极三个次区域的经济发展,但另一方面却与北极区域性国际机制甚至全球性国际机制存在重叠性,不仅不利于北极经贸一体化的形成,而且加深了北极经济治理国际机制复杂化。[①] 尽管处于平行共存关系的国际机制之间不必然形成竞争,但在国际机制复杂化的学术语境下,国际机制主导国的理念差异则有可能使得国际机制复杂化特征进一步加深,从而催生出激烈的国际机制竞争现象。这并非空穴来风,事实上近年来国际社会对俄美战略对峙的关注引发学界对北极国际机制"平行化"的讨论。北约北扩和美国对俄罗斯的战略围堵愈演愈烈,尤其是北极理事会日益显现出"北约化"特征,俄罗斯与西方国家的北极对话面临"脱钩"风险,北极治理国际机制体系存在被美国霸权主义拖入某种"平行世界"的可能,而这一"平行世界"的主要表现形式就是北极理事会与国际北极论坛的平行关系。尤其是俄美围绕北极治理国际机制的合法性与公正性问题展开了激烈的竞争,其中美国主导的北极理事会极力限制北极国家参与北极事务的权利,而俄罗斯主导的国际北极论坛则倡导向非北极国家开放,由于俄美两国的理念不同,所以这两个国际机制存在竞争性。然而,绝对平行的国际机制是很难存在的,因为两个平行共存的国际机制成员有可能具有身份交叉和重叠性,再加上主导型大国的战略误判有可能导致平行的国际机制之间存在摩擦和冲突,从而造成地区秩序的巨变。

二、北极经济治理国际机制的嵌套关系

从功能维度来观察国际机制的重叠性,一般可以分成以下几类情况:一是同一议题领域的专门性国际机制之间存在功能重叠;二是同一议题领域的专门性国际机制与综合性国际机制之间存在功能重叠;三是两个以上

[①] Robert O. Keohane and David G. Victor, "The Regime Complex for Climate Change", Perspectives on Politics, Vol. 9, No. 1, 2011, pp. 7–23.

的综合性国际机制之间存在功能重叠。其中,存在功能重叠的国际机制也存在成员重叠的可能,甚至专业性国际机制的成员也有可能同时属于综合性国际机制的成员。国际机制的嵌套关系也是一种重叠关系,嵌套型国际机制亦是重叠性国际关系的特殊表现方式。

北极地区存在多个嵌套型国际机制,北大西洋—北极地区的国际机制往往与北欧国家有着千丝万缕的联系。北欧国家组成的次区域国际机制是被嵌套国际机制,北欧国家部分或全部被囊括为另一国际机制的成员,如北极理事会、国际北大西洋渔业委员会、北极经济理事会等。即使是北极理事会也存在国际机制被嵌套现象,即北极理事会是被嵌套国际机制,重叠的是北极理事会部分成员,例如芬兰既是巴伦支海欧洲—北极圈理事会成员,也是北极理事会成员,更是北极经济理事会和国际海事组织成员。

第一,北极理事会与上层国际机制的嵌套关系,即北极理事会是嵌套客体。北极理事会是北极地区最大的区域国际机制,推动北极区域经济发展与国际协调。北极理事会既包括俄罗斯、美国等北极大国,也包括冰岛、丹麦等北极小国,虽然成员国实力差距过大的确有可能出现内部凝聚力不强等问题,但毋庸置疑的是,北极理事会仍然是北极地区的核心国际协调机制,并成为与俄罗斯、美国、加拿大和非北极国家并驾齐驱的重要行为体。当前,北极地区的很多重要治理议题和合作框架都以"北极理事会+"为起点。在以北极国家和非北极国家北极战略竞争为基本特征的北极地区,北极理事会发挥着国际协调的基础性作用。尤其是在北极秩序的构建时期,各利益攸关方需要通过参与北极理事会来增强其提供和分享制度性国际公共产品的合法性。北极理事会成员都是上层国际机制——国际海事组织的成员,两者在北冰洋治理领域的建章立制存在明显的功能嵌套现象,尤其是北极理事会成员直接参与了国际海事组织构建《极地规则》的全过程。[①] 这也从某种层面论证了国际机制嵌套并不一定以绝对竞争为必然结果,而是上下层国际机制之间也存在建章立制的合作可能。

第二,北极理事会与下层国际机制的嵌套关系,即北极理事会是嵌套主体。北极理事会之所以不涉及传统安全领域的治理议题,是因为北极国家由于历史文化和地缘政治等原因,对涉及国家领土主权与防务安全的议题极为敏感,因此不会形成类似欧盟那样高度一体化的"北极联盟",而

---

① Amandine Orsini et al., "Regime Complexes: A Buzz, a Boom, or a Boost for Global Governance?", Global Governance: A Review of Multilateralism and International Organizations, Vol. 19, No. 1, 2013, pp. 27–39.

会采取以北极生态环境保护、资源开发等非传统安全议题为主的灵活协商模式。这使得北极理事会的功能性不断增强并显现出外溢效益,促进了次区域合作的发展,北极理事会对次区域国际机制的嵌套性主要集中于北欧地区。

目前,北欧地区主要存在六个次区域综合性合作机制,包括:北欧理事会、波罗的海国家理事会、巴伦支海欧洲—北极圈理事会、西北欧理事会、北极地区议员会议、"北方维度"。这些次区域机制与北极理事会形成了多重嵌套关系。在上述六个次区域国际机制中,冰岛是全部六个国际机制的成员,丹麦和挪威是五个国际机制的成员,俄罗斯、芬兰和瑞典是四个国际机制的成员,美国和加拿大则只是北极地区议员会议的成员。此外,欧盟则是巴伦支海欧洲—北极圈理事会和"北方维度"的成员,欧盟委员会是波罗的海国家理事会成员。

北欧地区作为重要的北极次区域协调重点地区,出现了多个功能重叠、参与方存在大量重复甚至互为子母集的嵌套式国际机制。[①] 作为综合性的国际协调平台,这些国际机制的功能边界并不清晰,其涉及的治理议题领域和实践地理范围不断扩展并形成交集。北极理事会在地域范围上覆盖了整个北极地区,其对次区域国际机制的多层面嵌套只是在形式上形成了上下层级结构和成员的雷同,但并没有构建起影响次区域国际机制的等级规范,这也再次证明北极国际机制复杂化来源于该地区复杂的政治、经济、文化、历史等因素。事实上,北极理事会在北极治理的过程中,常常处于区域性国际机制与全球性国际机制的夹心层,这种尴尬的地位使其难以有效发挥协同作用,同时也难以保持成员的忠诚度,这无形中增大了北极治理的复杂性和困难度。

从长远来看,北极地区的国际机制嵌套仍然与北极理事会息息相关。北极理事会作为北极国家从自主治理向合作治理演进的代表性案例,其地位日益接近北极治理的核心,但这也产生了新的问题。一方面,北极理事会的功能性是不完整的,因为北极理事会起始于北极环保领域,即使是近年来逐渐扩展到了北极科考和北极海空搜救领域,也无法根本改变其作为北极环保领域多边协调平台的本质,毕竟北极理事会所出台的大多数国际规则仍然以环保领域为主。[②] 换言之,北极理事会的发展方向是成为综合

[①] Oran R. Young et al., "Institutions and Environmental Change: Principal Findings, Applications, and Research Frontiers", Cambridge: MIT Press, 2008, pp. 1188 – 1189.

[②] Robert O. Keohane and David G. Victor, "The Regime Complex for Climate Change", Perspectives on Politics, Vol. 9, No. 1, 2011, pp. 7 – 23.

性的国际机制，但其功能扩展和能力塑造滞后于这一目标。至少北极理事会主要成员围绕主导权展开的竞争，就成为阻挠北极理事会功能转型的重要阻力。另一方面，北极国家在北极理事会谋求"排他性开放"的集体霸权，对非北极国家采取限制的策略，也使得其国际协调功能的公正性大打折扣。但从长期来看，北极理事会的西方化色彩极为浓厚，即使出现俄罗斯退出北极理事会的情况，该国际机制仍然不太可能停摆，反而有可能加大对以西方国家为主导的次区域国际机制的影响力度，逐渐提升北极亲美国家的政策一致性，形成北极理事会—次区域国际机制的双层架构。总而言之，北极理事会能否维持北极治理的中心位置，取决于其如何解决存在的多重嵌套问题，这也是在北极国家内部松散化不断升高以及经济利益差异化不断扩展的情况下，决定北极国际机制复杂化程度的重要因素。

三、北极经济开发国际机制的重叠关系

北极地区存在现代版的"平行体系"，即存在交叉重叠关系的国际机制，其中波罗的海国家理事会与巴伦支海欧洲—北极圈理事会就是典型例证。波罗的海国家理事会与巴伦支海欧洲—北极圈理事会是构建北极次区域经济治理秩序的重要路径，具有不同的区域综合治理原则与标准，但在功能属性、议题设置、地理覆盖范围、成员构成等方面具有重叠性。从成员构成形式来看，同时作为这两个国际机制成员的有6个，是巴伦支海欧洲—北极圈理事会成员总数的86%，亦是波罗的海国家理事会的50%。这两个国际机制还与北极理事会形成重叠关系，北极理事会有6个成员同时加入了巴伦支海欧洲—北极圈理事会和波罗的海国家理事会。相对于波罗的海国家理事会而言，巴伦支海欧洲—北极圈理事会的成员大部分为北欧国家，但这两个国际机制都与欧盟建立了紧密合作关系，旨在维护欧洲地区的经济秩序与社会发展。

这两个国际机制的主导国家并不一致。巴伦支海欧洲—北极圈理事会成员主要为巴伦支海沿岸国家，挪威联合其他斯堪的纳维亚半岛国家积极推动与俄罗斯的政策磋商，焦点是敦促俄罗斯积极清理苏联时期留在科拉半岛的核废料，以及妥善解决俄罗斯与挪威在巴伦支海的划界争端。如今巴伦支海欧洲—北极圈理事会成为北极最成功的次区域合作机制，有效促进了成员之间的集体行动。波罗的海国家理事会由德国和丹麦倡导成立，

涵盖所有波罗的海沿岸国家,当前共拥有 12 个成员。① 波罗的海国家理事会采取轮流主席制,建立了常设秘书处和高级官员委员会,不仅有效整合了波罗的海地区相对杂乱的经贸规则,同时还加强了波罗的海地区的经贸一体化进程。需要指出的是,由于受到欧洲地区大国战略冲突的干扰,这两个国际机制的运转过程不可避免地呈现出地缘政治竞合关系的特征,从而具有向"平行化"方向发展的可能。②

虽然具有重叠关系的国际机制不必然产生冲突性,但如果区域内大国发生激烈的战略对抗,则有可能使大国间的紧张关系蔓延到相应的国际机制之中,从而出现某一大国将国际机制作为攻击另一大国的制度性武器。③ 因此,具有重叠关系的国际机制也有可能背向发展,不断缩小功能重叠和成员重叠的范围,最终有可能形成彼此排斥的"平行机制体系"。此外,在大国政治扰动的影响下,其他国家的政策选择同样值得关注,因为出于对国际机制预期有效性的担忧,这些国家更依赖国际机制的稳定和主导型大国可持续提供公共产品,因此,当国际机制之间出现竞争行为,就会迫使这些国家面临保留哪种国际机制成员国身份的选择困境。

美国作为北极治理核心国际机制主导国,其北极战略的变动直接影响北极地区国际秩序的塑造过程。美国是北极地区综合国力最强的国家,并且在北极理事会及其众多次区域国际机制中拥有强大影响力,这就使得美国采取进攻性北极政策所产生的负面溢出效应也相应增大。例如,特朗普政府时期,美国一再在北极理事会部长级会议和其他多边场合鼓吹"俄罗斯威胁论",甚至在俄乌冲突爆发后,率领其他北极国家集体孤立和制裁俄罗斯,导致北极理事会难以正常运转,甚至有可能陷入停摆或空转危机。2022 年 10 月 7 日,美国拜登政府颁布《北极地区国家战略》,特别提及加强与盟国的安全合作以"阻止来自俄罗斯的威胁",暗指北约有可能成为美国实施北极战略的新工具,这也预示着美国有可能率领其北约北极盟国及伙伴国实施对北极理事会的边缘化,用美国领导下的北约替代北极理事会,构建西方集体军事霸权基础上的北极秩序。特别是在美俄战略对峙常态化的形势下,美国政府持续对俄施压,不但通过经济制裁和国际孤

---

① 2022 年 5 月 17 日,俄罗斯宣布将退出波罗的海国家理事会。

② 张宇燕:《全球化、区域化和平行体系》,《世界经济与政治》2020 年第 1 期,第 1 页。

③ Frank Biermann et al., "The Fragmentation of Global Governance Architectures: A Framework for Analysis", Global Environmental Politics, Vol. 9, No. 4, 2009, pp. 14–40.

立等方式寻求对俄罗斯的战略围堵，还拉拢瑞典、芬兰等北约新成员控制北极地区多个国际机制的议题设置过程，显示出构建排他性"平行国际机制"的势头。这种违背北极治理和人类社会共同利益的单边主义行为，不仅与北极利益攸关方的合理诉求背道而驰，也不符合北极经济开发的现实需求，更不利于北极地区的可持续发展。

后疫情时代，北极国家大多面临核心制造业外流、供应链重置、通货膨胀率居高不下等困境，传统安全与非传统安全挑战叠加式出现，造成北极治理资源的集体供给能力持续下降。美国作为同时拥有北冰洋、太平洋、大西洋海岸线的超级大国，其北极战略的核心是拉拢加拿大、挪威、丹麦、冰岛、瑞典、芬兰等北约成员国，以及韩国、日本等北约合作伙伴国，加速构建太平洋—北冰洋—大西洋的新欧亚大陆边缘地带包围圈，在进一步挤压俄罗斯战略空间的同时，也加速构建北极经济、军事、科研的标准体系，提升对非北极国家参与北极经济治理的标准壁垒。表面上看，美国主导的这场针对俄罗斯的国际机制竞争是北极国家内部的博弈，破坏了北极地区来之不易的稳定局势，但经过深入分析后可以看出，美国在北极地区之所以能够建立起"反俄联盟"，并且能够在既有国际机制中成功排挤俄罗斯，其实质是掀起北极地区的"新冷战"，以北约北扩取代北极理事会，以军事集团化取代多边协商主义，其制度性霸权的"门罗主义"逻辑也从"北极是所有北极国家的北极"向"北极是西方北极国家的北极"演变。至于俄罗斯退出波罗的海国家理事会，并大力扶持国际北极论坛等"另起炉灶"的行为，却正中美国下怀。因为美国拉拢其他北极国家孤立俄罗斯的行为不仅是主动破坏北极治理秩序，更是美国刻意营造北极治理两极化的目标所在，只有逼迫俄罗斯"另起炉灶"并主动与既有北极区域、次区域国际机制"脱钩"，才能坐实"俄罗斯威胁论"并减少北极国际机制之间的重叠面。总而言之，制造一个混乱分裂的北极和一个互斥型的北极国际机制体系才最符合美国的北极战略利益，而迫使俄罗斯自我孤立和军事自保则是实现这一目标的必然路径。

俄罗斯与欧洲的地缘政治经济相互依赖和国际机制的自我调整能力，使得俄罗斯即使面临美国的巨大战略压力，也不会轻易做出完全脱离所有北极国际机制的决策。因此，短期内北极地区不太可能出现完全竞争状态的平行式国际机制，既有国际机制之间仍然将在较长时期内存在重叠交叉。尤其是北欧国家虽然采取不同程度的亲美政策，但其北极外交的战略基调仍然是在美俄对峙中寻找最佳利益平衡点，这种务实主义的外交理念就决定了即使是美国的北极盟国也不愿意长期追随美国的反俄策略。① 事实上，俄罗斯也认识到美国对其进行地缘政治和国际机制双重压制的战略图谋，其主办的国际北极论坛也以开放性和协商性为主基调，吸引世界各国参与北极经济开发和环保合作，特别是中俄在北极地区的经济合作得到了长足发展。国际北极论坛的跨区域开放性与北极理事会的排他性形成鲜明对比，对非北极国家产生了极强的吸引力，俄罗斯的北极经济开发也逐渐获得外资的青睐。从长远来看，如果俄罗斯能够始终坚持务实合作的开放性外交政策，那么无论是其他北极国家还是非北极国家对俄北极政策都有可能采取一种温和中立态度。由于美俄这两个北极大国的战略摩擦具有长期性和复杂性，北极治理仍然在经济开发议题上出现分别以美国和俄罗斯为主导国、参与方具有重叠身份的"准平行式"国际机制体系，但二者之间的竞合关系决定了未来北极经济开发的复杂性与多变性。

为了免受大国权力竞争影响，大多数北极利益攸关方仍然有意愿维持既有国际机制的稳定性与有效性，通过强化国际机制的协调功能以推动北极经济发展。例如，巴伦支海欧洲—北极圈理事会就成功维持了北欧国家与俄罗斯的经贸协商渠道，而北极经济理事会出于维护其作为北极经济核心国际机制地位的考量，有可能进一步发挥多维度、多主体经济协商作用，缓和俄美两国在军事、政治上的对立，未来将作为俄美对话的重要平台。至于冰岛主办的北极圈论坛则在机制化建设、国际规则构建、协调功能拓展方面仍存有不足之处，其作为北极利益攸关方政策宣讲与利益表达平台的"清谈馆"身份在短时期内仍然难以改变。由此可见，当前北极地区的国际机制之间既存在平行—重叠关系，亦存在平行—嵌套关系，前者源于成员的身份相似性与主导国的理念差异性，后者源于国际机制的功能相似性和治理场域的延展性，这种国际机制的交叉重叠形势，是北极地区从未出现的治理新状况。面对北极地区治理秩序的持续动荡，北极小国更倾向于次区域合作，次区域国际机制的生命力与协调功能将进一步增强。北极大国主导下的北极治理秩序，将从单边主义走向区域合作的新时代。②

综上所述，北极国际机制的复杂化既是大国政治长期博弈的结果，也是北极治理纵深发展的必然产物。美国作为北极大国，不仅不会放弃对北极理事会等区域国际机制的控制力与主导权，而且有可能进一步推动既有国际机制出台约束性国际规则，这种区域建制有可能对俄罗斯和非北极国

---

① Leslie A. King, "Institutional Interplay: Research Questions", A Report for Institutional Dimensions of Global Change International Human Dimensions Programmer, 1997, p.32.

② 任琳、彭博：《全球治理变局与中国应对——一种全球公共产品供给的视角》，《国际经济评论》2020年第1期，第108—120页。

家都产生排他性效应,这与非北极国家参与北极治理,特别是制度性参与北极经济治理的诉求形成合流,进一步加大了北极区域、次区域国际机制的复杂化程度,再加上一些大国也加速谋划构建新的国际机制,从而加重了北极国际机制的供给过剩状态。事实上,北极地区的经济发展必然是一个跨区域整合的历史过程,其最终的国际机制目标就是在北极经济一体化背景下构建北极自贸区,而北极自贸区的形成将极大缓解当前北极国际机制的复杂化状态。然而,在明确北极自贸区的构建方式和主导国之前,北极地区的国际机制复杂化程度及其供给过剩状态仍然难以产生大的改变。总而言之,国际机制复杂化将成为北极治理的常态化特征,国际机制越复杂,国家间协商成本和交易成本就越高,尤其是国际机制重叠关系和特殊状态下的互斥性平行关系都意味着北极国际机制的供给过剩与资源冲突,而这是北极治理国际机制体系运转不良的明显特征。[1] 至于能否改变北极治理国际机制的复杂化及其产生的负面影响,则取决于美国和俄罗斯等北极大国与非北极国家之间的战略沟通与互动模式选择。[2]

---

[1] 李巍:《东亚经济地区主义的终结?——制度过剩与经济整合的困境》,《当代亚太》2011年第4期,第6—32页。

[2] 尹继武:《领导人、国内政治与中美战略沟通(2016—2018)》,《国际政治科学》2019年第4期,第91—102页。

第四章　北极经济发展中的国际机制竞争

气候因素通常被认为是北极治理机制演变的关键变量，但这无法解释2019—2022年北极区域合作存在的差异化现象。为了准确理解气候变化对北极国际机制的真实影响力，本章从国际机制等级结构的视角出发，探讨北极经济开发中的大国权力格局变化与国际机制竞争之间的内在联系。

第一节　大国因素与北极国际机制竞争

北极经济合作及其机制构建出现了两次浪潮。第一次是"北极例外论"背景下区域合作主义在北极地区的成功实践。尤其是1996年北极理事会的成立，这是冷战后北极国家之间首次围绕环境保护和经济发展两大主题所建的高端国际机制，即"北极经济治理1.0"。第二次是2007年北极冰封水域面积达到历史最低之后，北极各国纷纷开展了国际经济合作机制的构建，其中包括2010年由俄罗斯主导成立的国际北极论坛，2013年由冰岛发起的北极圈论坛，以及2014年由加拿大倡导发起、北极国家共同支持成立的北极经济理事会，这些多边机制构成了"北极经济治理2.0"。与第一次北极地区多边经济合作浪潮以北极理事会一家独大不同，第二次北极经济治理浪潮出现了多个北极合作机制并存的情形，导致北极经济治理国际机制之间必然围绕国际权威而展开竞争。

大国因素是影响北极国际机制竞争的关键因素。冷战后，美国作为唯一的超级大国，开始增加在北极地区的多边外交活动，但是总体而言仍然将战略重点放在了传统的欧亚大陆南部，采取了放弃主导北极多边治理机制构建的策略，客观上加速了北极国家协作构建区域治理机制的进程。[1] 2007年俄罗斯"插旗事件"发生后，美国开始加速构建"重返北极"的

---

[1] ［美］奥兰·扬著，陈玉刚、薄燕译：《世界事务中的治理》，上海人民出版社2007年版，第155页。

政策体系，尤其是加大对既有国际机制的影响力来重塑北极政治经济格局，这也是造成北极经济治理从一体化向碎片化演变的重要原因。美国作为全球和北极大国，其行为是引发北极国际机制竞争的重要因素。需要说明的是，从奥巴马政府于2013年提出《北极地区国家战略》，到2019年6月10日特朗普政府强调北极地区进入"战略竞争时代"并设立北极事务协调员，再到2022年8月26日拜登政府设立"北极大使"，都反映出美国高度重视北极地区的战略价值，积极参与北极国际机制构建。因此，关注美国如何介入北极治理国际机制是解释北极国际机制竞争的重要视角。

从冷战结束至今，美国"重返北极"的战略决策是北极多边合作的重要转折点，催生了北极地区愈演愈烈的国际机制竞争态势。既然北极气候暖化及其对生态环境影响日益明显的趋势没有改变，那么基于生态安全和经济发展的既有北极治理国际机制理应坚持多边对话、合作共赢的理念，但为什么特朗普政府以来的美国北极战略，并没有使得北极合作延续原有轨道，反而推动了国际机制的政治化？换言之，美国作为北极国家，为什么会在某一时段（1996—2013年）推动国际机制的包容性和多元化发展，而在另一个时段（2019年至今）则推动国际机制的权威化和"私物化"，加速国际机制竞争？这里从机制现实主义的理论框架出发，围绕该问题来解析大国因素与北极国际机制竞争之间的逻辑联系。

一、理解北极国际机制竞争的基本框架

国际机制竞争是指国际行为体围绕与某一国际机制相关的国际规则、国际管理、国际规范、决策程序等所展开的博弈，其表现形式既包括在同一国际机制内部的主导权之争，也表现为不同国际机制之间的权威性之争。本书从机制现实主义的视角出发，将国家权力、国际权威、国际道义作为北极国际机制竞争分析框架的三大支柱。

第一，国家权力竞争是国际机制竞争的核心原动力，主要表现为国家围绕国际机制主导权所展开的竞争。虽然北极国际机制都围绕生态环境保护、经济发展等非传统安全议题，但国家参与国际机制的目标绝非仅限于追求经济效益和生态效益，而是在更深层面上谋求北极治理国际规则制定权，唯有后者才能长久维护国家的北极权益。[1] 北极地区的国际机制竞争

---

[1] 沈陈：《帝权之后：规范等级体系与亚洲制度竞争》，《当代亚太》2022年第2期，第65—86页。

围绕美国、俄罗斯、冰岛和非北极国家展开,即美国主导的北极区域主义、俄罗斯倡导的欧亚主义、冰岛倡导的泛北极主义,以及非北极国家倡导的全球主义,即所谓"A8模式"、欧亚北极经济圈、北极圈模式和联合国模式四种存在明显竞争性的地区合作理念。所谓"A8模式"是指北极国家主导北极治理事务,其中又以北冰洋沿岸五国的话语权最重,并采取制度性约束的方式阻止非北极国家获得与北极国家同等的地位,因此"A8模式"是北极国家共同垄断北极治理事务的一种排他性区域主义,其代表性国际机制是北极理事会。欧亚北极经济圈是指以俄罗斯北方海航道为支柱,连接西北欧、东亚经济圈,实现欧亚大陆北部地区的经济振兴,其代表性国际机制是国际北极论坛。北极圈模式是指北极圈及其毗邻地区的国家、企业和原住民代表,围绕北极科考、物流与投资、能源与矿业开发、可持续发展等议题开展的多层次、多领域的北极治理多边协商模式,其代表性国际机制是北极圈论坛。联合国模式是指非北极国家为了维护自身合理的北极权益,主张在联合国框架下推动北极治理合作,尤其是以国际海事组织为权威机构来主导北极航运治理事务,其代表性国际机制是国际海事组织。从权力视角来看待国际机制竞争,能够发现北极国际机制的主导权之争是有限竞争,既包括北极国家与非北极国家之间的参与权之争,也包括北极国家之间对北极国际机制的主导权之争,后者以美国和俄罗斯之间的机制话语权博弈为代表。随着美俄之间的国力差距日益加大,原本秉持中立和观望政策的北欧国家也选择倒向西方,美国介入北极国际机制的深度和广度日益加深,在国际机制框架内对俄罗斯的排挤和孤立行径愈演愈烈,导致北极国际机制竞争的复杂性不断攀升。[①] 需要补充说明的是,虽然从权力博弈的视角可以明显洞察出区域性国际机制竞争背后的大国权力博弈背影,然而这不能简单推论出国际机制竞争将必然导致国家间的对立和分野。事实上,北极治理之所以具有独特性,就是因为整个北极地区尚不存在一个超级大国独霸的历史,而长期处于群雄逐鹿的状态。虽然当前的国际态势造成北极地缘政治经济格局发生了较大变化,但中国、印度、日本等非北极国家和欧盟,在尊重所有北极国家主权权益的基础上,始终坚持北极治理的公正化与和平化,尤其是中国、日本、印度、韩国、新加坡等国都积极参与北极理事会、北极经济理事会、国际北极论坛、北极圈论坛等国际机制,以实际行动表明非北极国家参与北极国际机制不是

---

① Amandine Orsini et al., "Regime Complexes: A Buzz, a Boom, or a Boost for Global Governance?", Global Governance, Vol. 19, No. 1, 2013, p. 28.

为了争权夺利而是为了维护北极地区的繁荣与稳定,因此,北极国际机制竞争不是零和博弈而是多次博弈。换言之,没有非北极国家参与的国际机制是缺乏公信力和权威性的,因此权力博弈的视角往往聚焦于某一时段的特定国家间的博弈态势,而难以解释国际机制竞争所带来的区域治理机制演变趋势。例如美国参与北极理事会和北极经济理事会都有增强自身在北极环保、航运、经贸领域主导权的考量,但这两个国际机制在规则供给、运转功能、决策程序方面存在很大的差异性,美国并不能主导既有北极国际机制的发展方向。

第二,同质功能过剩是造成北极国际机制进行权威性博弈的现实因素。如前文所述,既有北极国际机制都拥有促进国际经济合作的功能导向,在某种程度上也可以被视为北极经济协商的功能平台,这就使得北极国际机制存在同质功能的过剩现象。冷战结束以后,北极国家之间出现了经济开发的热潮,其中北欧地区开始推动次区域经济一体化,鼓励欧亚国家参与北极经济合作,体现了北极跨区域经济发展的蓬勃之势。随着美国、加拿大进一步开发北极领土和俄罗斯的相对衰落,北极地区的国际机制竞争呈现出在国际机制内部和国际机制之间同步进行的态势,并且在治理领域存在功能趋同性,进而引发国际机制对自身国际权威性的忧虑,从而围绕核心功能领域展开与其他国际机制的竞争。[1]

从功能主义视角出发有助于评价国际机制的有效性。功能主义不仅是国际机制促进国际协调的内在机理,同时也有助于阐释北极国际机制复杂性的成因。按照这一逻辑,北极经济相互依赖程度最深的区域是东北航道沿线地区,坐拥北方海航道和丰富能源矿业资源的俄罗斯具有物流与资源双重优势,随着北极国家对俄罗斯的经济依赖不断加深,北极地区理应形成一个以俄罗斯为中心的区域治理国际机制。然而,俄罗斯作为经济潜力巨大的北极国家,其经济重心地位并没有匹配的机制化,未能围绕北极经济开发的核心议题领域开展结构化的产业体系布局,也未能有效建立地区经济机制安排和国际规则供给。[2] 换言之,北极地区"能源靠俄罗斯、安全靠美国、投资靠欧盟"的三元功能结构在国际机制层面存在时滞性,造成各类国际机制存在功能性重叠和竞争性,难以产生具有权威性的国际机制。

第三,有效供给国际规范是国际机制争夺国际道义制高点的重要路

---

[1] 张发林、杨佳伟:《统筹兼治或分而治之——全球治理的体系分析框架》,《世界经济与政治》2021年第3期,第133—137页。

[2] 周方银:《东亚二元格局与地区秩序的未来》,《国际经济评论》2013年第6期,第106—110页。

径。国际机制竞争可以理解为不同国际机制围绕如何实现北极善治这一核心任务而产生的"路线之争"。当前,西方主导的北极治理域内化与国际社会倡导北极治理全球化之间存在冲突,这直接导致北极国家在北极理事会之中设置制度障碍,形成事实上的"北极国家集体垄断北极事务"的局面,而非北极国家则从联合国层面加速推动北极治理的全球化进程,以维护自身合理的北极权益。例如在北极理事会扩容问题上,北极国家内部也长期存在争论,北欧国家支持吸纳非北极国家加入北极理事会以提升国际影响力,美国、加拿大等国则主张制定严格的资质考核规则,以防止非北极国家晋升为成员,俄罗斯则主张北极理事会渐进式扩容。2013年以后,北极理事会为新晋永久观察员设置了不能晋升为成员的制度性门槛,造成非北极国家成为北极理事会的"永久性旁听生",无权参与北极理事会的决策程序,迫使非北极国家采取"两面下注"策略,不得不转而参加北极圈论坛和国际北极论坛的相关活动,并加大了在联合国框架下的北极治理博弈力度。2013年至今,北极国际机制竞争的烈度加剧主要源于北极理事会的权威性提升与其他国际机制国际影响力相对下降之间的矛盾,其中北极国家独揽北极理事会决策机构的行为,造成非北极国家难以在北极理事会框架下获取制度性话语权,其北极权益无法通过参与国际规则的制定过程予以充分保障,这就迫使非北极国家对北极理事会的公正性产生质疑,尤其是对其日益被美国"私物化"和"北极国家优先"的趋势感到忧虑,从而加大对北极圈论坛、国际北极论坛等国际机制的重视程度,其突出表现为参加后两者的国家代表行政级别高于参加北极理事会的代表,这就使得北极理事会开始从"去合法化"向"再合法化"的方向转变。

规范性视角能够清晰地勾勒出北极国际机制进行规范供给的"专业化"和"高标准"特征。一方面,这解释了为何在北极经济开发领域会出现多个功能相似的国际机制和国际规范,点明了国际机制竞争需要超越简单的功能视角;另一方面,国际机制所具备的专业知识储备与专家队伍,能够提升国际规范供给的专业性,而这种高标准的国际规范也在某种程度上增强了国际机制的权威性,有助于增强国际行为体对相关国际规范的认可和遵循度,促进北极国际合作和国家间良性互动。① 然而,大国在参与北极理事会、北极经济理事会相关国际规则的构建过程中,其利益偏好以及对国际机制主导权的把控意愿都存在差异性,因此有必要从国际规范的

---

① 贺凯:《亚太地区的制度制衡与竞争性多边主义》,《世界经济与政治》2018年第12期,第66页。

视角来关注大国影响国际机制竞争和国际规范的具体路径。

二、大国因素影响国际机制竞争的逻辑脉络

当前北极治理研究在分析大国因素时,常常从北极国际机制秉持成员"一国一票"的规则着眼,认为北极国家在国际机制中的权力地位是"平等的",这种思路没有认识到大国在北极国际机制中的独特作用,以至于低估大国政治博弈对国际机制生存和运转的影响力,同时也难以准确评估北极大国打压非北极大国、非北极大国制度性反击北极国家的排斥行为。① 由此看来,机制现实主义更加关注大国在权力、资源、规范等方面的相对优势,有助于剖析国家在北极国际机制构建及相互竞争中的不对称相互影响力。

霸权的稳定与崩溃是影响国际机制的重要外部因素。从全球视野来看,权力是建立和维护国际机制的基础,美国在北极地区具有强大的科研、投资、金融实力,能够为北极国际机制的科研项目和国际合作提供资金与资源支持,更能为北极地区的经济发展提供商贸领域的功能性公共产品。② 由于绝大多数北极国家是西方国家,且与美国保持密切的经贸和安全联系,因此,即使是在北极理事会层面,美国主导的倡议也能得到相对于俄罗斯而言的多数国家的支持。这就使得即使当前美国在北极地区尚没有拥有绝对的优势,却不妨碍其主导的国际机制和相关规则倡议能够顺利得到大部分北极国家的支持,毕竟无论是北极理事会还是北极经济理事会,都能够降低国际合作的风险预期,提升跨国贸易和营商环境的确定性,使得在没有爆发大规模战争的时期,能够有效促进国家间的交流与协作。③

美国是如何将作为全球超级大国的影响力下沉到并不占绝对优势的北极地区去的呢?这个问题指向了北极治理与全球治理之间既存在相互关联又具有独特性的现实。北极常年作为国际政治的边缘地带,受大国政治博弈的影响较小,即使是在冷战时期,北极也不是美苏对峙的热点地区。因此,即使冷战结束后,美国实施全面扩张的战略,但在北极地区仍然缺乏

---

① 沈陈:《边缘困境与春秋霸政——基于道义现实主义的扩展讨论》,《世界经济与政治》2021 年第 1 期,第 51—72 页。

② Charles Kindleberger, "International Public Goods without International Government", American Economic Review, Vol. 76, No. 1, 1986, pp. 1 – 12.

③ [美]罗伯特·基欧汉著,苏长河、信强、何曜译:《霸权之后:世界政治经济中的合作与纷争》,上海人民出版社 2006 年版,第 25—43 页。

必要的战略组织实力，而俄罗斯则继承了苏联时期的北方海航道沿线军民两用基础设施，从而在北极经济开发和安全治理领域具有先发优势。换言之，北极是美国实现全球霸权的唯一地缘短板。那么，美国该如何将其全球权力优势扩散到北极地区的国际机制之中呢？这需要认识到美国作为超级大国所独具的"非领土权力"。所谓"非领土权力"是指超级大国（霸权国）通过盟友体系在全球和地区层面构建国际机制，形成超级大国（霸权国）—核心盟国—地区国家的多级体系。例如，美国通过北约结盟体系，在北极地区形成了"美国—北约盟友—北欧中立国—俄罗斯"四级结构，[1] 从而促使北极地区形成了等级制国际机制体系——"美国主导的北极理事会—北欧北约国家主导的北极圈论坛—俄罗斯主导的国际北极论坛"。

超级大国的"非领土权力"描绘了冷战结束以来美国影响北极治理国际机制的图景，将机制现实主义与制度霸权主义的融汇点从全球层面延伸至地区层面。这一理论视野的拓展具有以下两方面的价值。一方面，突破了时代局限，关注了从霸权稳定到霸权崩溃的国际机制走向，认识到霸权国家和非霸权国家同时具有对国际机制的参与热情。即使是非霸权国家也对构建区域国际机制拥有较强的积极性，非霸权国家对霸权国家的议题倡议、国际机制决策意见等政策立场性问题，并非完全遵照国际政治的权力逻辑而采取完全附和的态度，相反，非霸权国家更愿意在国际机制中保持独立性和自主性，即使与霸权国的政策立场一致，也源于双方的共同利益而非国力强弱关系。[2] 由此看来，虽然霸权崩溃后国际机制不会是必然同时崩溃，但国际机制的其他成员也会推动国际机制的转型与权力再分配。换言之，霸权后的国际机制有可能正常运转，但其演化路径将受到其他非霸权国的深刻影响，而其中最有可能出现的一幕将是逐渐淡化霸权国留在国际机制中的印记。

另一方面，认识到霸权国通过施展"非领土权力"以强化与区域互动过程中的规范性因素。霸权国在国际机制构建、国际规范供给、国际观念传播等方面具有明显的先发优势，同时通过"非领土权力"将自身优势扩展到世界其他地区。机制现实主义认识到霸权国作为国际政治体系的顶尖国家，其独特且排他的霸权地位决定了霸权国是孤立存在的国际行为体，其盟友体系的稳定也在于霸权国与盟国之间巨大的实力差距。事实上，霸

---

[1] 随着瑞典、芬兰正式申请加入北约，北极地区将形成"美国—北约盟国—俄罗斯"三级结构。

[2] Amandine Orsini et al., "Regime Complexes: A Buzz, a Boom, or a Boost for Global Governance?", Global Governance, Vol. 19, No. 1, 2013, p. 31.

权国在国际机制中的强势地位并非是无需论证的前提条件,相反,这是一种动态演变的过程,具有相对稳定性。换言之,"非领土权力"是霸权国参与和主导其他区域国际机制的基础,而这种"非领土权力"既是区域内国家集体认同霸权国综合实力的结果,又是霸权国制度性参与区域治理、符合区域内国家共同利益的必然产物,因此,"非领土权力"有助于霸权国获取制度性介入区域事务的"入场券"。霸权国通过"非领土权力"介入区域治理的机制构建,也是为了当霸权衰退和丧失"非领土权力"后,其仍然能够继续有效参与国际机制的相关活动,而不会像权力政治那样因实力衰退而退回本土。所以,霸权国在霸权稳定时期,会持续通过"非领土权力"加大对区域国际机制的介入力度。

北极经济发展事务是大国再次争夺北极经济治理主导权的新场域。问题在于:随着北极地区国家间权力结构的变动,美国在北极地区的影响力尚处于一个相对稳定,但颓势已显的状态。那么,如何看待美国仍然能够拉拢除俄罗斯之外的北极国家在北极理事会框架内发起对俄罗斯的抵制?又如何看待北约吸纳芬兰、瑞典以进一步实现北扩?美国对北极国际机制控制权的增强与美国国力衰变之间的反差,是否能为机制现实主义解析后霸权时代国际机制竞争的演进逻辑提供新的思路,则是本书最新关注的问题。

第二节 等级结构与北极国际机制竞争

北极治理国际博弈与东西方战略格局的演变密切相关。机制现实主义视角既能避免夸大国家间权力博弈对国际机制竞争的影响力,又重视从国际机制的功能属性入手分析国际机制存在相对过剩性的原因,因此,机制现实主义最终从国际机制的权力、功能、公益三重属性出发,较为全面地解析国际机制为何具有相对独立性。霸权国的兴衰如何影响区域国际机制竞争,是机制现实主义将理论焦点放置于北极经济治理这一新兴实践场域的演进旨趣,亦是完善既有理论的有益探索。由于北极经济治理研究的时代跨度较小,其中又存在北极地缘政治格局的剧烈变化,美国虽然是北极大国但并非"北极霸主",因此不能笼统地认为北极地区也属于美国"非领土权力"的地理范围。那么,美国在走向相对衰落的过程中,其在北极构建的国际机制又该向何方演变?既然"非领土权力"是霸权的"标配",那么美国并非北极地区的霸权国,但为何仍然拥有"非领土权力"?本书认为这源于两大支柱：美国主导的北极国际机制和美国的北极北约盟友体系。其中国际机制是美国"非领土权力"的核心，美国霸权的衰落必然引发北极国际机制不同层次、不同烈度的变化，进而影响美国与其他北极利益攸关方之间的互动关系与博弈态势。

一、北极国际机制的等级结构

北极地区国际关系研究常常会面临一些不容回避的问题：参与北极治理的国际行为体之间是否存在等级结构？国际机制的倡导者与追随者之间是否存在主从关系？如果北极国际机制的主导者与参与者之间存在利益交换、权力压制和身份绑架等因素，那么就有可能在国际机制内部产生国家间的等级结构。[①] 国家间的等级结构不仅存在于单元层面，还存在于地区和全球层面，而后者主要体现在不同国家在国际机制中的位次差异性，以及围绕同一议题领域较早建立的国际机制也拥有相对于后建国际机制的先发优势，并使得国际行为体更倾向于遵循先发国际机制所颁布的相关规则。例如，针对北极经济发展的相关研究，主要围绕北极理事会在北极海运领域的治理实践展开，而较少关注北极经济开发过程中存在的国际合作平台等级结构。

北极国际机制建设是以霸权国权力优势为基础的规则等级体系。规则体系可以被看成是一种法律体系，从约束力大小的角度可以将规则体系分为国内规则体系和国际规则体系两大类，前者的法律约束力高于后者。国内规则体系以宪法为基础，其他功能性法律从属于宪法；国际规则体系没有宪法类的国际规则，各类国际规则的效力也不尽相同，因此存在同质性竞争和功能过剩等问题。然而，正是因为国际机制竞争会导致优胜劣汰，所以国际机制的强势地位也很有可能产出具有普遍约束力的国际规则，而这些国际规则的构建过程，往往与主导强势国际机制的大国密切相关，甚至可以说，大国一旦主导国际机制，就有可能将国内规则及国内标准上升为国际规则和国际标准，从而获得更大的竞争优势。

北极大国对国际机制的主导权是产生国际规则等级体系的基础。美国及其北极北约盟国共同建立的北极理事会，在美国超级大国的加持下已经成为北极地区最富盛名的国际机制，其颁布的各类国际规则为北极经济发展和生

---

① Kal Raustiala and David G. Victor, "The Regime Complex for Plant Genetic Resources", International Organization, Vol. 58, No. 2, 2004, p. 277.

态环境保护提供了具有公信力的价值理念，成为区域内外国家普遍遵守的行为范式。北极地区的国际机制由霸权国和地区核心国家共同主导，其出台的国际规则属于一般性国际规则，适用于所有北极利益攸关方。

国际机制等级特征的另一来源是自身的权威性及国际规则的有效性。就权威性而言，地区性国际机制在某一领域的专业优势和地缘政治经济优势，往往是其建章立制有效性的根本原因。例如，北极理事会具有北极治理的专业知识与专家团队，其出台的国际规则和行动建议往往得到国际行为体的主动遵循，因此也成为其他国际机制模仿的对象。即使一些大国也能够主导特定领域的国际机制构建，但由于区域性国际机制之间必然存在权威性的强弱之分，所以后发性国际机制往往没有挑战既有权威性国际机制的实力和意愿，这一点可以从北极经济理事会对北极理事会的运行机制与实践原则的借鉴上看得出来。就有效性而言，主导型大国往往更注重对权威性国际机制的领导力，因此也必然会加大对权威性国际机制的资源投放，以维护其正常运转。主导型大国及其盟国所支持的国际机制往往具备更为强大的功能属性，提供更多的公益性信息服务，所以在主导型大国的权力加持下，国际机制获取权威性的进程将不断加快，其出台的国际规则在频率和质量上都远超其他同类国际机制，因此更能获得相关国际行为体的遵从和支持。

需要指出的是，北极国际机制的构建与运转，并不是本地区政治经济发展的自然产物，而在很大程度上源于地区大国对北极未来战略价值的肯定性判断，尤其是主导型大国参照既有全球性国际机制运转经验并与北极治理实际情况相结合。北极国际机制的等级特征，既源于功能导向差异化，也受主导型大国刻意限定资源投放范围的影响，毕竟受大国扶持的国际机制，其规则构建与推广将更为便捷，获取权威性的路径也更为宽广。因此，北极国际机制出现等级结构也是情理之中了。

二、北极国际机制等级结构的动态调整

国际机制的等级结构不是固定不变，而是存在动态调整的可能。机制现实主义认为，虽然国际机制在运转一段时间后，能够具有相对的独立性，但其从产生到发展的全过程，都深受主导型大国的国力影响。一旦主导型大国出现国力衰弱趋势，则意味着北极国际机制的等级结构也将随之变动。这是因为一方面主导型大国的相对衰落将动摇北极国际机制的权力基础，尤其是那些长期受到主导型大国把持的国际机制，更将面临内部的

制度性权力更迭。另一方面主导型大国的衰落会引起其他国家对国际机制建章立制合法性的质疑，双方在国际机制内部将围绕决策权展开争夺，并形成常态化战略僵持，从而削弱国际机制的权威性与有效性，地区性国际机制之间也有可能出现新一轮的权威性竞争。

首先，北极国际机制的整体框架是由美国及其盟国共同创建而成，国际机制的运行逻辑也是以维护北极国家，特别是北极北约国家的共同利益为起点，主导型大国的实力衰落必将动摇既有北极国际机制的权力基础。非北极国家始终被排斥在北极国际机制的建章立制过程之外，处于无权、少权的地位。北极理事会的创设与联合国存有类似的模式，主导型大国的超强实力成为这些国际机制的权力基础，并直接推动了国际规则体系的等级化。随着主导型大国的相对衰落，北极地区其他大国制定国际规则的独立性相对上升，主导型大国及其盟国对既有制度性话语权的护持需求不断加深，这将引发国际机制成员对主导型大国特权合法性的质疑，[1] 同时也会引发新兴经济体与主导型大国之间围绕国际机制主导权的长期博弈。例如，俄罗斯具有维护北极领土安全和经济开发权益的强烈意识，但在北极理事会已经大幅实现"北约化"的情形下，很难想象俄罗斯会在北极理事会中得到其他北极国家的平等对待，俄美之间的战略博弈也有可能导致北极理事会在北极国际机制等级结构中的地位下滑。

其次，主导型大国的衰落将加剧各国际行为体对国际机制基本准则的认知分歧。正因为绝大多数的国际机制具有开放、包容等价值理念，才能吸引国际行为体加入其中，这使得国际机制即便出台弱约束力的国际规则，也仍然能够得到大多数国际行为体的认可和遵守。[2] 需要指出的是，就北极理事会等国际机制而言，《联合国海洋法公约》是很多北极国家和非北极国家共同认可的国际基本准则，但北极国家仍然认为北极理事会是高于联合国相关机制的北极治理平台，以至于北极国家具有北极治理的特权和优先权，并且以地缘接近为由，将北欧理事会、巴伦支海欧洲—北极圈理事会等次区域国际机制也抬升为北极国际秩序的组成部分。反观非北极国家则大多坚持联合国框架下的国际规则同样适用于北极治理实践。甚至对于加拿大和俄罗斯这类北极航道沿线国家而言，当国际机制与本国利

---

[1] 彼得·卡赞斯坦、吉宓：《美国帝权下的中国崛起：美国化与中国化》，《世界经济与政治》2009年第5期，第74—78页。

[2] "Orchestration: Global Governance through Intermediaries", in Kenneth W. Abbott et al., "International Organizations as Orchestrators", Cambridge: Cambridge University Press, 2015, pp. 3–36.

益发生冲突时，也会坚持国内规则优先于国际规则的理念。事实上，随着北约北扩和俄美战略冲突加剧，北极大国间的博弈已经从"利益导向"转为"安全导向+规则导向"，美国、加拿大及北欧五国大力鼓吹北极理事会所颁布的国际规则权威性，在国际规则推广过程中刻意营造等级观念与意识形态分歧，使得既有北极国际机制内部难以达成跨区域的合作共识。

最后，北极国际机制之间存在规则异质性。北极气候暖化使得众多国际行为体都开始探索国际规则的构建与学习路径，而北极理事会、北极经济理事会等都为北极国际合作提供了良好的平台。创设理念与影响力的差异，造成北极国际机制等级结构的产生，新兴国际机制对既有国际机制的学习与模仿，使得北极国际机制之间存在明显的国际规则同质化现象。北极地区国际政治格局的变迁，使得各北极利益攸关方对国际机制相关规则的理解出现认知偏差，造成国际机制出现功能紊乱与协商不畅，尤其是国际规则的同质性竞争导致国际行为体遵循意愿的下降，并直接影响到国际机制的权威性与有效性。因此，主导型大国和其他地区性大国会从本国利益出发，探索新的北极治理议题，并倡导相关国际规则。国际规则的爆发性增长，终将超过既有国际机制的功能框架，这就使得原有国际机制面临两个选择：要么废除非主流议题领域的国际规则，回归初创原点，例如巴伦支海欧洲—北极圈理事会始终聚焦巴伦支海的环境保护与经济开发，而不触碰俄挪安全对话等议题领域；要么另建一个新的国际机制，用于出台新兴治理议题领域的国际规则，例如北极理事会倡导成立北极经济理事会，以出台北极经济治理的相关国际规则。在主导型大国和地区性大国的推动下，北极治理的议题领域不断扩展，国际机制之间的博弈开始从同质性国际规则竞争向异质性国际规则竞争转型，竞争的焦点也从数量层面向质量层面不断深化。需要说明的是，随着北极治理的复杂性日益明显，同质性国际规则博弈具有明显的排他性与零和性特征，而异质性国际规则博弈则具有互鉴性与共存性特征，前者关系到国际规则背后的国际机制权威性问题，后者则与国际机制的影响力相关，国际机制围绕某一新兴议题领域所出台的国际规则也许不具有竞争性，但在另一个议题领域所出台的国际规则也许就具有竞争优势。因此，异质性国际规则博弈是国际机制之间展开长期竞争的新趋势。

三、国际机制等级结构的崩溃与重建

随着北极治理领域的国际机制在权力基础、国际权威性和国际规则有效性三个方面都出现弱化态势，国际行为体有可能不再将该国际机制作为行为准则的遵循对象，从而导致国际机制的权威性不断下降，最终走向瓦解。北极国际机制的变动并非一蹴而就，呈现出初创—稳定—松动—重塑的动态演进过程，而主导型大国的北极政策也将影响北极国际机制等级结构的变动。

在国际机制等级结构的初创阶段，主导型大国选择积极参与北极地区的国际机制构建，尤其是直接参与制定特定议题领域的国际规则，并主张地区性国际机制建章立制应学习和借鉴全球性国际机制所提供的基础性国际规则。例如，北极理事会各成员都认可联合国框架下的各类海事管理和环境保护国际规则，在《联合国海洋法公约》基础上推进北极国家划界争端的和平解决，并按照联合国气候治理的相关目标来实现碳达峰和碳减排。尽管国际机制的初创成员会在建章立制的过程中存在观点分歧，但该阶段的国际机制竞争仍然属于同质性竞争，并未改变原有的国际机制等级结构。例如在北极治理的核心领域——北极航运和北极环保，北极理事会就与国际海事组织展开了同质性国际规则竞争。国际海事组织于2017年颁布的《极地规则》为强制性全球国际规则，北极理事会也出台了《北极海洋油污预防与反应合作协定》等强制性区域国际规则。①

在国际机制等级结构的稳定阶段，主导型大国已经基本确立了自身在国际机制中的主导地位，其战略重心从保障国际机制的生存转向维护国际机制的运转，其介入国际机制建章立制的积极性逐渐减弱，并主张其北极盟国发挥更多建设性作用，以扩展区域国际机制的功能属性。这一阶段，国际机制等级体系的权力基础仍未改变，但在其他北极国家的倡导下，新兴国际机制开始逐渐发展，主导型大国倡导的国际机制与其他北极国家倡导的国际机制之间的竞争仍然属于同质性竞争。

在国际机制等级结构的松动阶段，主导型大国的国力出现相对衰弱，其介入国际机制建章立制并提供相关资源保障的意愿与能力进一步下降，其他北极国家则质疑既有国际机制的有效性与发展愿景，于是采取"另起炉灶"和"两面下注"的策略，即自主创建新的国际机制，或者同时参与不同的国际机制以待价而沽。这一阶段是既有国际机制走向崩溃或重建的节点阶段，如果主导型大国增大相关的资源供给和参与意愿，则既有国际机制仍然能够继续发挥先发优势以成长为权威性国际机制，反之则有可能

---

① Melanie Bergmann et al., "Plastic Pollution in the Arctic", Nature Reviews Earth & Environment, Vol. 3, No. 5, 2022, p. 323.

日渐衰落和低效化，以致最终停滞。因此，此阶段的国际机制等级体系的权力基础已经发生了改变，主导型大国与地区强国都各自主导相关国际机制并展开竞争，但双方竞争的本质是对既有国际机制格局主导权的挑战与护持，因此仍然属于同质性竞争。

在国际机制等级结构的重塑阶段，随着北极国家间权力对比状态的基本定型，主导型大国和其他北极国家都认识到既有国际机制格局存在重塑的必要性，只不过双方的策略有所不同。主导型大国主张内部改良策略，从本国利益和既有国际机制核心理念出发，围绕前沿北极治理议题领域构建"高质量国际规则"，进而提升既有国际机制结构的稳定性和创新性。然而，主导型大国将"高质量国际规则"的构建过程视为一种维持制度性霸权和巩固制度性盟友体系的重要路径，因此会刻意排斥区域内外的战略竞争对手参与该过程。例如，特朗普政府一方面积极推进北极理事会在北极黑碳治理领域的规则构建，另一方面多次在北极理事会高官会议上大肆宣扬针对中俄的"北极威胁论"，试图孤立中俄在北极治理中的制度性参与权。其他北极国家则选用"改革式"甚至"革命式"策略，从自身安全利益的角度探索超越既有国际机制等级结构的有效路径，其中就包括在既有国际机制内部约束主导型大国的特权，主导创设新的国际机制和跨国合作新模式等，甚至同样尝试构建新兴领域的"高质量国际规则"，从而有可能导致既有国际机制等级格局的瓦解与混乱。因此，本阶段的国际机制竞争属于异质性竞争。

表4-1 北极环境治理的国际机制一览表

空间尺度	机制主体	北极海洋污染治理相关机制
全球层次	联合国	《联合国海洋法公约》《伦敦倾废公约》
	联合国环境规划署	《关于持久性有机污染物的斯德哥尔摩公约》《关于汞的水俣公约》
	政府间海事协商组织	《国际干预公海油污事件公约》
	国际海事组织	《防止海洋石油污染国际公约》、《国际防止船舶造成污染公约》及其1978年议定书、《国际油污防备、反应和合作公约》、《极地规则》
	各类跨国公司	地中海航运等公司放弃使用北方海航道的理念和倡议；壳牌公司、康菲石油公司等放弃对北极地区石油开发的决策

续表

空间尺度	机制主体	北极海洋污染治理相关机制
北极区域层次	北极理事会	《北极海洋油污预防与反应合作协定》《北极近海油气开发指南》
	北极国家海岸警卫队论坛	"北极海洋污染应急合作演习"机制
	北极经济理事会	《对北极环境影响评估的良好做法与建议》
北极次区域多边层次	环北冰洋五国	《伊卢利萨特宣言》
	保护东北大西洋海洋环境公约委员会	《保护东北大西洋海洋环境公约》
国家内部和双边层次	俄罗斯	《北方海航道水域通行规则》《1984年环保法》《1990年"1984年环保法"实施法》《2020年前俄罗斯联邦海洋学说》《2030年前俄罗斯联邦海洋活动发展战略》《2035年前俄罗斯联邦北极国家政策基本文件》
	加拿大	《北极水域污染防治法》、《加拿大北极与北方政策框架》、海洋石油泄漏"多伙伴研究计划"
	丹麦	《有毒有害物品污染事故防备与响应和合作议定书》
	挪威	《斯瓦尔巴群岛条约》
	北冰洋污染治理的双边机制	"俄—挪溢油响应机制"、《挪威—俄罗斯打击巴伦支海石油污染联合应急计划》"苏（俄）—美应对紧急溢油污染合作应急计划"、《紧急情况下合作应对白令海和楚科奇海污染的协定》、《加拿大和丹麦石油开发和航运带来的海洋污染应对协议》

本表为笔者自制。

需要说明的是，由于北极利益攸关方对于国际机制的立场不尽相同，例如，主导型大国希望按照本国利益来重塑国际机制，其他北极国家则希望维护既有国际机制的稳定性，而非北极国家则希望增强在国际机制中的规则制定权，因此，在国际机制等级结构发展的不同阶段，国际机制间的竞争态势也可能出现不同变化。[①] 以北极航运治理为例，从二战时期到冷战结束，北极地区都缺乏明确的北极航运管理国际机制。这一方面是美苏对峙的原因，另一方面也是由于北极航道开发受到北极的酷寒气候和北冰

[①] Melanie Bergmann et al., "Plastic Pollution in the Arctic", Nature Reviews Earth & Environment, Vol. 3, No. 5, 2022, p. 323.

洋恶劣的航运条件等现实约束。冷战期间，苏联在北方海航道的管理机制以及与挪威、芬兰等北欧国家的次区域北极航运合作，其本质上是一种基于苏联北极航运比较优势的力量投放格局，威慑意义高于经济意义。美国及其北约盟国虽然也从市场潜力和新航道开发视角出发，探索北大西洋沿岸国家的航运合作，但仍然难以深度参与北极地区的航运开发。直至冷战后北极地缘政治形势有所好转，加拿大才在美国等盟国以及俄罗斯的支持下，倡导成立了北极理事会，作为北极地区第一个真正意义上的国际协调机制。北极理事会虽然实行轮值主席国和集体决策机制，但从一开始就深受美国的影响。

进入21世纪以来，北冰洋加速暖化进一步彰显出北极航线的经济愿景，尤其是北极东北航线已经实现了常态化通航，这也使得北极航运成为北极国际机制竞争态势最为明显的领域。这是因为北极航运是北极经济治理国际机制建设相对完善的领域，有利于对不同层次国际机制的有效性进行比较分析，同时，北极航运不仅汇聚着北极国家和非北极国家的共同利益，同时也是北冰洋沿岸国的核心北极利益所在[1]。无论是美国、俄罗斯等传统北极大国，还是其他非北极国家，都希望在既有国际机制框架内构建对己有利的北极航运管理规则，这就使得北极航运成为当今北极国际机制竞争的焦点领域。此外，国际机制在北极航运领域进行国际协调起步较早，从国际海事组织到北极理事会都出台了相应的国际规则，北极国际机制等级结构也显示出从初创到重塑的完整轨迹。

第三节　理念差异与北极国际机制竞争

当前学界多从权力政治和功能主义的视角考察北极国际机制竞争问题，而较少洞察国际机制竞争中所蕴含的理念差异因素。研究者过于注重权力和机制等研究变量，就易于倾向使用简约观点和抽象理论来框定复杂的国际实践现实，并往往忽视难以具体量化的理念因素。由于国际行为体在协商构建国际机制的过程中，必然依仗原则化的理念来构筑集体行动的路线方针，进一步明确"目标—路径"的单向关系，因此，忽视国际机制运转所蕴含的理

---

[1] Robert O. Keohane and David G. Victor, "The Regime Complex for Climate Change", Perspectives on Politics, Vol. 9, No. 1, 2011, pp. 8–9.

念因素有可能对国际机制之间的互动关系做出误判,并直接影响国家的决策成效。① 国家机制是国际行为体共有理念的结晶,亦是国家间良性互动的产物,缺乏广泛理念感召力的国际机制往往难以发挥国际协调的功效,其建章立制也无法获得共有理念的有力支撑,从而造成国际合作的低效化。北极国家之间、北极国家和非北极国家间所坚持的北极多边治理理念皆存有明显差异性,集中表现在构建北极秩序的道路选择方面。多边主义的理念之争是北极经济治理国际机制竞争的重要原因,并在议题设置、协商方式、愿景收益方面,以不同的实践模式体现出来。因此,本节着重探析北极国际机制竞争中的理念因素及其对国家间互动关系的影响。

一、国际机制的理念差异

国际机制是多边主义的具体实践场域,亦是全球治理背景下国际行为体之间不对称相互依赖关系的有机结合。从单元层面来看,国家坚持多边主义外交立场往往显得更加包容开放;从体系层面来看,坚持多边主义原则的确能够凝聚共识,提升国家间互动模式的规范化和稳定化。国际机制的产生与运转,就是多个国家之间进行政策沟通协调的国际实践。② 既然多边主义强调了规范的力量,那么国际机制运行的基本内核至少应包括三个方面:不可分性、普适性和共惠性。不可分性是指在国际机制框架下,任何一项集体行动的成本与收益在地理覆盖和功能扩散的范围上不可分割。③ 例如,对于参与北极经济治理国际机制的国家而言,北极气候暖化带来的经济愿景是所有成员共同面临的时代机遇,因此相关的集体行动不能分割权益与义务、功能与目标的整体性。普适性是指不以歧视性和排他性原则对待其他国家,如国际海事组织相关国际规则的普遍约束性。共惠性是指国际机制所颁布的国际规则将给所有成员带来大致平等的预期收益。④ 共惠性不仅是长期性的,而且在某种程度上超越了国际实力等级结构的束

---

① [美]朱迪斯·戈尔茨坦、罗伯特·O.基欧汉编,刘东国、于军译:《观念与外交政策:信念、制度与政治变迁》,北京大学出版社2005年版,第3—4页。

② Robert O. Keohane, "Multilateralism: An Agenda for Research", International Journal, Vol. 45, No. 4, 1990, pp. 731–735.

③ James A. Caporaso, "International Relations Theory and Multilateralism: The Search for Foundations", International Relations, Vol. 46, No. 3, 1992, pp. 601–602.

④ [美]约翰·鲁杰主编,苏长和等译:《多边主义》,浙江人民出版社2003年版,第12页。

缚，实现了大国小国的权益相对平等。因此，每一个国际机制都具有促进国际合作的规范供给功能。

坦言之，近代以来的国际机制大多由西方大国，特别是霸权国主导，因此主流研究领域难免会出现"欧洲中心论"和"美国中心论"的倾向。例如，二战至今成立的大多数国际机制都是由美国及其盟国倡导建立的，因此美国也掌控着国际机制的资金配置、人员安排、决策程序等关键要素。[1] 随着越来越多的新成员加入国际机制，大国在国际机制中的主导权不可避免地出现了"权力流散"现象，并且新成员为了谋求本国利益也积极参与国际机制的建章立制过程，开启了从少权向平权的博弈历程，影响了西方国家的制度性霸权。[2] 例如北极理事会向非北极国家不断扩容，但仍然坚持北极国家主导北极理事会的决策程序和资源分配，对非北极国家采取制度性排斥方针，迫使非北极国家采取"另起炉灶"和"两面下注"等方式，在既有和新建国际机制框架内挑战北极国家的制度性霸权。[3] 机制现实主义将非西方国家对国际机制的认知也纳入研究范围，采取东西方并重的学术立场来重新定义冷战后北极治理国际机制的内在逻辑，从而较为客观和全面地探索国际机制之间理念博弈的现实基础，这也是机制现实主义研究框架的优势所在。

既然国际机制是多边主义的具象化，那么其理应既包括直观状态，也内嵌着某些独特的意识形态。因此，国际机制竞争的研究视角除了权力与利益之外，还应探究不同国际机制的理念基础，这是洞悉国际机制合法性的关键所在。理念是国际机制构建集体行动指南，并促使成员达成集体身份共识的思想框架。[4] 北极国际机制之所以秉持不同的理念，是缘于其成员特别是初创成员看待治理议题的知识积累与观念结构差异。既然国际行为体的世界观决定了其认知与实践的起点，那么国际机制对国际行为体的框定过程，则表现为共有秩序观导向下的行动逻辑。观念指导行为。在国际关系中，国家间的秩序观差异会形成采取不同实践模式的国家集团，并

---

[1] Julia C. Morse and Robert Keohane, "Contested Multilateralism", The Review of International Organizations, Vol. 9, No. 4, 2014, pp. 385–389.

[2] 李垣莹:《多边主义理念竞争：中美湄公河次区域合作机制之比较》，《外交评论》（外交学院学报）2021年第5期，第120—125页。

[3] 王赓武等:《国际秩序的构建：历史、现在和未来》，《外交评论》（外交学院学报）2015年第6期，第20—25页。

[4] 徐进:《理念竞争、秩序构建与权力转移》，《当代亚太》2019年第4期，第5—9页。

造成国际机制主导型理念的此消彼长。在此，分析北极国家和非北极国家的多边主义理念差异及对北极经济治理国际机制竞争的现实影响，可以从双方的秩序观与实践逻辑两个方面入手。

二、秩序观与北极国际机制竞争

随着越来越多的非北极国家参与北极国际机制，北极国家在北极治理中的制度性影响力相对下降，双方在北极国际机制中的理念竞争理应得到足够的重视。事实上，在如何实现北极经济开发与环境保护之间的平衡问题上，北极国家与非北极国家的制度性竞争早已备受关注。在实现北极善治问题上，非北极国家和北极国家都提到了多边主义的重要性：非北极国家反复强调应尊重联合国权威，坚定践行和平、开放、包容的多边主义；北极国家也明确表示以多边主义凝聚国际力量，促进北极合作。显而易见的是，两者的政策话语和具体实践存在明显差异，表现为公域协作与区域霸权之间的秩序观之争。

国际秩序的主要行为体是国家，因此秩序观是国家的行动指南。[①] 然而，国际秩序分为国内秩序、区域秩序和全球秩序三个层面，国内秩序是指"追求国家社会基本目标的行为格局"，区域秩序是指"追求区域内国际社会基本目标的行为格局"，全球秩序则是将视野放在确保人类社会长远发展的宏大叙事背景之上，旨在"追求人类社会基本目标的行为格局"，这三种秩序观不仅存在视野上的差距，更具有明显的理念差异。[②] 国际社会的无政府状态使得绝大多数国家都优先关注本国国内秩序的构建，然而对于区域秩序和全球秩序的关系认知上却出现了差异化，有的认为区域秩序是全球秩序的组成部分，构建区域秩序就是构建全球秩序，有的则认为区域秩序是构建全球秩序的必经之路，两者存在先后顺序，因此只有完成区域秩序之后才能开始构建全球秩序。这也引出一系列需要审慎思考的政治问题：区域国际机制的成员是否应限定为区域内国家？区域国际机制是否应向区域外国家开放？区域国际机制的运行宗旨是以服务区域内国家共同利益为核心，还是兼顾区域外国家的利益诉求？随着思索的不断深入，必然触及国际秩序的构成要素界定问题。"西方中心论"的国际秩序观，

[①] ［德］马克斯·韦伯著，胡景北译：《社会学的基本概念》，上海人民出版社2005年版，第45—50页。

[②] ［英］赫德利·布尔著，张小明译：《无政府社会：世界政治中的秩序研究》，上海人民出版社2015年版，第20—25页。

强调了规范的约束功能，因此将共同利益和国际制度作为国际秩序的核心要素，但国际制度的理念基础属于文化范围，东西方国家对于国际秩序的理解差异，将导致构建国际机制的模式差异，因此应将主导型世界观也纳入国际秩序的要素范围，方能理解为何国际社会始终存在改革不合理国际秩序的诉求。①

明乎此，秩序观的差异是导致国际机制竞争的基础性因素，国际秩序的理念之争本质上是全球体系运转方式的角逐。② 主张服务于区域内国家共同利益的国际机制与服务于人类社会共同利益的国际机制之间必然存在竞争性。例如，北极国家坚持本国秩序观与区域秩序观并重，更关注差异性与矛盾性，认为在基于北极国家共同利益的基础上，以北极理事会为代表的北极区域国际机制，就应该优先服务于北极国家的利益，至于非北极国家的北极利益诉求，尤其是制度性参与北极事务的权力诉求，则采取排斥和反对的政策立场，因此北极理事会的目标是维护北极国家的集体特权、构建封闭型的区域秩序。需要指出的是，北极理事会所试图缔造的北极地区国际秩序，是具有西方自由主义特征的等级性国际政治秩序，属于美国制度性霸权的重要组成部分。一方面，美国通过其全球性霸权国身份而获得在北极理事会中的主导性地位，对包括俄罗斯在内的其他北极国家拥有较强的威慑力，从而能够有效将美国的北极秩序观念转化为北极理事会成员的共同理念。另一方面，美国在北极地区实力的相对衰弱以及美国的霸权威势日益流散到其他国际机制和区域多边机制之中，而相关国际机制也推广了一系列普惠性国际规则和政治安排，北极小国也拥有分享美国制度性霸权的机制化机遇。③ 由此可见，由西方主导成立的北极理事会等北极区域国际机制，是美国在北极区域层面实现霸权制度化的产物，其内嵌的秩序观具有现实主义与自由主义、权力与约束并存的混合型特征。其他北极国家之所以也认可美国在北极理事会中所嵌套的"门罗主义"理念，是因为北极国家存在巨大的国力差异，北极小国往往会担忧被北极大国，特别是主导国欺凌或排挤，这使得美国要想维持北极的主导权，就得放弃以武力胁迫和战争威慑等方式来换取其他北极国家对美国式北极秩

---

① 阎学通：《无序体系中的国际秩序》，《国际政治科学》2016年第1期，第7—9页。

② [美]约翰·伊肯伯里著，赵明昊译：《自由主义利维坦：美利坚世界秩序的起源、危机和转型》，上海人民出版社2013年版，第8—10页。

③ [美]约翰·伊肯伯里著，门洪华译：《大战胜利之后：制度、战略约束与战后秩序重建》，北京大学出版社2008年版，第50—59页。

序和国际规则的认可，必须做出制度性让步，让其他北极国家共享区域秩序维护者身份，以确保北极区域性国际秩序的持续运转。

虽然北极理事会成员无论大小都拥有形式上的平等性，其出台的国际规则也对区域内国家具有相对公正的约束力，并积极吸纳非北极国际行为体（国家、国际组织等）作为观察员，但在北极理事会的国际声望节节攀升之际，其构建的国际秩序存在明显的"单极化—多极化"权益鸿沟。这里的单极化是美国霸权被北极国际机制包装后的单极化，是所有北极国家默认的单极化，在这种等级结构明显的区域秩序观下，美国的主导国地位不仅得以巩固，而且还披上了"开明霸权"的外衣；其他北极国家也是这种集体制度霸权的受益者，在北极理事会扩容问题上保持与美国相近的"排他性开放"政策立场。然而，这种源于西方政治理念的区域私利型国际秩序，必然引起非北极国家和非西方国家的质疑与反感，即使是俄罗斯这样同为北极理事会成员和北极大国的国家，也时刻面临被其他北极国家制度性霸凌的风险。美国及其盟友坚持以西方价值观和北极国家特权理念主导北极国际机制，其构建的区域性国际秩序与当前国际社会的多元化趋势背道而驰，从实现全球共治善治的共同诉求来看，北极理事会的合法性与权威性将面临长期挑战，这既取决于大国权力博弈格局的演变态势，也取决于主导型大国可持续提供公共产品的能力。[1]

非北极国家出于地理上的远离和制度性参与北极治理的滞后性，更倾向于从全球秩序观的层面来看待北极国际机制构建，强调国际事务的整体性与关联性，认为北极治理属于全球治理的范畴，北极事务具有明显的跨区域扩散趋势，因此北极治理并非北极国家的"私物化"行为，而是国际社会共同参与的公域协作。[2] 随着非北极国家，尤其是新兴经济体集体性出现在北极地区主要的国际机制中，对北极治理进程发挥越来越大的影响力，并提出改革现有国际机制中存在的非北极国家"贡献与权益"不平衡、不公正的现象，美国及其盟国将其视为非北极国家集体性挑战北极国家特权地位的秩序之争，不仅未能客观看待此类合理诉求，反而对非北极新兴经济体采取打压和污名化策略，同时还通过制造安全困境迫使一些北极国家进一步靠近美国，从而增强北极理事会的稳定性。当前美国主导建立的国际机制，其运转理念的本质是将美国国内法治框架国际化，这种以

---

[1] 魏玲：《关系、网络与合作实践：清谈如何产生效力》，《世界经济与政治》2016年第10期，第47—49页。

[2] Oran R. Young, "The Institutional Dimensions of Environmental Change: Fit, Interplay, and Scale", Cambridge: MIT Press, 2002, pp. 83–138.

同质化与强制约束为目标的多边主义理念，其构建的国际秩序缺乏包容性和灵活性，无法满足全球化时代各国政治诉求多元性的现实需要。

共存理念是非北极国家构建北极国际秩序的逻辑原点。北极是全球气候治理的核心区，与欧亚大陆和美洲大陆的气候变化息息相关。北极气候暖化的全球影响力呈现出自北向南的圈层结构，每个国家与北极地理距离的相对远近决定了其受北极气候变化影响的大小，并且每个国家又会成为气候安全子系统的中心区域，产生区域、次生区域的气候影响。换言之，北极气候暖化所产生的地缘政治经济影响随着地理距离的向南延伸而逐渐减弱，气候政治背景下的国际秩序就是由这种国家间的紧密程度所构成的差序格局。① 既然国际社会都会受到北极气候暖化的影响，那么这些国家之间就必然存在共存关系和共有利益，从而能够形成复杂的国际关系网络，这个国际关系网络落实在北极实践领域，就演变成北极治理的管理关系，而北极秩序的构建就是理顺这种管理关系，从而实现北极利益攸关方之间的和谐共存，最终达到北极善治的目标。②

协同合作是非北极国家构建北极秩序的基本路径。各北极利益攸关方之间的多层面互动不仅增强了北极地区国际关系网络的延展性，同时也在重塑多维度的北极国际秩序与地缘政治经济结构。然而，为了构建良好的国际秩序就需要理顺国家间的利益矛盾与纠纷，唯有协同合作才能在加强国家间对话合作的基础上，逐步理顺北极国际关系网络中的差异性。因此，北极地区国际关系网络具有以下三个特征。一是多维性。以国际社会为基础的国际关系网络由不同类的国际行为体组成，每个国际行为体都拥有相对独立的对外交往圈层，涉及不同维度治理领域的议题，因此各个对外交往圈层的叠加与交叉，则使得国际行为体之间存在跨维度交往的可能性，从而构成立体化的国际关系多维空间。③ 二是多元化。北极利益攸关方在文化传统、地缘关系和国民性格等诸多方面存在差异，对本国北极利益和外国北极利益诉求的认知也有所不同，但这种本我与他者之间并非是非此即彼的绝对对立关系，不同于北极利益攸关方之间的地位平等，因此北极地区国际关系网络的有效管理不仅需要包容差异性与多元性，更需避免出现结构性的身份歧视。唯有在包容开放的理念指导下，才能有效通过

---

① 柳思思：《差序格局理论视阈下的"一带一路"——从欧美思维到中国智慧》，《南亚研究》2018年第1期，第1—12页。

② 秦亚青：《世界政治的关系理论》，上海人民出版社2021年版，第431—440页。

③ 秦亚青：《人类命运共同体的思想价值与实践意义》，《中国党政干部论坛》2020年第9期，第10页。

协商对话来化解分歧、促进合作。三是演化性。演化是国际关系网络的动态特征，是国际行为体进行国际实践时所进行的关联性过程。因此，北极地区国际关系网络的动态演变具有常态性和变动性，其中国际协调是网络演化的核心动力。因此不存在亘古不变的对抗性目标和泾渭分明的实体结构，这证明了即使出现矛盾和冲突，也能够在国际关系网络的演化过程中逐渐得以缓和与化解。

人类命运共同体理念是非北极国家北极秩序观的集中体现。各国共存于同一时空，在历史与现实的交汇下形成彼此相依、休戚与共的命运共同体。联合国倡导的人类命运共同体理念同样适用于北极治理，以合作共存为核心的北极秩序观，有助于打造超越地域和政治制度限制的新型北极国际关系。北极的稳定与发展依赖于以全体人类共同利益为基础的共有秩序，在这个秩序之中，国家之间是共存关系，不应存在绝对排斥和打压的对象，北极是共保和共享空间。[①] 北极利益攸关方在北极经济开发的多维层面中构成互联互通的国际关系网络，以尽可能的协作关系推动北极地区的长治久安与可持续发展。因此，非北极国家坚持在联合国框架下构建北极治理新秩序，就是要形成合力共同实现北极善治。

概而言之，北极国家和非北极国家的秩序观差异，决定了两者在构建北极国际机制的过程中必然出现理念竞争。北极国家以个体理性为起点，在看待北极治理的国际关系时，注重对各利益攸关方进行同质化改造，因此更强调发挥国际机制对成员的约束功能，其共建的北极理事会旨在建立集体霸权主义的区域秩序，即北极版的"门罗主义"。非北极国家则以集体理性为起点，注重维护国际行为体的多元化，更强调发挥国际机制对成员的协调功能，希望建立共生共荣共治的全球秩序，即人类命运共同体理念在北极的实践。

三、实践逻辑与北极国际机制竞争

北极国家和非北极国家对构建北极治理国际机制存在认知差异，因此其倡导的国际机制框架下的多边活动也遵循不同的实践逻辑。北极国家基于工具理性借助既有霸权制度来构建国际机制，而非北极国家则基于关系理性通过多边协作来构建国际机制。

---

① 赵汀阳：《天下的当代性：世界秩序的实践与想象》，中信出版社2016年版，第17—32页。

第四章　北极经济发展中的国际机制竞争

　　工具理性指导下的行动逻辑（以下简称工具型逻辑）是指国际行为体的实践以成本—收益权衡结果为导向，以本我与他者的同质性思维模式为依据。工具型逻辑以外源性利益为基础，认为理性的国际行为体之间通过协商产生国际政治秩序，并且个体有可能在经过充分协商的集体行动中得到最大收益。[①] 工具型逻辑强调国际行为体首先关注的是如何尽可能降低合作成本和预期风险，因此在这种逻辑的推动下，相关的国际机制建章立制过程必然要获得所有成员的一致同意。这一方面要求主导型大国必须自愿接受制度性约束，另一方面也要求弱国小国增强遵约能力，以确保在国际机制框架下能获得其他大国，特别是主导型大国的安全保证。例如，北极理事会的秘书处就设立在挪威的特洛姆瑟，部长级会议在北极国家轮流主办，所有国际规则也需要得到北极国家的共同认可才能生效。为了避免议程平均主义所造成的建章立制低效化，美国在发表某些具有敏感性的倡议和主张时，往往对其他北极国家进行游说和拉拢，以期尽快达成明确的契约关系。换言之，北极理事会内嵌着工具型逻辑，表现为大国希望减少遵约成本，小国希望获得生存空间，这是双方能够在国际机制中进行政策协商的基础，而国际规则是否能够顺利出台，则取决于各国的谈判地位。大国往往更能主导出台符合本国利益的国际规则，一旦各国认可了国际机制建章立制的权威性，就很难再进行大规模的制度变迁，从而主动吸引更多的域外行为体加入国际机制，进而抬升国际机制和北极国家的先发优势。由此可见，工具型逻辑的本质是实力政治与功能主义的结合。在这种区域内国家共享竞争优势的背景下，主导型大国愿意暂时接受国际机制的约束，弱国也愿意暂时容忍主导型大国有限的权力展示和特权行为，只要国际机制能够平稳运行，弱国小国就能持续分享集体性安全利益。

　　国际机制是维护霸权国管制秩序的现实路径，霸权国凭借霸权制度来构建多边框架，以主导全球和区域多边合作进程，而权力优势与利益导向是霸权国决定在哪些领域建立国际机制的内在因素。工具型逻辑认为国际机制越复杂，国际机制的自我调适性就越强，成员的违约成本就越高，就越能促成集体行动。通过对特定治理议题提供信息服务、发展援助等保障型制度嵌套，给予某个或某些行为体利益回报以换取它们在其他议题领域对霸权国提案的支持。通过这种利益交换与利益补偿，霸权国能够不断强化国际行为体之间、国际治理议题领域之间的互联关系网络化，最终获得

---

① James G. March and Johan P. Olsen, "The Institutional Dynamics of International Political Orders", International Organization, Vol. 52, No. 4, 1998, p. 949.

高额的制度性利益与黏性盟友关系。① 然而,当国际机制的收益有所下降,霸权国就有可能放弃自我制度性约束,不再做出公益性承诺。虽然这种做法会削弱霸权国的国际声誉,但从霸权国和西方国家所遵循的工具型逻辑来看,这也是一种必然的结果。

我们还需认识到在工具型逻辑指导下,国际机制还成为霸权国对区域外国家,特别是非西方国家进行同质化改造的工具。例如,在北极理事会,就通过规则供给、理念宣传等方式向观察员传播西方的价值观,并且北极理事会的成员大部分都是西方国家,这些国家的联系在国际机制的加持下变得更为紧密,相互依赖程度不断加深,使得非北极国家在既有国际机制中实现改革诉求变得极为艰难。一些非北极弱国小国选择接受和遵守北极国家的制度性安排,放弃挑战既有北极国家的制度性权威和改革北极国际机制的政治诉求。更有甚者,一些非北极国家还作为美国的盟国,一方面作为北极理事会观察员带头为北极理事会建章立制背书,打造自身作为北极理事会及其秩序构建的维护者和支持者身份,另一方面暗中阻挠其他非北极国家改革北极理事会的诉求与行动。这就使得既有北极国际机制内部难以形成稳固的改革力量,从而延续了主导型大国和其他北极国家的集体性特权。

关系理性指导下的行动逻辑(以下简称关系型逻辑)是指国际行为体的实践以国际关系网络体系为背景,以本我和他者的关系性质为依据。关系型逻辑认为国际行为体的理性并非以自我利益为基础,而是由对外关系的利己程度来界定。利益存在于对外实践过程,并内嵌在国际关系网络之中,如果对外关系的利己程度高,则国际行为体更倾向于通过互惠合作与维护良性互动来巩固和发展国际关系网络,以从中获利。② 在北极治理的背景下,国际行为体之间是共存关系,因此协商与合作是行为逻辑的理性选择。北极的国际关系网络是各北极利益攸关方的实践场域,通过双边或多边框架下的协调对话来增强国家间的互信,促进生产与国际制度要素的优化配置,以提升整个国际关系网络体系的和谐性,从而为护持最大化的北极利益营造良好环境。非北极国家在北极国际机制的行动逻辑,就是秉持共赢互惠的原则展开协商合作,即使暂时面临不公正对待,仍然坚持以和平对话来维护北极地区国际关系网络的良性发展。

---

① [美]罗伯特·基欧汉著,苏长和、信强、何曜译:《霸权之后:世界政治经济中的合作与纷争》,上海人民出版社2012年版,第124—145页。

② 秦亚青:《世界政治的关系理论》,上海人民出版社2021年版,第283—285页。

务实性是关系型逻辑的基础。北极国家和非北极国家在国际机制中的实践具有绩效导向，这可以从两个方面来理解。一方面，务实合作以现实需求为导向，旨在解决国际机制成员共同关心的问题，通过平等协商来凝聚共识、增信释疑，尽可能积攒力量以实现合作。关系型逻辑认为，维护合作关系就需要树立明确的合作目标，避免国际协商失败和国际协商关系破裂，远比获得短期利益更重要，"求同存异、协商务实"是确保具有明显差异性的国际行为体之间也能进行合作的重要原则。由此可见，务实合作着眼于培养长期稳定的良性国际关系网络。另一方面，务实合作在议程设置中重视解决问题的效率，通常以专门项目的方式来落实推动。例如，亚马尔液化天然气项目就是中俄北极能源合作的代表性工程。该项目的高质量完成，离不开多方合作、项目为本的高效务实原则，减少不必要的流程，为亚马尔半岛地区的次区域经济发展带来了实实在在的收益。因此，在这种灵活、务实且富有弹性的模式引导下，国际机制成员之间更愿意通过沟通协调来探寻共同利益交汇点，在彼此尊重、共赢互利的基础上，提升合作的预期收益，每一次国际合作的成功都会增强国际机制协调功能的权威性与有效性。

总而言之，北极国家和非北极国家在北极治理多边主义理念存在差异性。北极国家创建的排他性国际机制是一种基于国际规则的区域性等级体系，其中以美国为代表的主导型大国为该国际机制提供安全保障和资源供给，并把持多边合作框架与议题设置。非北极国家以多维的国际关系网络作为构建北极国际机制的基础，倡导通过国际合作、维护多元性来促进多边对话与国际协调，最终凝聚国际社会的力量来实现北极善治。由此可见，北极国家与非北极国家的多边主义理念之争是造成北极国际机制竞争的深层动因。

第五章　北极经济发展中的国际机制协作

冷战至今 30 多年来，北极地区已经建立起多维度、多样性的国际机制体系，区域内国际关系从冷战时的相互隔阂逐渐向冷战后的相互依赖转变，国家间的对话与协作也日益增多。然而，北极作为全球地缘政治格局中相对独立的地理单元，始终受制于大国政治博弈与"国际机制柔性化"的双重困扰，难以持续深化多边协作。既有研究认识到提升区域协作机制化水平和增强大国协调的重要性，提出整合北极既有多边机制的北极善治思路。然而，这种"包饺子式"的方案既不符合北极地缘政治经济特性，也偏离了北极治理的实践需要，短时期内难以得到有效实施。如前所述，当前北极地区所有的国际协作实践都嵌入了国际机制复杂性网络之中，国际机制相对过剩既是一种现实存在，又是一种变量因素，不仅影响国家选取协作对象的决策过程，而且在某种程度上还决定了未来北极治理国际协作的远景成效。局限于区域层面的"国家—国际机制"的层际研究思路已经难以准确解释北极治理多边平台的互动关系，这就为导入"国际机制—国际机制"的同层互动关系开创了思维创新的空间。重新考察北极治理体系中"国家—国际机制—国际协作"三者间的互动逻辑不难发现，国际机制竞争并不必然是国际机制过剩的唯一结果，这对参与北极治理的国家和国际机制而言都是一种新的考验，迫使它们不得不思考两个互为关联的问题：其一，国际机制之间是否具有协作的可能？其二，国际机制间的协作是否具有可持续性？本章采取纵横式的思维路径，以北极国际机制体系的内部互动为思考模式，依据机制现实主义理论的逻辑脉络，探讨北极经济开发中的国际机制协作困境与出路。

第一节　北极经济治理国际机制协作的演化模式

国际机制是北极经济治理必不可缺的国际公共产品，那么在非霸权体系的北极地区，国际机制如何发展？学界对此给出不同的解释。霸权稳定论认为国际机制依赖于霸权而存在，没有霸权则国际机制难以持久存在；自由制度主义认为国际机制依赖于共同利益，因此只要国际行为体之间存在共同利益，国际机制就能存在下去；英国学派则认为国际机制应与国际伦理相契合，但未能回答国际机制的内生性发展动力从何而来。用北极经济治理国际机制的实践经验来验证上述理论学派的学术观点后可以发现，霸权稳定论无法解释北极理事会和北极经济理事会都采取"协商一致"的议事规则，在没有霸权国单独承担国际机制运行成本的状态下，北极地区的国际机制呈现出成员共同承担成本、共同运维的状态。新自由制度主义难以解释非北极国家在北极经济理事会框架下获得与北极国家平等的北极经济治理参与权的制度性困境。[1] 这显示出从权力和制度等单一视角难以阐释北极经济治理的复杂性，而从发展和互鉴的视角出发，提出正是由于北极经济治理国际机制存在脆弱性博弈，国际机制协作才成为可能。

一、国际机制脆弱性的理论基础

随着北极治理实践的复杂化以及对北极自然生态环境影响广度与深度的扩大，北极政治环境与生态环境的互动影响持续深化，国际关系因素，尤其是大国因素逐渐成为北极治理风险结构的重要内容。[2] 近年来，北极地区国际社会的风险隐患已经得到国内外学界的关注，越来越多的学者开始使用"脆弱性"的概念来刻画各类北极治理行为体应对风险的状态，并试图从北极社会不稳定因素中探寻北极治理风险形成的内在机理与逻辑规律。事实上，所有参与北极治理实践的行为体都具有脆弱性，只是由于抗风险能力存在不均衡，才显示出脆弱性差异。[3] 国际行为体之间的北极博弈也是一种脆弱性博弈。

在非霸权体系下的北极地区，国际机制的生存与发展始终面临脆弱性博弈的考验。"非霸权体系"就是没有霸权国的国际体系。"霸权国"是指

---

[1] Grete K. Hovelsrud, Halvor Dannevig and Helene Amundsen, "Community Adaptation and Vulnerability in Arctic Regions", Springer, Netherlands, 2010, pp. 22–43.

[2] Irina Makarova, Dmitry Makarov and Buyvol Polina, "Arctic Development in Connection with the Northern Sea Route: A Review of Ecological Risks and Ways to Avoid Them", Journal of Marine Science and Engineering, Vol. 10, 2022, pp. 14–19.

[3] 江源、田晓伟：《社会脆弱性问题研究进展评述与展望》，《软科学》2023年第9期，第24—30页。

"能够自由控制关键原料、资本,拥有庞大进口市场和高附加值生产能力比较优势的国家"。① 由此可见,北极地区并没有真正意义上的霸权国,而是呈现出美俄"双核心"权力结构、以《联合国海洋法公约》为基本国际规范的非霸权秩序特征。② "脆弱性"是指行为体的抗风险能力以及承受利益损失的程度。判断脆弱性的核心指标包括风险发生的频率与规模、行为体预期收益的损失程度,即风险性与承受力。对于北极经济治理国际机制而言,风险性包括内外两方面的风险。内在风险包括内耗风险、资源短缺风险,停滞发展风险等;外在风险包括弱势化风险、同质竞争风险、边缘化风险等。承受力则包括维持国际机制正常运转的能力、可持续建章立制的能力、提供公共产品的能力等。国际机制的生存与发展,始终面临着诸多内外风险挑战和自身抗风险能力的强弱变化,国际机制在应对风险时所造成的利益损失程度,则由风险规模与抗风险能力的强弱共同决定。因此,利益损失程度是判断国际机制脆弱性的标志性指标,换言之,脆弱性是国际机制应对风险威胁时,所遭受的利益损失程度。③ 脆弱性博弈就是看博弈双方谁最先倒下。

既然北极经济治理的国际机制体系存在等级性,那么不同层级的国际机制也就拥有强度不等的抗风险能力,在国际机制竞争关系中也存在利益损失程度的差异性。从发展层面来看,每个国际机制都会为了增强自身的权威性而进行同层级或跨层级竞争,但从生存的层面来看,每个国际机制又会在对外互动的过程,主动学习其他国际机制的有益做法,从而提升自身应对各类风险的能力,逐渐降低利益损失程度。由此可见,国际机制进行自我调整所需付出的成本,以及愿意付出这些成本的意志坚定性,就是衡量其脆弱性的重要标志。因此,当北极治理实践需要高效且权威的国际机制时,则会促使既有国际机制之间进行竞争,在竞争的过程中,国际机制的生命力与竞争力的强弱都取决于其脆弱性的高低,国际机制之间的权威性竞争也就变成了脆弱性博弈。当国际机制在某领域的利益损失度越高,其抗风险的能力就越弱,脆弱性就越高,因此愿意对外进行协作的意愿和可能性就越大;反之,如果国际机制的脆弱性越低,则对外进行协作的意愿和可能性就越小。国际机制之间的竞争,脆弱性高的国际机制更倾

---

① [美]罗伯特·基欧汉著,苏长河、信强、何曜译:《霸权之后:世界政治经济中的合作与纷争》,上海人民出版社2016年版,第95—135页。

② 徐广淼:《变动世界中的北极秩序:生成机制与变迁逻辑》,《俄罗斯东欧中亚研究》2021年第1期,第106—124页。

③ 马兰起:《脆弱性博弈与东亚经济合作制度建设》,《世界经济与政治》2009年第8期,第71—75页。

向于与对方协作，脆弱性低的国际机制进行协作的意愿相对较低。因此，国际机制之间的协作并不完全来源于对协作预期收益的向往，而源于其自身面临的生存与发展困境，这种"权益止损"的内在需要才是国际机制之间竞合关系的核心动力。由于不同国际机制都有各自的比较竞争优势，因此不同层级之间的国际机制也存在协作和互鉴的可能。

国际机制的脆弱性分为绝对脆弱性和相对脆弱性。绝对脆弱性是指因风险所造成某一国际机制损失的绝对值；相对脆弱性是指同一风险对不同国际机制造成损失的对比值。国际机制之间的竞争状态就是最为常见的风险，绝对脆弱性则表现为竞争双方都必须付出竞争成本，这必然会产生资源供给不足、机制运转困难等现实性权益损失，由于国际机制竞争往往不是单次博弈而是长期博弈，因此，国际机制的绝对脆弱性强度将决定其参与国际竞争的时间长短，绝对脆弱性强度越低，其参与国际机制竞争的持续时间越短，反之则越长。相对脆弱性则表现为竞争双方竞合关系的主从关系，若某一国际机制相对于另一国际机制而言其损失度较大，则表明该国际机制抵御竞争风险的能力较小，对外寻求协作的意愿较强，在竞合关系中处于相对弱势地位，而损失度较小的国际机制，则抵御竞争风险的能力较强，对外寻求协作的意愿相对较低，在竞合关系中处于相对强势地位。例如，北极理事会与国际海事组织在围绕北极航运领域规则制定的竞争关系中，北极理事会就处于弱势地位，从而以《联合国海洋法公约》为法理依据，主动参与国际海事组织构建《极地规则》的建章立制过程，以实现两者在北极航运治理领域的协作。[1]

二、国际机制脆弱性的研究范式

国际机制脆弱性是对脆弱性概念的延展，是国际机制与致险因素互动过程中所展示出的特征，亦是囿于外部压力下的国家间协作系统应对不利扰动因素的能力不足而造成损害的状态。[2] 北极地区独特且脆弱的自然生态环境和地缘政治环境是共生共存关系，因此研究特定国际机制对特定环

---

[1] Makarova, I., Gubacheva, L., Makarov, D. and Buyvol, P., "Economic and Environmental Aspects of the Development Possibilities for the Northern Sea Route", Transport Research Procedia, Vol. 57, 2021, pp. 347–355.

[2] Sahool D. and Sridevi G., "Social Vulnerability and Adaptation to Climate Change: Evidence from Vulnerable Farmers' Groups in Odisha, India", Agricultural Economics Research Review, Vol. 34, 2021, pp. 144–148.

境风险的应对与反馈,则成为判断国际机制脆弱性的逻辑起点。国际机制的脆弱性程度具有差异性,这取决于三方面因素的综合影响:一是国际机制与环境风险的复合程度,这包括地缘政治风险对国际机制成员的覆盖范围、自然环境风险与国际机制议题设置的符合程度,以及上述两种风险的强度、频率与扩散范围;二是国际机制对环境风险的敏感程度,表现为自然环境风险与国际政治风险对国际机制的影响程度;三是国际机制的韧性与自我调节能力。事实上,国际社会是国家间互动实践的网络化扩展,研究北极国际机制与自然风险因素和国际社会风险因素的交互影响,才能揭示出北极自然与社会环境风险的放大机制,进而明确在国际机制框架下实现北极善治,就必须统筹治理自然环境要素与国际社会要素。这也使得对于国际机制脆弱性的研究,始终将情境对象设定为应对即时性风险爆发场景,包括北极地区军事冲突、海空搜救、航运事故等,并将"风险阻断"作为抑制国际机制脆弱性的核心目标。需要说明的是,国内外对国际机制脆弱性的研究尚不完善,大部分研究视角都聚焦地缘政治风险视角的国际机制脆弱性风险识别与评估,而对于自然环境风险视角下的多维度、全场域复合型脆弱性风险研究关注度不足,这其实在某种程度上偏离了当前各类国际机制成立之初所设立的共同背景与初衷——在北极气候暖化背景下如何推进北极地区的稳定与发展。[①] 因此,从长远来看,研究北极国际机制的脆弱性,并不能止步于如何避免国际机制的退化或崩溃,而在于从自然环境与国际环境相融合的视角出发,探索将研究情境从国际关系延展到绿色开发、可持续发展、生态经济等领域。

对于国际机制脆弱性的研究思路与框架设计,需要基于相对独立的理论框架与研析范式,而复合式风险脆弱性分析框架则有助于为当前国际机制脆弱性研究提供思维扩展,奠定基础理论依据。复合式风险脆弱性分析框架是从国际体系对国际机制的压力风险、国家—国际机制内生性风险、国际机制与北极治理环境耦合性风险三个维度综合考量国际机制脆弱性的产生机理。

(一) 国际体系压力风险维度

国际体系压力风险维度认为国际机制体系的等级结构与国际政治资源

---

① F. Matsubara, Birgit Wild and Jannik Martens, "Molecular – Multiproxy Assessment of Land – Derived Organic Matter Degradation over Extensive Scales of the East Siberian Arctic Shelf Seas", Global Biogeochemical Cycles, Vol. 36, No. 12, 2022, pp. 1 – 8.

有限性之间的矛盾,是造成国际机制承受来自国际体系压力的重要来源。北极治理与经济发展必然面临国际政治资源短缺的约束,在北极国际机制体系中处于相对弱势地位的国际机制,往往在国际政治资源分配过程中也处于不利地位,其应对国际机制体系压力的成本不断攀升,难以长期满足国际社会对国际机制治理功能的期望,以及与其他国际机制围绕权威性展开常态化竞争。失去国际政治资源支持的国际机制,不仅长期处于国际机制的底层或边缘地带,而且随着时间的推移,会造成国际机制的低效化和脆弱化。大国、经济、科技、信息是决定国际机制体系等级结构的核心要素,而这些核心要素在北极治理体系中的结构变化则是决定国际机制脆弱性的根源,毕竟国际机制脆弱性根植于国际体系的演化过程之中。国际体系压力风险给国际机制带来的损失,是个体性的风险压力与整体性的体系压力双重叠加的结果,即"脆弱性=风险+压力"。从国际体系压力风险的维度出发,能够较好解释为什么当北极地区出现因大国冲突所造成的国际体系动荡时,区域国际机制往往面临停摆的风险,尤其是越底层的国际机制越容易出现脆弱性和易损性。因此,通过研究北极国际政治经济体系的风险压力,能够从宏观层面上诠释国际机制脆弱性构成过程的复杂与多元。

(二) 国家—国际机制内生性风险维度

北极国际机制的脆弱性由个体层面的内部脆弱性和整体层面的外部脆弱性共同决定。内部脆弱性反映出国际机制成员对外在风险的敏感性和关联性,外部脆弱性则重在评估国际机制组织机构应对外来风险的能力准备。国家—国际机制内生性风险维度从中微观层面研究脆弱性的交叉影响,将国际机制的行政效率、资源储备、规则权威、国际服务、成员忠诚度、治理成效等非物质条件来作为评估国际机制脆弱性的指标,强调国际机制组织机构与国际社会网络体系在北极风险治理中的核心地位。[1] 这种双层双向思维框架的特点在于兼顾了国际机制脆弱性在国际体系宏观层面的共性特征,以及在国际机制和国家的中微观层面的个性化差异,尤其是重点关注国际机制脆弱性因素的动态演化过程。需要说明的是,国际机制成员的行为选择偏好是造成国际机制内部脆弱性的重要因素,从国家可持续发展的视角来看待国家在国际机制框架下获取信息的时段、方式的差

---

[1] Antonia Sohns, James Ford and Mylene Riva, "Water Vulnerability in Arctic Households: A Literature – Based Analysis", Arctic, Vol. 72, No. 3, pp. 300 – 316.

异，从而得出越依赖国际机制提供国际政治资源的国家，其脆弱性越高，反之则越低。由此看来，弱国小国更依赖于国际机制的协调功能，因此其对国际机制的忠诚度相对更高，而大国本身就有实力影响国际机制建章立制过程，并具有区域、跨区域或全球性影响力，对国际机制的态度具有较为明显的功利性，履约意愿与忠诚度都以国际机制是否能够实现本国利益诉求最大化为依据，因此也常常以退出国际机制或实施大国沙文主义等相威胁来谋求实现利益诉求，从而提升了国际机制内部的不稳定性与脆弱性。①

（三）国际机制与北极治理环境耦合性风险维度

国际机制与国际环境的交互关系并非是平等的关系，而是一种主辅关系，国际机制的功能导向是围绕着北极治理特定议题逐渐展开，换言之，先有国际环境中出现形势变化和治理需求，才有国际机制的产生与发展。国际机制的本质是国家间集团协作应对国际环境治理议题的平台，因此，国际机制脆弱性与国际治理环境脆弱性是北极治理体系脆弱性的两大子系统。这两个子系统相互影响但又具有独立性，尤其是国际机制的有效性与北极治理环境的改善具有正相关关系，国际机制与北极治理社会环境与自然环境的耦合程度决定了国际机制的脆弱性高低：耦合程度越高，国际机制的脆弱性越低；耦合程度越低，国际机制的脆弱性越高。② 关注国际机制对北极治理环境的反馈态势与调整过程，为研究国际机制脆弱性的运动规律及阶段性特征开辟了新的视角。③ 较为典型的案例是北极理事会根据北极治理环境的改变而进行自我调节的过程，即从专注于北极环境治理，逐渐增设了北极航运治理和北极科考治理等新功能，以不断适应北极治理环境从环境保护向环保—经济并重的发展趋势。国际机制与国际关系耦合性风险的提出，超越了以往国际机制研究大多聚焦于区域与国别的思维模式，为跨维度脆弱性和国际机制脆弱性的动态演化提供了新的研究视野。

---

① M. Gabrielyan and O. Tretyakov, "Classification of Risks in Investment and Construction Activities", Вестник Университета, 2016, Vol. 5, pp. 60 – 67.

② Natalya V. Dyadik and Anastasiya N. Chapargina, "Financial Development Trajectories of the Russian Arctic Regions", Arctic and North, Vol. 47, 2022, pp. 26 – 42.

③ Joshua B. Fisher, Daniel J. Hayes, eds., "Missing Pieces to Modeling the Arctic – Boreal Puzzle", Environmental Research Letters, Vol. 13, No. 2, 2018, pp. 1 – 3.

表5-1 国际机制脆弱性研究的三维视角

维度分野	研究视角	研究特征	研究对象
国际体系压力风险维度	从国际机制体系等级结构与国际政治资源有限性之间的矛盾解释国际机制脆弱性的成因	揭示国际体系不稳定性对国际机制带来的压力传达风险	国际体系的压力因素
国家—国际机制内生性风险维度	国际机制脆弱性由内部的国家层面脆弱性与外部的国际机制组织框架层面脆弱性共同决定	兼顾了国际机制共性特征与成员个性特征的差异	国际机制内生性脆弱的传导路径
国际机制与北极治理环境耦合性风险维度	以适应国际环境变化的动态过程与抗风险能力来判断国际机制的脆弱性程度	突出国际机制应对北极治理环境变化的自我调节能力	国际机制脆弱性的级联关系

本表为笔者自制。

当前北极国际机制脆弱性研究常被作为解析北极治理国际协作有效性的新视角，但研究深度尚停留在国际机制的常态化运转层面，缺乏对北极国际机制脆弱性要素的全景式认知，对如何在北极治理环境的风险管理中实现对国际机制脆弱性的有效干预也未形成清晰的逻辑链。国际机制脆弱性研究方兴未艾，在未来的研究中重点不仅包括国际机制脆弱性的内生性风险生成机理，还应聚焦于国际机制脆弱性的动态监测和协同治理路径等关键议题。

首先，北极国际机制脆弱性的理论研究应向整体化、具象化、明晰化的方向发展，尤其在学科归属、组成要素、表现形式、发展态势等基础问题上建立完善的理论框架。国际机制脆弱性研究不仅应关注研究对象的基本属性，还应关注国际机制脆弱性的等级划分、判断标准、层级联系等学理架构研究，以及这些要素之间的互动过程。[1] 从区域研究层面考量北极国际机制脆弱性因素的独特性，还应围绕北极治理的经济导向，借鉴地缘经济学、国际组织行为学、国际传播学等学科的理论体系，深入探索北极国际机制脆弱性的传导机制与空间演变规律等前沿性问题。

其次，国际机制脆弱性面临的风险考验呈现出复合化、衍生化特征。北极地区多变的国际政治局势以及日趋严重的生态环境危机，都使得国际

---

[1] Chukwumerije Okereke, "Climate Justice and the International Regime", Wiley Interdisciplinary Reviews: Climate Change, Vol. 1, No. 3, 2010, pp. 462-270.

机制脆弱性与北极国际环境风险之间的关系日趋复杂化。关于北极国际机制脆弱性成灾机理，应从外部环境风险冲击的宏观视角和内部组织机构稳定性风险的微观视角进行综合考量。特别是国际机制成员的政策偏好、主导型成员的忠诚度、国际机制运行风险内部控制、国际机制间的反馈学习、国际机制抗风险能力提升的工具创新等问题，将"风险性—脆弱性—有效性"三者之间的认知逻辑进一步学理化，不仅用国际机制脆弱性来解释北极治理环境客观存在的风险，同时也需探索国际机制抗风险能力的提升路径。随着北极治理的不断深入与治理议题领域的延展化，国际机制脆弱性风险的扩散路径研究应基于对个体国际机制的认知差异、国际机制成员非理性预判等维度，并从国际机制复杂化理论出发来阐释国际机制在面临多重维度压力环境下的脆弱性因素，以及多种风险因素的交织互嵌过程，而国际机制脆弱性的风险传导路径和代际传播路径问题也亟须引起重视。

再次，北极国际机制脆弱性治理建立在对北极治理环境风险隐患的精准判断之上。对于国际机制脆弱性的研究，既要从先验层面对国际机制进行脆弱性的动态监测与风险预判，还要从后验层面对国际机制进行静态化研究，破除方法论创新与评价体系扩展等瓶颈问题。从长远来看，北极国际机制脆弱性的定量分析需要围绕风险评估这个核心议题而展开，包括北极地区地缘政治风险监测、生态环境风险阈值评定、国际机制承压能力评估等。就北极经济开发而言，则需要对北极地区经济行为体、次区域经济圈、跨国物资流动等层面进行数据拓展，从而有助于在中微观层面理解北极国际机制脆弱性的生成机制与治理成效评价。

最后，国际机制脆弱性的协同治理是国际社会集体应对北极地区安全风险治理的重中之重。北极国际机制脆弱性治理具有明显的特殊性与复杂性，如果每个国际机制完全依靠自身力量进行抗风险实践，不仅难以独自承担脆弱性治理成本，而且有可能会造成运转效率持续低下，甚至在治理时序选择上也会出现有悖于北极经济治理实际情况的可能。[①] 北极国际机制脆弱性的协同治理过程，需要从国际机制的跨层级互助、多元行为体的有效沟通、国际机制间互相学习、非对称协作的补偿机制等新兴议题入手，从单一国际机制脆弱性治理向多元化国际机制脆弱性治理转型，尤其是如何应对北极自然环境风险和地缘政治风险的叠加型风险冲击，以及国

---

① Ahmed, F. Z., "Does Foreign Aid Harm Political Rights? Evidence from U. S. Aid", Quarterly Journal of Political Science, Vol. 11, No. 2, 2016, pp. 118–217.

际机制脆弱性治理实践如何有效连接其他北极地区避险措施则是未来重要的研究议题。

总而言之，随着北极经济发展的逐步提速，相应的风险隐患也日益显现，这使得国际机制的脆弱性得到国际社会的广泛关注。然而，无论是在理论构建层面还是方法论扩展层面都处于探索阶段，相关研究思路还未能围绕北极地区的独特性展开，使得北极国际机制脆弱性研究仍然长期囿于传统国际机制研究的主导性逻辑框架之内。值得肯定的是，当前有识之士已然指出应从更微观、更具体的视角出发来审视造成国际机制脆弱性的风险来源与影响因素的规律特点，以有效解决脆弱性机理与交互性演变等问题。从长远来看，北极治理仍然以国际机制有效性研究为重要支点，这就需要对国际机制脆弱性的理论范式与方法论进行创新，增强对不同层级的北极国际机制脆弱性治理的专向化、精准化研究，探索国际机制脆弱性治理促进北极经济可持续开发和跨区域协同发展的有效路径。①

第二节 北极经济治理国际机制协作的动力要素

北极气候暖化趋势的加速与北极国家对外贸易的开放，正在改变北极经济发展的地缘版图，同时也推动国际机制之间的竞争格局。在北极善治的背景下，实现北极经济可持续发展的根本路径是提升国际协调的高效化，这就必然推动国际机制之间的竞争。虽然竞争能够使得国际机制更注重建章立制的有效性，但国际机制具有自身特点，在无政府状态下的北极治理环境中，安全风险的传导与转移、信息沟通不畅以及负外部性效应的存在，使得国际机制普遍存在脆弱性，因此在竞争过程中面临两难选择：一是在北极经济一体化的压力下，势必要通过竞争来获得国际公信力和建章立制权威性；二是竞争可能加剧北极国际机制体系的整体脆弱性，影响北极经济治理的循序推进。因此对于国际机制而言，需要兼顾这两方面的现实考量，既要在参与竞争的过程中提高自身对北极经济治理的成效，同时还要将竞争带来的脆弱性最小化。因此，探索国际机制间的竞合模式，

---

① Jonathan M. Powell, "Regime Vulnerability and the Diversionary Threat of Force", The Journal of Conflict Resolution, Vol. 58, No. 1, 2014, pp. 169–196.

则成为国际行为体有效参与北极经济治理的重要问题。

一、北极国际机制协作的内在动因

自身环境的脆弱性是北极国际机制更易于陷入低效化的原因，也是国际机制之间协作共存需求的重要动因。北极国际机制在北极经济治理领域面临很多特殊性风险，包括成员违约风险、成员投机风险、负外部性风险、北极国际机制路径依赖风险等。

首先，国际机制基于国家间的协作契约方可顺利运转。国际机制用成员提供的信任与有限权力让渡来形成指导长期集体行动的政策体系，并以此获得主导北极经济治理进程的权力与成员稳定的资源供给。然而，这是一个风险性极高的实践，因为北极经济治理的复杂化与多变性必然对国际机制提出更高的治理成效要求，而成员对国际机制提供的资源并不会随之同步提升，而是与国际机制治理成效和成员北极利益诉求的契合度密切相关，于是成员可以随时调整对国际机制的资源供给程度，因而国际机制并不一定能及时完成治理任务。如果遇到治理难度高、周期长、资源需求大的议题，则有可能出现成员大规模减少资源供给或者治理实践久拖不决的困境，那么国际机制的资源储备就难以有效匹配其国际协调能力，从而逐渐呈现出运行低效化。

其次，北极治理无政府状态的存在，造成国家仍然坚持以利己主义和自助主义作为主要的行为指导模式，导致国际机制的成员普遍存在投机冲动。一方面，国际机制要面对逆向选择风险和公正性风险的双重挑战，前者是指国际机制不得不选择吸纳那些对北极经济集体治理无明显助益的成员，后者是指一些成员将国际机制作为谋求私利的工具，并使国际机制陷入风险较大的困境，例如俄乌冲突爆发后，美国联合其他成员集体孤立俄罗斯，从而将北极理事会推入分裂和停摆的困境。另一方面，国际机制的主导型大国拥有比其他成员更多的信息与技术储备，更了解北极治理议题设置与资源配给的风险性，这种信息层面的不对称性使得大国更易采取投机主义行为，倾向于将国际机制"私物化"，而且使得其他相对弱势的成员难以对国际机制的集体决策过程做出准确判断。[1] 除此之外，信息不对称还刺激具有信息储备优势的国家追求本国利益最大化而非国际机制的集

---

[1] 周丽莉：《银行竞争与银行体系脆弱性》，《江西社会科学》2003年第9期，第110—112页。

体利益最大化，甚至会造成与国际机制集体利益相冲突的困境。

再次，某些北极大国刻意激化北极地缘政治矛盾，会给其他国际机制成员带来负外部性，并且扭曲国际机制的风险评估与资源分配。北极地区经济发展水平较低，国际市场不够成熟，国际机制对参与高风险治理领域的议题设置与资源投入往往持保留态度，从而使得北极地区高风险经济治理事务在国际机制内部就被排除在外。然而，在北极权力等级结构框架下，高风险也有可能成为某些北极大国获取战略收益的机遇所在，因此，在大国权力的裹挟下，国际机制仍然无法完全通过内部化来规避风险。当国际机制的主导型大国不公开其风险收益时，其他成员也难以察觉其投机主义行为背后的战略考量，而不得不坐视国际机制的治理成效低于边际成本，即未能合理规避造成国际机制脆弱性的风险来源。需要指出的是，在国际机制面临高风险的情境下，国际机制脆弱性可能带来国际机制崩溃的严重后果，这无疑提高了成员违约的可能性。一旦成员对国际机制的有效性产生质疑，那么支撑国际机制存续的内生动力就将被削弱，成员借助国际机制来护持本国利益的信心将产生动摇，进而增加国际机制内部崩溃的可能性。

最后，国际机制的脆弱性具有自我锁定的路径依赖特征。当内外风险叠加导致北极治理环境出现动荡时，各北极利益攸关方都寄希望于国际机制能够充分发挥国际协调功能以应对集体危机，但国际机制中的主导国以及既得利益国家为了维护本国利益，始终将国际机制的议题设置囿于环保、经济等"低政治"领域，而刻意忽视国际政治经济之间的关联性，尤其不愿意触及极具敏感性的地缘政治风险治理问题。只要主导型大国仍然对国际机制和其他成员提供安全保障与公共产品供给，后者就没有动力和能力来改变国际机制日益脆弱化的趋势。这种集体性"隐忍"心态与主导型大国的强势，共同造成国际机制的脆弱性平衡状态，从而造成整个北极国际机制体系长期处于不稳定状态，并沿着脆弱性路径发展下去。①

由此可见，在北极经济治理的复杂性背景下，国际机制不仅面临来自不同层级国际机制的竞争压力，还受到自身脆弱性的掣肘，此外，国际机制的竞争更是直接导致了北极经济治理国际机制体系的脆弱性。在北极地区尚不存在一个足够强大且权威的国际机制，每个国际机制也无力独自应对风险挑战与发展困境，因此，国际机制之间在保持常态化竞争的同时，

---

① ［美］索尔·伯纳德·科恩著，严春松译：《地缘政治学：国际关系的地理学》（第二版），上海社会科学院出版社2011年版，第142—156页。

也存在协作的可能。

北极经济治理国际机制之间的不完全竞争关系恰恰是产生有限协作的重要动因。一方面,由于北极区域经济的规模较小,发展程度不高,国际机制在进行国际协调的过程中存在供需信息不对称、供需不匹配等问题,因此北极经济治理的建章立制存在横向集中的趋势,即在区域、次区域经济治理层面,都会出现一个代表性的国际机制,如区域层面的北极理事会,次区域层面的巴伦支海欧洲—北极圈理事会等。这意味着同一层级的国际机制之间的竞争烈度有所降低,而不同层级的国际机制之间虽然仍然围绕建章立制的权威性而保持纵向的竞争关系,但下层国际机制在努力获得权威性的过程中,仍与上层国际机制在某些领域保持着沟通和有限协作,在协作的过程中向上层国际机制学习对抗脆弱性的经验。总体而言,建章立制实践的横向集中相对减轻了北极经济治理国际机制体系的整体脆弱性。

另一方面,国际机制竞争虽然能够提升国际机制的有效性,但同时也增加了国际机制的运转成本。诚然,一个国际机制维持正常运转的成本越高,其应对风险(成员违约风险、地缘政治风险冲击等)的能力就越弱,其主动设置高风险治理议题的可能性就越低。从这个视角来看,国际机制竞争与国际机制体系稳定性之间存在正相关联系,但并非指国际机制竞争就必然导致国际机制体系的脆弱性。事实上,导致北极经济治理国际机制存在低效化特征的核心要素仍然是信息壁垒,而国际机制竞争促进各国际机制加强内部革新和对外学习能力,并及时公开其建章立制和国际协调的实践信息,这使得各国能够了解各国际机制运转效率状况,自主选择加入和支持那些国际协调能力强、国际权威性高的国际机制,从而在一定程度上降低了具有竞争优势的国际机制的脆弱性。同时,国际机制竞争也使得各国决策者能够识别哪些国际机制的内控机制处于低效状态,或者具有决策权的垄断化趋势。例如,国际机制主导国裹挟其他成员涉及高风险北极治理领域,使得国际机制处于动荡和停滞状态。因此,在国际机制竞争压力和国家决策理性的共同作用下,国际机制之间会在竞争的同时,保持对外协作的内生动力。

二、北极国际机制协作的外在动因

当前北极国际机制体系的复杂性已获得共识,但国际机制之间的竞争则远未形成稳定、有序的宏观局面,存在竞争不充分的特征。竞争不充分具有三层含义。一是由所有北极大国共同参与的国际机制仍然具有绝对的竞争优势，其建章立制的过程中具有天然的权威性，在议题设置规模、组织结构完整性、资源配备等方面远超其他北极小国组成的次区域国际机制，因此所受到的外界竞争压力较小，主要风险集中在内部成员的权力博弈层面。二是国际机制间的竞争主要集中在航运治理和气候治理等传统治理议题领域，而对于能源与矿业开发、跨境贸易流通、离岸资金融通、跨国信息科技协作等新兴北极经济治理领域尚未全面进入基于技术和信息的集约化竞争阶段，在国际协调路径创新和资源管理方面也未充分发掘自身特色优势。三是当前北极国际机制竞争总体上仍然处于零和博弈的状态，具体表现为加速扩张观察员数目、阻断非北极国家参与国际机制决策的权利、提供内部公共产品、设置国际机制沟通壁垒等，此外在争夺国际机制权威性方面，主导型大国往往推动国际机制过度扩展建章立制的议题领域，加速提升国际规则的约束力，并对同层级、同类国际机制进行刻意遏制和打压。例如，北极经济理事会为了争夺北极经济治理的国际规则设置权，主动与北极理事会等国际机制进行双边信息互换与共享，以谅解备忘录等形式实现北极经济理事会相关国际规则的跨机制传播，并对北极圈论坛、国际北极论坛进行国际舆论压制。坦言之，当前北极经济治理的国际机制体系并不完善，相关国际机制之间的竞争是一种不充分、不全面的竞争，然而这种竞争又具有鲜明的无序性、保守性、排他性特征，极大压缩了国际机制之间理应存在的协作空间，加剧了整体北极国际机制体系的脆弱性。从长期来看，零和博弈并不会诞生一个权威性的国际机制，其结果更有可能是"两败俱伤"，国际社会对北极经济有序治理的需求也必然要求相关国际机制以发展的眼光看待国际机制间的协作愿景，并且从北极经济治理的大环境出发来调整与其他国际机制的竞合关系。总体而言，促进北极国际机制协作的外在动因主要表现为以下四个方面。

一是北极治理国际机制体系进入创新性发展的新阶段。21世纪的北极经济治理是一种创新性信息与技术治理，因此国际机制必然在涉及北极经济治理事务的信息创新议题上增加资源投入，如离岸油气开发的零污染技术、北极资源开发的宏观市场信息搜集、北极航道关键节点的陆海联运系统构建等。无论是北极理事会还是北欧理事会，北极区域或次区域国际机制都将前沿信息与科技创新作为自身发挥国际协调功能、增强建章立制权威性的重要依据，并积极通过互联网平台开展信息传播与协作平台构建。经过20多年的发展，北极经济治理国际机制体系日益显示出与时俱进的创新性。首先，解决了技术性问题，包括国际协商与知识分享的安全性与稳定性。其次,增强了线上线下同步协商的确定性,不仅保证了重要会议能够如期召开并顺利产生制度性成果,而且减少了因信息不对称所产生的误判。再次,深耕某些北极经济治理领域的技术与信息市场,并在相关国际规则制定过程中增强行业标准的专业化与权威化,各个国际机制建章立制的过程,依赖于相对稳定的专家团队与科学家组成的工作小组。最后,通过优化运转流程和组织程序,减少了开辟新治理议程的内部制度性障碍,以创新决策程序等方式加速凝聚国际共识和统一集体行动,从而减少了国际机制发挥国际协调功能的成本需求。在信息全球化和经济全球化的背景下,北极国际机制已采取信息化创新路径,以知识经济与标准制定作为提升自身权威性的重要抓手,以开放与协作逐渐替代封闭与保守,传统北极经济治理领域的国际机制竞争已日趋平缓,这为国际机制间的交流与协作路径创新奠定了时代基础。[1]

二是北极国际机制进入相对稳定发展期。北极地区经济治理国际机制的数目与规模并未发生明显变化,在北极航运治理、北极能源开发、北极渔业开发等领域的国际规则供给已经相对充足,巴伦支海—波罗的海、北美次区域规模经济已经形成。那些既有国际协调能力较强的国际机制,已经在特定经济治理议题领域投入了大量的国际资源,并提升了国际规则对成员的约束力,通过严格遵循协商一致原则来避免内部权力结构失衡,倡导成员共同分享专业知识与政治资源,以便于凝聚共识和参与外部良性竞争。这使得无论是成员还是观察员都愿意在该国际机制框架下开展相关协商和对话,由于这些成员或观察员也可能兼具其他国际机制成员的身份,甚至在其他国际机制中还拥有相对强势的话语权,出于协作共赢的长远考量,在主导型国家的共同推动下,国际机制之间开展协作的外部条件逐渐成熟,整体氛围逐渐改善。运行良好的国际机制已经在某些治理领域拥有先发优势,如果开展有效的国际协作则有助于进一步提升自身的权威性,同时减轻了外部风险的冲击力。国际机制协作氛围的形成也有助于推动其他持观望态度的国际机制改变对外沟通策略,逐步开展与其他国际机制的对话与交流,一旦北极国际机制普遍形成良性竞合态势,则有助于维护北极经济治理国际机制体系的稳定性。

三是北极大国仍然共同维持国际机制间的战略动态平衡。北极大国是

---

[1] Половинкин В. Н., Фомичев А. Б., "Значение северного и арктического регионов в новых геополитических и геоэкономических условиях", Арктика: Экология и экономика, №. 3, 2013, C. 58–63.

各类北极国际机制的主导型力量,其利用国际机制实施本国北极战略利益的同时,也客观希望该国际机制能够长期有效运行,并通过与其他国际机制的有限协作来进一步提升自身的竞争力与影响力。虽然当前北极国际机制之间的竞争态势相对平缓,一些低效且国际影响力较低的国际机制逐渐边缘化,但客观而言,这种优胜劣汰的现象符合北极国际机制竞争的核心逻辑。在没有大国干预的前提下,这种弱势国际机制逐渐退出北极经济治理舞台的现象,并不会引发其他国际机制相继崩溃的连锁反应,相反有助于促进同层级国际机制的横向集聚效应,从而维护国际机制体系的整体稳定。对于那些包容了所有北极大国的国际机制,其发展前景与北极大国共同北极利益密切相关,因此这些北极大国积极支持该国际机制不断增强对外学习能力,博采众家之所长以提升自身的国际影响力。[1] 美俄等北极大国都是北极理事会和北极经济理事会的成员,都希望在这两个国际机制框架内进行权益分配博弈,而不是"另起炉灶"。例如,虽然俄乌冲突爆发以来,美国联合其他六个北极理事会成员拒绝参加俄罗斯任轮值主席期间的北极理事会相关会议,但面对西方国家的做法,俄罗斯也并未退出北极理事会,而是选择退出波罗的海国家理事会等次区域国际机制。对于那些已经解决了生存问题的国际机制,不仅都有能力规避因内外风险所带来的安全隐患,而且大多愿意对外开放与交流,深化跨区域协作的规模与广度,不断扩展议题设置领域与观察员规模,这些都为国际机制协作奠定了基础。

四是国际社会呼吁北极利益攸关方加强国际协作,确保稳定的发展环境。北极地区的国际机制是北极国家和域外国家进行沟通的重要平台,双方共同关注的北极气候治理、生态环境保护、北极航运开放、北极自然资源开采等议题,需要在稳定的国际机制框架内进行政策协调与信息沟通。以北极理事会和北极经济理事会为代表的区域国际机制,已经成为北极域内外国家协作的典范,非北极国家通过参与相关工作组层面的项目协作,能够获得有限参与北极治理的合法身份与信息获取渠道。如前所述,国际机制的权威性既来源于建章立制的约束力强弱,又基于其公正性与开放性的基础之上。换言之,一个包容性强的国际机制自然符合国际社会的共同利益,而采取"排他性协作"的国际机制则成为某些大国拉帮结派的"圈

---

[1] Pörtner Hans‑Otto, Roberts D. C. and Tignor M., et al., "Climate Change 2022: Impacts, Adaptation and Vulnerability", Cambridge and New York: Cambridge University Press, 2022, pp. 2319–2368.

子产物",加剧北极治理国际协作的难度,不利于增强相关北极利益攸关方之间的协作共识。由此看来,北极地区经济发展面临的跨国政策协调、原住民权益保护、环保标准设置等问题,不仅需要相关国际机制之间加强沟通协作,而且也需要积极培育促进跨北极多领域协作的国际环境。

随着越来越多非北极国际行为体参与北极治理,北极事务的全球化特征日益明显,国际机制也从单纯的国际协作平台逐渐转变为大国权力博弈的角斗场。然而,在北极气候暖化带来的系列连锁反应压力下,"协作共存"逐渐替代"零和博弈"成为北极治理的主导型理念导向,国际机制也在一定程度上拉开了与大国权力政治的距离,展现出国际协调的本色特征。国际机制协作始于共同的风险防控需求,兴于信息共享与集体协商的规模优势。在北极国家和非北极国家的共同促进下,解决国际机制脆弱性问题的切入口不再局限于特定国际机制的特定脆弱性源头,而是选择了一条以互助式协作替代自助式安全的风险规避路径,这也自内而外地增强了北极国际机制体系的稳定性。面对外部竞争环境的多维化与同类竞争的多元化,北极国际机制的主导型国家都认识到采取战略协作的重要性。在优势互补、风险共担的原则基础上,与其他国际机制建立全领域、多维度的稳定协作关系,能够实现强化核心竞争力、扩充国际政治资源、培养新兴治理能力、优化国际形象等目标,增强国际机制抗风险能力与竞争韧性。

第三节 北极经济治理国际机制协作的行为逻辑

北极治理全球化背景下的国际机制扩散,导致北极经济治理国际机制出现散布化趋势,国际机制之间的互动结果对北极区域治理产生深远影响。就北极经济开发的长远前景来看,北极经济治理需要构建整体性的国际机制体系,其中国际机制的灵活性与互鉴性成为实现国际机制协作的重要保障。

一、北极经济治理国际机制的散布化

当前国内外北极经济治理研究分为两个类别:一是主要围绕北极宏观经济现象展开理论探讨,二是对特定国际机制解决北极经济治理议题的实

践经验进行总结。随着国内外学界对北极区域、次区域国际机制研究的不断深入，关于北极经济治理国际机制的散布化研究逐渐成为学术关注的焦点。[1] 这些具有不同治理议题边界和国际协调能力的国际机制之间，存在着相互借鉴和相互竞争的辩证统一关系。北极经济治理国际机制散布化的现实，反映出北极利益攸关方的选择偏好与权力展示的差异性。既然北极地区尚未形成一个权威性国际机制，那么研究散布化国际机制之间进行协作的可能性，则成为国际机制理论创新的视野扩展机遇。

尽管研究北极治理的学术论著汗牛充栋，内涵与议题不断扩展，但很少有学者明确承认一个基本现实：北极国际机制并非遵循自我约束式发展，而是在主动扩展中相互竞争。这也意味着，北极经济治理国际机制体系是由不同层面的各个国际机制互动而成。[2] 虽然北极国际机制的散布化与多样化不难被学界理解，但如何阐释国际机制的散布化与协作化的内在关联逻辑，则是国际机制理论发展的重点方向，也是提升北极治理有效性的现实需求。

北极经济治理的机制化程度落后于北极治理合作的实际需要，相关国际机制的框架设计、议题设置等尚不完善，难以构建一套囊括所有北极经济治理政治议程的国际机制体系，整体呈现出一种散布化的特征。所谓"散布化"是指：由于北极地区各个国际机制的发展目标存在差异性，因此国际机制之间的"机制距离"相对较远，难以产生紧密的互动关系，这使得北极治理国际机制体系缺乏共同的理念内核，导致无论是单个的国际机制还是国际机制体系本身都存在脆弱性与动荡性，从而难以有效发挥国际协调的功能。[3] 随着全球化的扩展与全球性挑战的不断涌现，国际机制理论也出现了治理转向，国际机制成为全球和区域治理的核心要素。在北极治理的实践过程中，各国际行为体迫切需要在平等自愿和自由协商的基础上，提高北极治理的国际参与度，这就使得国际机制的研究视角开始从国际机制的内部运转规则研究转向国际机制的对外交往范式研究，其内嵌的逻辑理念则表现为各国际行为体能够成为负责任的北极利益攸关方，为

---

[1] Frank Biermann and Philippp Pattberg, "The Fragmentation of Global Governance Architectures: A Framework for Analysis", Global Environmental Politics, Vol. 9, No. 4, 2009, pp. 15 – 18.

[2] 王明国：《全球治理机制碎片化与机制融合的前景》，《国际关系研究》2013年第5期，第16—19页。

[3] 肖洋：《北极治理的国际制度竞争与权威构建》，《东北亚论坛》2022年第3期，第93—103页。

国际合作实现北极善治提供时代机遇。

北极经济治理语境中的国际机制散布化反映出北极经济治理特定领域进行国际协调所面临的多样性挑战，主要表现为以下三方面特征。一是国际机制密度增大。北极利益攸关方之间的外事实践不断增加，造成北极国际机制的数目逐渐增多，尤其是非北极国家作为观察员参与北极国际机制，使得北极地区的国际机制密度逐渐增大，北极治理的跨区域合作更加紧密。在一些次区域层面，甚至存在多个同质性的国际机制，如北欧次区域合作层面就存在北欧理事会、巴伦支海欧洲—北极圈理事会、北欧部长理事会等。[1]

二是议题领域相互交叠。北极经济治理的议题领域具有层级性，广域议题覆盖窄域议题，北极经济治理的复杂性和困难度不断提升，需要各国际行为体加强共同协商以应对公共挑战，这就使得每个国际机制在议题设置的过程中都存在内发性的议题扩展趋势。然而，每个国际机制的权威性增长都与议题领域覆盖范围扩展呈正相关关系，因此北极地区各个国际机制的议题扩展总体表现为一种无序扩展的状态，其最终结果就是形成议题领域的交叠设置重合。这不仅会造成国际机制进行国际协调的成本不断攀升，而且增大了国际机制的同质化现象。北极利益攸关方之间不断增强的经济相互依赖联系促使其极力避免国际机制的同向性发展与同类化竞争，激发各国际机制坚持特色化、高水平发展方针的同时，加强对外合作，以满足国际社会对新建多类国际规则的现实需求。[2]

三是国际规则供给相对过剩。国际规则是国际机制协调国家集体行动的重要法理依据，然而，随着国际机制议题领域与组织机构的扩张，国际机制之间难以明确国际规则的议题边界，因此出现了各国际机制围绕同一治理议题领域制定多个平行国际规则的现象。例如，在北极航运治理领域就存在国际海事组织、北极理事会、北极经济理事会等多个国际机制出台的多个国际规则。

此外，北极经济治理国际机制的散布化使得北极利益攸关方的范围不断扩大，国家政府、北极原住民组织、跨国公司等都被纳入国际机制的建章立制过程中。北极经济治理的散布化不仅降低了各国际行为体参与北极

---

[1] Fariborz Zelli and Harro van Asselt, "The Institutional Fragmentation of Global Environmental Governance: Causes, Consequences and Responses", Global Environmental Politics, Vol. 13, No. 3, 2013, pp. 1 – 3.

[2] Tana Johnson and Johannes Urpelainen, "A Strategic Theory of Regime Integration and Separation", International Organization, Vol. 66, No. 3, 2012, pp. 653 – 655.

经济治理的准入门槛，而且为非政府组织，甚至私有企业参与北极经济治理创造了条件。可以说，随着各国际行为体大量涌入北极治理，国际机制的对外互动过程也逐渐呈现出多样化，出现了跨政府国际机制、次国家政府间国际机制、公私合作国际机制等。以合作为代表的国际机制良性互动，也逐渐成为北极地区善治的总体背景。总之，国际机制散布化作为北极治理架构的现实模式，对国际北极合作产生了深远影响，也是对国际机制互动研究的积极扩展。

北极经济治理国际机制散布化存在于北极航运、环保、能源等议题领域。在北极航运治理领域，既有国际海事组织出台的《极地规则》，又有北极理事会出台的《北极海空搜救合作协定》。在北极环保领域，虽然北极国家都是联合国环境规划署的成员，但联合国尚未建立针对北极地区的环保规范，因此北极理事会以北极环保为宗旨，率先构建了相关国际规则。在北极能源开发领域，则由北极经济理事会和巴伦支海欧洲—北极圈理事会出台了相关国际规则。联合国能源计划署、国际可再生能源机构等也积极推动北极能源治理规则的制定过程。总体而言，由于北极地缘经济的复杂性原因，北极经贸领域呈现出多边协定与双边协定共存的治理态势。需要指出的是，一些国际机制对北极航运和能源治理议题的认知具有差异性，有的国际机制认为北极航运是国际安全问题，北极能源开发是环境政治问题，而有的国际机制则认为北极航运与能源开发皆是投资风险防控问题。

随着北极气候暖化带来的经济愿景日益明显，北极地区的跨区域贸易和资金跨境流动等问题备受关注，这也为北极国际机制合作提供新的契机。一方面，北极地区多边贸易谈判举步维艰，北极国家的经贸联系受到北极地缘政治格局影响，往往采取次区域经济合作优先于区域经济合作的策略。另一方面，非北极国家在北极地区的经贸投资不断增多，亟须在国际机制平台上维护自身北极经济权益，同时也逐渐不满既有某些北极机制被北极国家"门罗主义化"的趋势。在开放、包容、共赢的原则上推动国际机制合作，符合北极区域内外国家的共同利益。在北极区域经济治理的实践过程中，已经形成了以《联合国海洋法公约》为核心的北极治理机制与国际规则体系，这些多领域的国际规则与国际法文件的出台反映出北极经济治理机制的碎片化趋势。

"北极事务"的内涵随着北极治理议题领域的扩展而不断演变，各领域的治理机制大多滞后于北极经济开发的实践需要，究其原因还是机制惰性、权益分散和议题领域多元性。从北极经济一体化的长远目标来看，国际机制从散布化向协作化方向发展符合北极经济治理的客观需求。① 所谓国际机制协作化是指北极国际机制之间的协调与合作，尤其对同质性国际机制进行互补融合，以应对北极经济善治过程中存在的目标冲突与重复构建问题。换言之，国际机制协作化并非是鼓励机制竞争的优胜劣汰，而是为了避免大国主导下的国际机制因无序竞争所造成的资源浪费与运转低效化，其核心目标是建立稳定、有机的国际机制合作网络，以满足各北极利益攸关方对各类北极经济治理议题的共有利益诉求。②

北极经济治理的国际机制协作化，一方面为了协调不同北极利益方的分权倾向，另一方面也是为了减轻大国政治在国际机制中的集权倾向，其重点领域是国际机制的功能性协作。由于国际机制的散布化导致北极地区缺乏单一的国际规则体系，经济治理的成本与收益长期不平衡。就北极地区金融体系而言，包括以欧洲中央银行、美国联邦储蓄系统、国际货币基金组织等主导的各类混合式金融体系，以松散关联的方式各自监管北极次区域经贸活动，而在北极国际金融市场和跨区域经贸合作领域则缺乏监管合法性。为了规避系统性管理风险，北极国家就必须在协调一致的原则下，促进国际机制间的协调与合作，整合既有同类国际机制的功能属性以提高国际规则与国际标准的执行率。

由此可见，国际机制协作是实现北极整合式治理的关键环节。国际机制间通过协调国际规则和议题设置等领域的分歧，拓展既有北极经济治理的国际协作广度与深度，避免因国际机制脆弱性所导致的冲突型碎片化。

北极经济治理要实现同类和不同类国际机制间的协作，就必须注重从以下五个关键要素入手。一是协作成本。国际机制的参与数目与协作成效的不确定性必然产生较大的协作成本，协作成本的大幅攀升必将阻碍国际机制协作的稳定性与可持续性，只有做好协作成本风险管控，才能避免出现国际机制的再散布化。二是协作领域。国际机制主要是功能性协作，在有限理性的支配下，各个国际机制都倾向选择低风险、可操作性高的议题领域进行对外协作，如果对外协作议题领域的复杂性高于相关国际机制的功能属性，那么国际机制的成员就会由内而外地阻止国际机制的对外协作行为。三是利益互补性。国际机制的协作基于利益互补的前提，在不同领

---

① 国际关系学界关于治理形式的讨论包括三个方面，即经验化治理、整体化治理、碎片化治理。

② Sebastian Oberthur and Thomas Gehring, "Institutional Interaction in Global Environmental Governance: Synergy and Conflict among International and EU Policies", Cambridge: MIT Press, 2006, pp. 6 – 8.

域的合作就要求双方进行相应的利益交互，双方利益诉求的互补性越高，促成协作的可能性就越大，反之亦然。四是履约诚信。国际机制间的协作需要建立在一系列互信措施之上，以防止某一国际机制的违约行为导致整体协作实践的失效。五是大国主导。国际机制的主导型大国不仅是集体决策的核心，同时也影响国际机制的对外政策设计。在各自主导型大国的共同努力下，相关国际机制也更易于达成协作共识。

当前，北极国际机制之间已经出现了功能性协作。例如在北极跨境贸易监管领域，北极国家都遵照世界贸易组织与世界海关组织的相关国际规则。这两个国际组织原本互不隶属、彼此独立，但由于北极经贸环境的特殊性和对相关经贸监管机制的需求性，世界贸易组织将涉及"海关评估"与"原产地界定"这两项与海关治理相关的事务移交给世界海关组织管理，世界贸易组织的海关评估委员会与原产地规则委员会则移至世界海关组织总部布鲁塞尔办公。[1] 由于双方的协调只围绕海关管理的纯技术领域，因此能够发挥各自专业所长，分工明确。这一机制融合的案例不仅加速了北极国家进出口贸易的便捷化，而且为其他议题领域的国际机制合作提供了经验启示。

综上所述，北极经济治理国际机制从散布化向协作化演进是北极经济治理的现实需求，随着北极经济治理议题领域的快速扩展，各北极利益攸关方难以继续保持以邻为壑、独善其身，而促进各国际机制的优势互补符合各方的共同利益。要想实现北极经济善治，尽可能降低治理低效化，客观上需要加强国际机制之间的协调与合作。坦言之，国家作为北极经济治理的主要行为体，始终存在利益诉求差异与政策偏好差异，尤其是北极大国之间难以达成稳定的合作共识，这就使得北极地区的国际机制散布化状态长期存在，各国际机制建章立制进程的不断加快，也可能导致国际规范的交叉重叠和供给过剩，难以在短时间内形成完全一致的国际规则体系。造成北极国际机制脆弱性的各类风险仍然存在，使得整合国际机制功能的道路充满荆棘。

二、北极经济治理国际机制的协调性

北极地区的国际行为体通过国际机制转移或新建国际机制来实现自身

---

[1] 何力：《世界海关组织与WTO合作的制度基础和体制融合》，《海关法评论》2013年第1期，第44—47页。

的利益诉求，然而新建国际机制与既有国际机制之间并不必然形成迥异的治理风格，而是有可能存在延续性的机制设计。这就意味着无论是北极国家还是非北极国家，即使存在国家间竞争也不必然导致国际机制的竞争。笔者认为，对北极竞争性多边主义的研究过于关注国际机制之间的差异性与竞争性，而忽视了新建国际机制与既有国际机制、次区域国际机制与区域国际机制之间在机制设计过程中存在协调性，这种机制间协调功能的强弱依据双方在成员与议题领域的重叠性强弱。

国际机制间通过协商和互相学习，有可能具有相似的建章立制过程，从而降低国际规则的冲突性，防止成员因势利导。国际机制之间的协调既包括具体国际规范的协调，也包括专业分工与合作，从而双向提高北极经济治理的功能成效。在同一议题领域，国际机制之间既有可能存在国际规则竞争，也有可能形成国际机制间的协调或嵌套。北极经济治理的国际机制存在新旧之分，彼此之间存在共性化的机制设计结果，但这并不意味着双方存在明确的上下级关系，即使是不同维度的国际机制之间，哪怕在建章立制环节具有相似性，彼此之间的交流也是建立在相互尊重对方独立性的前提之上，更倾向于在平等协商的过程中实现政策协调。从机制现实主义的视角来看，北极经济治理国际机制间的协调过程，需要依据以下三方面的支撑要素。

一是主导国家的政策选择决定了国际机制之间的互动关系。国际机制都有主导国家或国家集团，后者决定了国际机制的发展方向与对外互动范式，不同主导国对国际机制发展的规划倡导，将形成不同的国际机制间关系。例如，倡导排他性和单边主义的主导国，往往极力打造既有国际机制的权威性与建章立制的先发优势，更倾向于与其他同类国际机制保持竞争状态；倡导开放性和多边主义的主导国，则鼓励跨北极经济合作的多元性，更倾向于加强国际机制之间的对话与合作。这里需要说明的是，虽然主导国在国际机制内部的话语权较高，但其他成员仍然具有一定的独立选择权和议题倡导权，它们对主导国的立场选择受制于国际机制运行的背景环境，而国际机制背景直接影响了成员对机制性收益的评估。国际机制之间协作程度的加深不仅会限制各自成员的投机性行为，还会影响国际机制主导国之间的沟通效率，使得国际机制对外政策更具有可预测性与稳定性。[1]

---

[1] 李宗芳：《机制复杂性背景下国际制度设计研究》，外交学院 2021 年博士毕业论文，第 116—121 页。

二是国际机制的灵活性高低与竞争烈度影响国际行为体的选择。既有国际机制的灵活性越高，对外协作的可能性越大。若围绕同一经济治理议题领域开展的国际机制竞争的烈度较低，那么新兴国际机制更倾向于出台新的国际规则以显示自身的与众不同；若既有国际机制的灵活性较高，能够主动调整相关国际规则的构建思路，加强与新兴国际机制的沟通与协调，那么新兴国际机制就有可能延续既有国际机制的建章立制主体思路，接收其主要国际规则。例如，北极理事会延续了《联合国海洋法公约》以及国际海事组织颁布的《极地规则》，一方面是由于联合国作为权威国际组织，其颁布的国际规则能够适用于北极地区的经济发展；另一方面，北极经济治理议题领域内的国际机制竞争烈度相对较低，国际海事组织享有先发优势，通常与北极区域国际机制之间难以产生实质性竞争关系。由于所有北极理事会成员都是国际海事组织成员，因此北极国家更倾向于在联合国框架下进行利益分配，同时将北极理事会、北极经济理事会与国际海事组织之间定性为协作关系，并主动参与国际海事组织的相关规则制定过程，并将北极理事会、北极经济理事会的规则制定与国际海事组织的相关国际规则挂钩，以增强其合法性与权威性。

三是延续性国际机制设计可以促进国际机制间的协调分工。国际规则是国际机制彰显国际协调能力的依据，因此国际机制间的国际规则协调可以避免相关国际行为体的履约冲突，同时限制了国家在不同国际机制间游走的投机主义行径，也可以有效防止国家企图通过竞争性国际规则而逃避履约责任的行为。

由此可见，随着北极地缘政治格局的变化与北极经济治理议题体系的扩展，国际机制间的竞合关系已然成为当前北极治理研究的重要议题。国际机制间的竞合关系既源于大国权力博弈的延续，同时也是治理议题重叠关系的国际机制之间争夺国际政治资源与权威的必然结果。在此将研究焦点聚集在国际机制间的协作关系，既不是否定北极地区存在国际机制竞争的客观事实，更不是脱离北极经济治理复杂性的盲目乐观，而是谨慎审视越来越多非北极国家参与北极经济治理这一独特现象，从而考量既有北极经济治理国际机制如何应对非北极国家的利益诉求。要回答这一问题，就必须从大国权力博弈与治理资源博弈这两条逻辑链来思考。

就大国权力博弈而言，北极大国已经主导构建了既有区域治理国际机制，这些北极区域国际机制的构建逻辑与北极国家的共同利益、北极大国的利益偏好基本契合。非北极国家往往以既有国际机制观察员的身份来参与北极治理，但其利益护持的话语权与成员相比显得较为弱势。非北极国家在既有北极国际机制中的"贡献与权利"不对等现象，引起非北极国家，特别是非北极大国的不满。按照权力转移理论的核心观点，国际机制反映了国家的利益偏好与权力对比，非北极国家存在构建或支持与其实力地位相匹配的国际机制安排。[1] 当非北极大国都参与到北极治理框架之中时，其维护自身合理北极权益的机制保障就是改良甚至新建北极秩序，新建国际秩序有别于美俄等北极大国主导的北极经济秩序。然而，北极治理权力格局的变动是否一定会促进既有国际机制的改革？答案是否定的。因为出于地理上的远离与力量投放的掣肘，非北极国家并不希望打破北极国家的主权管辖现状，而是希望在既有国际机制中获得更多的知情权、话语权，就目前非北极国家与北极国家的互动实践而言，非北极国家往往采取积极参与各类北极国家主导的国际机制的方式，而不是挑战既有北极经济治理国际机制体系。冷战结束以来，以美国、加拿大、俄罗斯为主导方的北极秩序，并没有将印度、中国、日本等非北极国家的利益诉求纳入其中，因此这类国际秩序是有限的，其面临的挑战不仅在于加强应对北极治理的全球化趋势，更在于如何提升既有国际机制的内部稳定性。[2] 既然既有北极国际机制能够让非北极国家受益，那么后者在参与北极经济治理的过程中，就会将外交重点放置于提升自身在国际机制中的话语权与影响力方面，以及促进不同国际机制之间的沟通与协作。

就治理资源博弈而言，每个北极经济治理议题需要的资源不同，在治理议题存在重叠性的国际机制之间，都会围绕治理资源的分配展开竞争，从而造成治理资源的稀缺性状态。虽然各个国际机制都为了获得建章立制权威地位而展开对治理资源的竞争，但应该认识到国际机制之间在治理目标和治理范围上具有兼容性。例如，北极理事会和北极经济理事会存在议题领域的分歧性，但北极经济理事会的目标与北极理事会具有相似性，即在保护北极生态环境安全的前提下，推动北极地区的社会经济发展。因此它们在北极经济开发的环保领域形成了协作关系。此外，当不同国际机制关注同一议题时，其自身的功能有可能存在互补性，因此可以通过分工协作来降低双方的竞争性，提升治理资源的分配效率。例如，在北极基础设施建设方面，非北极国家就与北极国家具有较强的互补性，北极理事会也

---

[1] Randall L. Schweller and Xiaoyu Pu, "After Unipolarity: China's Visions of International Order in an Era of U. S. Decline", International Security, Vol. 36, No. 1, 2011, pp. 44–50.

[2] ［澳］波波·罗著，袁靖、傅莹译：《孤独的帝国——俄罗斯与新世界无序》，中信出版社2019年版，第8页。

多次出台有关北极宽带建设、原住民定居点建设、关键航运基础设施等领域的国际规则,这就为既有国际机制的议题扩展提供了新的思路。

可以说,国际机制之间既存在竞争性,也存在协作性。大国政治与议题领域始终是影响国际机制对外互动的核心因素,北极经济治理所需的资源过于庞大,而既有北极国际机制所能积攒的国际政治资源远未能满足北极经济治理的现实需求,随着北极利益攸关方的利益诉求日益多元化,这就需要国际机制之间加强协作,促使各类经济治理议题顺利推进,凝聚区域内外行为体的治理合力,最终实现北极善治。

第六章 国际机制与北极经济发展的地缘政治经济格局

北极地区地缘环境极其复杂,既包含了中东欧地区地缘政治"破碎地带",也囊括了北大西洋、波罗的海等大国博弈焦点地区,还覆盖了北极军备竞赛、民粹主义、能源民族主义等社会不稳定领域,地缘安全风险态势严峻。事实上,北极国家出于本国北极战略诉求主动参与北极地缘政治博弈,造成北极跨区域地缘政治风险不断溢出。瑞典、丹麦等国家民粹主义政党上台、俄罗斯与北约国家的北极博弈、美国渲染俄罗斯"北极威胁论"等带来的地缘政治风险,都严重威胁和阻碍北极跨区域合作。[1] 厘清北极地区地缘政治风险演变规律,方能准确预判地区地缘政治风险演变。系统地、科学地评估北极地区地缘政治风险水平和厘清地缘政治风险因子与类型,有利于未雨绸缪,规避地缘政治风险,助推"冰上丝绸之路"。

第一节 北极地缘政治经济格局的冲突逻辑与规则导向

当今世界,和平与发展仍然是时代主题,但在北极地区近年来出现的军事化进程,使得北极地缘政治格局面临新的安全挑战。以军事力量来解决国家间的利益冲突,并不能实现北极地区的经济发展。国际社会较为赞同以协商对话取代冲突对抗,以经济合作取代军事对抗,用进出口贸易代替军备竞赛,用民生发展取代军事革新。随着北极地缘政治与北极地缘经济之间的联系日益紧密,各国之间的竞争已经从单纯的军事竞争演变为经

---

[1] Казаков М. А., Климакова О. Н., "Государственная политика России в Арктическом регионе: противоречивая поступательность механизмов формирования", Вестник Нижегородского университета им. Н. И. Лобачевского, Серия: Социальные науки, 2010, No. 2, C. 36 – 40.

济实力的竞争。换言之，决定北极地区发展愿景的核心力量是各国之间日益频繁的紧密联系。北极作为经济全球化的重要组成部分，必将形成跨国经贸网络，形成一种不对称相互依赖的商业合作关系，此外，北极经贸的发展在某种程度上也会加剧国家间的利益矛盾，促进经济协调国际机制的发展。一旦北极地区经贸的规模化发展成为现实，那将改变该地区长期依赖军事平衡来维持地区秩序的现状，而且还有可能改变北极地区国家间冲突逻辑，即一方所失即为一方所得的零和博弈模式。

一、北极经济的地缘冲突逻辑

北极经济治理的舞台仍然主要由国家或国家集团所把控，但每个国家的基本行为动机之一是要从事经贸活动。当然，由于北极国家之间还存在领土争端和战略对峙等地缘政治冲突风险，这就造成北极国家的另一基本行为动机是维护本国的防务安全。虽然俄罗斯是北极地区最大的军事强国，但仍然将北极经济开发列为国策，并与其他北极国家和非北极国家开展经贸对话与合作。可以说，只要美俄在北极地区仍然维持斗而不破的战略平衡，北极地区的经济发展就仍然是北极国家的共同利益诉求。毕竟当前北极国家仍然是基于地理区域之上的地缘实体，所以在发展经济的同时，必然要考量本国利益。即使是参与各类国际协调机制，也不会盲目遵循无视本国疆界的国际规则与经贸逻辑。

那么在国际机制框架下，北极国家愿意遵循何种逻辑呢？是试图通过北极开发来获取新的财源税源，还是愿意为了其他国家的利益诉求而做出经济让步？答案明显是前者，而地缘冲突逻辑则占主导地位。

首先，地缘经济管理是对北极国家治国能力的考验。国家对跨国经济事务的公共管理逻辑也是地缘冲突逻辑的组成部分，旨在尽可能实现本国利益最大化，而非寻求平等的国家经贸关系。例如北极经济开发所需的技术标准，通常是国内制造商达成共识后才向外进行项目导向的标准输出。例如中俄合作的亚马尔液化天然气项目，就采用法国道达尔公司的工程标准。可以说，地缘经济管理关系到一国北极地区开发的可持续性与长远收益，而其中最重要的是坚持科学技术标准自主权。

其次，北极国家通过新建北极基础设施以防止北极经济收益外流。北极国家鼓励国内外企业和融资机构参与北极基础设施建设，并提供优惠政策，其目标不是满足跨国集团的利益诉求，而是将北极经济的收益尽可能留在国内，以促进本国经济的发展。甚至希望尽早为本国北极经济开发奠定扎实的基础设施保障，获得相对于邻国的先发优势。例如，俄罗斯大力重建北方海航道的关键港口，并积极吸纳外国企业参与项目竞标。如今俄罗斯境内的北方海航道作为北极东北航道的核心组成部分，已经实现了全线通航，并通过提供沿途破冰船服务、修船与补给服务、海空搜救服务等，为俄罗斯北冰洋沿岸地区带来新的发展机遇，同时也奠定了俄罗斯在北极航运领域一家独大的地位。由此可见，北极国家的行为逻辑也是地缘冲突逻辑的组成部分。

最后，极地科技是北极国家开发北极的重要保障。科学技术在北极地缘政治格局中发挥着基础性作用，谁拥有了最新的北极经济开发科技，谁就能够最大化地实现本国利益，并将科技优势转化为地缘经济优势。北极国家在极地科技研发领域的不均衡性，导致了各国开发北极的深度与广度大相径庭。例如，挪威拥有世界领先的零泄露深水油气勘探技术，这使得挪威在西巴伦支海能够成功开采油气资源并向外国进行招标；俄罗斯拥有先进的核动力破冰船建造技术，这就使得俄罗斯在北极航运装备的军民融合领域具有先发优势。可以说，极地科技是北极国家最核心的竞争武器，当前北极地区形成以美俄极地技术为代表的两大地缘科技集团，双方存在长期的竞争性，这也体现出地缘冲突逻辑。

由此可见，北极经济治理的真实面貌仍然是冲突性的，即使冷战早已结束，但北极地缘政治仍然影响着北极地缘经济的发展，北极地区自由贸易仍然受到地缘政治逻辑的支配。因此，地缘政治经济学的相关知识背景能够阐明北极地缘冲突逻辑。

二、新常态背景下的北极地缘政治经济格局

当前北极地缘经济格局处于变动期。随着非北极国家的经济不断发展，对北极事务的关注程度不断提升，全球地缘政治支柱型国家都开始积极参与北极经济事务，造成全球战略资源逐渐向北极集聚，北极地缘政治格局也发生了相应的深刻改变，全球主要大国都已经参与到北极经济治理的进程之中。[1] 北极地区的格局从美俄为主导的两极状态逐渐向多极化方向发展，国家间的战略关系出现了新的分化重组，北极正进入地缘经济大发展的新时代。然而，北极经济仍然受到地缘政治的影响，北约北扩、俄

---

[1] 朱杰进、孙钰欣：《新兴领域国际制度改革的路径选择》，《太平洋学报》2022年第5期，第14页。

第六章 国际机制与北极经济发展的地缘政治经济格局

乌冲突、北极军事化、民粹主义抬头等都使得北极安全治理存在国际机制真空,北极经济愿景与北极安全隐患长期共存,形成了北极地缘政治经济格局的新常态。

北极区域经济合作与地缘政治经济格局密不可分。北极区域一体化已经从次区域一体化逐渐向区域一体化方向发展,各国都将促进北极区域经济一体化的国际机制作为地缘政治博弈的平台,其竞争的焦点领域是国家战略博弈、国际经贸规则博弈、北极经济利益再分配博弈。对于各国决策者而言,要想在北极经济治理国际机制中尽可能维护本国利益,就得准确界定既有北极地缘政治经济格局中的亲疏远近关系,对不同的互动对象采取针对性对策,以培育相对良好的地缘合作氛围。与北美、欧盟等传统经贸核心区相比,北极地区对区域外经贸关系的依赖度相对较低。俄罗斯作为北极价值链的核心枢纽,其总体上占欧亚大陆总体贸易量的比重较低,这也意味着北极经济仍然高度依附于欧亚美传统经济区。

如何界定影响北极地缘政治格局的经济要素变量?通常而言,北极有特定的生产方式和经济结构,大国的北极经济战略是影响北极地缘政治格局演变的重要因素。从地缘政治经济学的视角出发,将北极的经济制度结构作为分析重点,方能洞悉北极经贸联系背后的政治因素。当前北极地区的生产方式仍然以自然资源开发为主,包括能源开发、木材开发和矿产资源开发,以及远洋渔业捕捞。在广阔的原住民聚集区,仍然坚持着传统游牧、渔业捕捞等生产方式。[1] 可以说,所有北极国家的北方地区,都相对于南方地区而言经济较为落后。此外,北极国家对其北极地区经济管理的制度结构仍然存有差异性。俄罗斯通过强有力的行政区划来加强对北极地区的控制力,建立了以摩尔曼斯克为核心的经贸示范区,以扩大与欧洲国家的贸易往来。加拿大反对将境内的北极西北航道公海化,因此其北部领土仍然受到北极原住民社区和当地政府的双重管辖。北欧国家仍然坚持"南方主义",将北部领土开发与原住民权益维护等事宜纳入南方首都地区所规划的国家发展蓝图之中,例如丹麦通过经济和军事方式,牢牢掌控了格陵兰的资源开采权,断绝了格陵兰原住民政府获取独立资金的渠道。

那么北极地缘政治结构的变化又将产生何种经济影响呢?北极地缘政治格局与大国权力政治的变动都将产生明显的经济效果。例如,近年来美国奉行的"美国优先"策略,就使得美国在与其他北极国家的经贸互动过

---

[1] Robert O. Keohane and David G. Victor, "The Regime Complex for Climate Change", Perspectives on Politics, Vol. 9, No. 1, 2011, pp. 8–9.

程中，容易产生单边主义和贸易保护现象。俄乌冲突爆发以来，美国联合其他北极国家对俄罗斯实施经济制裁，不仅冻结俄罗斯的海外资产，还大量撤回在俄罗斯的投资项目。尤其是芬兰、瑞典加入北约之后，俄罗斯呈现出全面防守的态势，北极地缘政治格局产生较为明显的改变，同时也对俄罗斯开发北极的长期经贸规划带来了阴影。① 北极地缘政治结构的变化不仅带来单边主义盛行，而且产生了多边谈判困境和国际机制失效、北极经济治理缺位等现象，因此，维持北极地区安全稳定，减轻地缘政治因素对北极经济开发的影响，建立开放性和包容性的北极经济秩序符合各北极利益攸关方的共同利益。北极经济开发是一个需要庞大资金和科技投入的系统性工程，没有哪个国家能够凭借一己之力完成，而是需要国家间在人才、资金、技术等领域的互助合作。

北极在世界地缘经济格局中的地位日益重要，并对全球地缘政治经济格局产生深远影响。一是北极东北航道的开通将相对削弱传统欧亚航道的地位，使得东北亚国家有了替代性航路选择，并较大幅度降低了运输成本。二是削弱了俄罗斯的北部安全防线，使其在东中西三面都暴露在北约的威慑范围之内。三是俄罗斯与东亚国家的经贸合作将进一步紧密，中俄北极能源合作将带来新的发展机遇。北极地缘政治经济活动归根到底仍然受制于地理环境的影响，而北极未来的开发进程不仅将资源禀赋转变为经济财富，而且这些财富的地理再分配过程又将反作用于北极地缘政治格局。

三、北极经济竞合关系中的政企二元性

每个国家都希望在北极经济开发中获取综合优势，从而都开始在北极政策构建中逐渐实现地缘经济转向。不容置疑的是：虽然北极地区长期以来都是大国冲突的边缘地带，但北极气候暖化导致北极地区开发难度的下降，特别是可通达性的提升，使得各国开始思考如何应对发生在北极地区的国际矛盾。事实上，军事手段仍然是现代国家解决外来威胁的重要方式。对于一个国家来说，要想实现经济上的超越，就得从战略设计领域提升竞争力。虽然地缘冲突逻辑要求采取必要的合作来应对共同的对手，但经济逻辑则要求竞争与合作并存。在经济全球化的背景下，

---

① 刘涵：《芬兰对华北极政策的最新变化、原因与前景》，《极地研究》2020年第3期，第395页。

国家间的贸易摩擦不断增多，不仅导致各类报复性措施增多，还会促进各国在自我完善经济行为的同时，探寻在多边机制框架下开展合作的有效路径。在这种竞合关系的共同作用下，国家间的贸易争端不再是仅仅通过政府层面的干预才得以解决，而是有可能在国际机制框架下设置共同遵守的国际规则，以规范无序化的经济竞争态势，使得国际商贸争端的解决有法可依。

北极地区经济发展并不是重商主义的回归，而是地缘政治经济学的一次重要实践。因为重商主义的本质是追逐财富，而地缘政治经济学的实践目标则在于如何在北极地区增加更多的就业岗位。重商主义的结果是军事手段解决经贸摩擦，但这种耗资巨大的军事对抗只能起到短时期的威慑作用，尤其是在北极地区有俄美两个核大国的背景下，常规化的军事对抗难以获得预期的战略目标。因此，当北极地区的经贸摩擦转化为政治冲突，那么此类冲突的解决也必然依赖于经济手段。需要说明的是，国家与跨国公司将成为北极地区最具代表性的经济行为主体。[①] 虽然国际政治领域仍然以国家为主导，但在经济领域，国家的影响力则相对小得多。为此，各国都鼓励本国企业参与北极经济治理，并且在科技研发和政策扶持方面予以支持。因此，地缘经济化的国家与公司之间在北极地区进行积极互动。国家在国际机制的建章立制过程中为企业行为提供规范依据，对于重点行业领域，国家则会以"幼稚产业保护措施"、维护国家安全等理由，拒绝对外开放，从而维护本国企业的既得利益。此外，国家为了实现北极战略目标，会鼓励甚至指导本国企业参与北极经济事务。例如，日本就采取"商进官随"的策略，鼓励笹川和平财团等以民间企业身份开展北极科考和商贸合作，在收集足够多的北极政治经济信息后，才颁布政府层面的北极战略文件。地缘经济化的国家不仅时刻提防竞争国精心栽培的外国企业，同时还努力培育本国的优质企业积极参与其他北极国家的项目招标。于是，一场北极地缘政治经济博弈掀开了序幕，每一个参与北极经济治理的国家和企业，都将面临从未有过的地缘政治经济风险考验。

---

① 鲁特瓦克、吴蕙：《从地缘政治学到地缘经济学——兼论当代世界经济的冲突逻辑与经济规则》，《现代外国哲学社会科学文摘》1991年第4期，第9—11页。

第二节　国际机制与北极地缘政治经济格局的互动模式

一、北极经济治理国际机制的利益分配模式

国际机制是大国之间利益协调的产物，受到大国主导的地缘政治经济格局变动的深远影响。虽然国际机制在组织国家集体行动的过程中发挥了积极作用，但反观国际关系史的风云变幻，国际政治经济格局的演变才是国际机制产生或消亡的重要外在因素。北极地区波谲云诡的国际形势变化，使得整个北极地缘政治经济格局都显示出动态演变过程。国际机制作为国家间政治经济博弈的重要平台，也随着国际形势的变化而不断调整。当前北极地缘政治经济格局中的国际机制，可以根据其利益分配方式的不同划分为以下三类。

一是公利型国际机制。这类国际机制的成员能够通过平等协商解决涉北极经济治理事务，制定符合所有成员共同利益的国际规则。公利型国际机制通常由各国政府组成，能够反映国际社会共同观念和利益诉求，旨在解决全球或区域治理难题，因此具有明显的国际权威性。在此类国际机制中，建章立制的议题领域最为宽广，成员的数量最多，地理分布也非常广泛，具有较为完整的国际规则体系和决策程序，能够有效影响和规范成员的行为。公利型国际机制具有较强的抗风险能力，这是因为该机制的主要业务领域并不局限于北极地区，且所有北极国家和重要非北极国家都是该国际机制的成员，出于长远利益的考虑，都不会坐视北极地缘政治冲突造成公利型国际机制的权威性受损。国际海事组织、世界贸易组织等都属于公利型国际机制，这些国际机制将成员共同关心的北极特定经济治理议题作为建章立制的新着眼点，从而进一步巩固这种基于风险管理的平等协作模式，并将共享、共建、共治等观念纳入国际机制内部的合作过程中，防止大国的单边主义和霸权行径。公利型国际机制的利益分配是均沾型模式，受到弱国小国的支持。但北极地缘政治经济结构存在明显的等级化特征，只有在极为特殊的议题空间下才能实现近乎平等的合作，因此，公利型国际机制虽然较能经受北极地缘政治经济环境压力的考验，但仍然时刻面临北极大国主导利益分配与议题设置的强权政治风险，其建章立制的过

程需要协调多重利益纠葛,因此效率有待提升。

二是集团型国际机制。集团型国际机制是特定地理范围内的国家集体共建,建章立制按照协商一致原则进行。集团型国际机制具有明显地缘临近特征,解决的治理议题领域也限定为特定区域。集团型国际机制以北极区域和次区域国家为主,每个成员都主动出让部分权益与其他成员合作,形成通畅的沟通机制和相对平等的利益分配关系。集团型国际机制具有较强的凝聚力,由于是由彼此临近的国家共同组成,彼此面临的治理困境与利益诉求较为相似,因此较易达成合作共识。首先,集团型国际机制所代表的利益既然有地域限定性,其利益分配的原则自然也是对内开放、对外封闭。这种联合自强的自治型国际机制,合作秩序建立在自愿、平等、公平、透明的基础之上,每个国家权力让渡都不会导致某个国家的权力暴增,从而危及国际机制的平等性。其次,集团型国际机制的动力还来源于对国家行为的制约力,能够在一定程度上提供合作预期。由于集团型国际机制的成员不是很多,任何一个国家的违约行为都有可能引发国际机制的整体停滞,因此各国都在努力提升决策信息透明度的同时,尽力保持政策的一致性,以增强国际机制的跨国协调功能。① 正是由于集团型国际机制高举区域、次区域共同利益的大旗,才增强了成员之间的权力对等性,缩小了由此产生的利益分配差距。最后,集团型国际机制的天然排他性,使得其在增强内部联合的同时,对外持保守主义态度,很难与那些持对外开放政策的国际机制进行长期竞争,部分次区域集团型国际机制往往偏安一隅,按照当地政治文化特色进行小范围的务虚化治理实践,因而长期处于北极国际机制体系的边缘地位。总体而言,集团型国际机制的利益分配大体上仍采用平均主义模式,但国际影响力则有强弱之分。具有较强国际影响力的集团式国际机制是北极区域性经济机制,包括北极经济理事会、北极圈论坛等,巴伦支海欧洲—北极圈理事会也属于此类;国际影响力较弱的集团式国际机制则多为北极次区域经济机制,包括西北欧理事会、北欧理事会等。然而,需要说明的是,集团型国际机制虽然存在规模大小之分,但成员对机制内合作的认同度较高,遵约意愿较为强烈,因此此类国际机制的稳定性较高,在一些特定区域治理议题上具有影响力。

三是主导型国际机制。国家在主导型国际机制中,采取制度寻租的利益分配方式,即利用制度霸权来获得收益。在这类国际机制中,大国(霸

---

① Robert O. Keohane and David G. Victor, "The Regime Complex for Climate Change", Perspectives on Politics, Vol. 9, No. 1, 2011, pp. 8 – 9.

权国）名义上拥有和其他成员相等的权力，但实际上则可以凭借自身的超强国力来左右国际机制的议题设置，迫使大部分成员支持其政策主张与议程倡议。主导型国际机制虽然实质上受到大国的领导，但为了获得其他意识形态相近的成员的支持，大国往往会选择分享部分权益，甚至不惜推行"门罗主义"来实现北极国家集体垄断北极事务。主导型国际机制虽然客观上展示了大国的优势地位，但其推行的集体垄断北极经济治理话语权路径，也符合其他中小北极国家的利益诉求。因此，在集体性制度寻租的诱惑下，大部分国家都选择默认大国的超强地位，并共同推动主导型国际机制向权威国际机制的方向发展，以获取更大的建章立制话语权。[①] 当前北极理事会就属于主导型国际机制。

二、北极经济治理国际机制中的国家行为

国际机制具有制约国家主权、调节国家间互动关系的功能，其对国际社会的改变并非是更改国际社会的政治经济结构，而是改变国家计算收益的思维方式。在成本—收益的理性权衡下，国家会更深入地研判各种利益关系，以随时调整决策思路。北极地缘政治经济结构的核心力量是主权国家，国家始终存在私利性的冲动，其对国际机制的遵约意愿源于国际机制在多大程度上满足自身的利益诉求。本书之所以多次强调北极国际政治经济格局变动对国际机制的影响，是因为国际政治经济格局先于国际机制而产生，后者随着国际政治经济格局的变动而变动，并对北极政治经济格局产生反作用。国家和国家集团才是组成北极政治经济格局的基本单元，在无政府状态下，每一个国家在北极地区的实践，都始终围绕"安全"这个核心目标来推进，靠建立信任措施来避免国家间的"擦枪走火"。但国家对别国的意图和能力总是心存疑惧，为了摆脱这种安全困境，国家往往通过增强自我经济军事优势和对外进行经济军事结盟这两种方式来寻求安全保障。通常而言，国家更希望通过提升自身的权力来保障安全。

在机制现实主义者的视角下，国家对国际机制谈不上有多么大的忠诚度与信赖度，而之所以仍然接受国际机制的相关约束，是因为国际机制的规则约束力本身就是一种权力来源，如果国家能够获得国际机制建章立制的主导权，就有可能通过规则设置来约束其他国家的行为，从而获得权

[①] 艾喜荣：《话语操控与安全化：一个理论分析框架》，《国际安全研究》2017年第3期，第71页。

力。当然，这是对于那些有约束能力和国际影响力的国际机制而言的。事实上，北极地区能够出台具有约束力的国际规则的国际机制仍然寥寥无几，大部分国际机制都只出台了倡议、指南等没有强制约束力的软规范，这些国际机制往往成为国家间表达利益诉求的"清谈馆"，无力组织成员采取集体行动，而是小心翼翼地在国家权力面前发挥着信息沟通的桥梁作用。在北极理事会等由北极大国把持的国际机制中，大国都将国际机制视为自身谋取长远制度权力和制度收益的工具，对其他中小北极国家也极尽安抚诱导之能事，说服它们与北极大国一道组成集体垄断北极事务的攻守联盟，并通过分享利益、提供公共产品、确定成员特权地位等方式巩固内部稳定。[1]

  国家是理性行为体，为了实现本国利益最大化，国家在国际机制中的行为就有可能出现趋同或趋异两种表现形式。国家行为趋同，则表明国际机制与国家利益的契合度较高，国家愿意遵循国际机制的规范安排，背离行为相对减少；国家行为趋异，则表明国际机制与国家利益的契合度较低，国家不愿遵循国际机制的规范安排，背离行为相对增多。此外，国家是否遵守国际机制，不仅取决于共同利益，还在于国际机制的"硬法化"趋势，即国际机制是否能够拥有强有力的国际规则约束力，并对国家的违约行为进行惩罚。国际机制虽然能够增进国家间的互信与合作预期，但并不能完全消除国家行为的不确定性。国家具有机会主义倾向，如果违约能够为自身带来更多利益，国家就有可能采取背离国际机制的行为来实现本国利益最大化。国家就北极地缘政治和地缘经济展开的双边或多边博弈，都不可避免地面临如何利用国际机制为己造势或防止竞争对手利用国际机制对己施压。只有当国家的违约成本远高于违约收益，国家才不会轻易选择背离国际机制，因此，国家在国际机制中的行为悖论就表现为"遵约还是背离"的行为选择之间。对于北极大国而言，其在国际机制中的行为受制于两方面的考虑：违约收益与受制裁的可能。在一个国际机制中，大国的数目越多，发生背离的可能性就相对越高，反之就越少。即使是在主导国（霸权国）建立的国际机制中，即便主导国选择遵约，但如果其他大国出于获取更大利益的考量，则同样可能因诱惑而违约。而且，随着国际机制的规模不断扩大，边际收益低于边际成本，大国也有可能背离国际机制而走向单边主义或结盟的道路。例如，美国为了遏制俄罗斯的北极崛起，不惜破坏北极理事会的内部团结，拉拢其他北极北约国家，共同构筑对俄

---

[1] 郭培清、杨楠：《论中美俄在北极的复杂关系》，《东北亚论坛》2020年第1期，第26—41页。

罗斯的遏制圈。随着北极地缘政治经济环境的变化，北极国家的收益预期评估也随之变化，并相应改变政策立场。例如，俄乌冲突爆发以后，芬兰和瑞典放弃二战以来长期坚持的中立政策，申请加入北约，从而使得北约完成了北扩的战略图谋。

三、北极经济治理国际机制的低效化

并非所有的国际机制都能够永远存在，一些国际机制最终有可能走向式微甚至瓦解。国内外学界往往只关注国际机制的进化和有效性问题，却很少关注国际机制的退化和低效化问题。这里根据北极地缘政治经济格局的实践经验，认为造成国际机制低效化的原因主要包括以下几个方面。

一是国际机制的组织化程度不够。国际机制虽然能够起到国际协调的功能，但并非都能实现行政化的发展，因此也无法通过组织机构来进一步凝聚国家的忠诚，积攒公共资源。一些次区域国际机制并没有形成制度化的会晤机制，成员之间也并未形成定期会晤安排，没有设置常设秘书处等机构，成员之间只是根据北极经济治理的情势变化才择机举行会议。由于北极地区的国际机制普遍存在价值观层面的分野，民族利己主义与国际合作主义之间长期存在矛盾，国际机制难以消除国家间的利益冲突，也难以通过树立共同遵守的道义准则来提供集体行动准则。[1]

二是国际机制规避大国冲突的能力在变弱。在后冷战时代，北极国家对冷战的记忆不断消退，对北极军事化的担心逐步减弱，尤其是关于东西方战略对峙的记忆与避免战争的动机意识快速消退，各国对于国际机制的功能认知，从维护地区平衡逐步转变为国家谋取私利和进行国际竞争的工具。[2]

三是地缘权益的再分配。由于北极地区仍然存在美（西方）国家与俄罗斯的二元对立，整个北极经济治理的国际机制构建过程也并非受到正统机制主义学派的影响，而是在权力政治的漩涡中沉浮。北极地区的地缘战略价值吸引着世界各大国的高度关注，无论是北冰洋沿岸五国的海底划界争端，还是非北极国家纷纷主张北极治理应该在联合国框架下进行，都反映出一个不争的事实：冰雪逐渐消融的北极已经迎来区域内外国家共同掀

---

[1] Adam Lajeunesse and Timothy Choi, "Here there be Dragons? Chinese Submarine Options in the Arctic", Journal of Strategic Studies, June 23, 2021, pp. 7–9.

[2] Stephen D. Krasner, "International Regimes", Cornell: Cornell University Press, 1983, pp. 182–188.

起的地缘权益再分配博弈。在这次地缘权益的再分配过程中，北极国家并非拥有绝对优势，空间科学技术与全球核恐怖平衡使得北极国家不得不重视非北极国家的利益诉求，而不能因地缘毗邻就将北极地区列为本国的"禁脔"。北极区域内外国家的战略利益博弈将有可能加剧国际机制的工具化特征。

四是各国北极安全政策的嬗变性。北极地区总体分为欧洲、北美洲、俄罗斯三大地缘板块。欧洲地缘权力结构呈现出全面"北约化"的特征，俄乌冲突与叙利亚危机都使得欧洲地缘经济文化面临外来人口的不断施压，欧洲民粹主义暗流涌动，美国对欧洲的控制力不断增强，这都使得欧盟的地位日益脆弱，难以产生可持续的北极政策体系。北极地缘政治格局呈现出战略上"美攻俄守"，战术上"俄攻美守"的错位特征，其本质是俄罗斯利用北极经济开发来振兴国力的战略设计不断被美国及其北约盟国打破，造成俄罗斯的北极战略安全困境。由于俄罗斯面临的境地，其对北极理事会等区域国际机制的影响力不断被西方国家的机制霸权所削弱。

当前以北极理事会为代表的国际机制已经在俄乌冲突中逐渐式微，几乎沦为美国及其北极盟国单方面排斥俄罗斯、主导北极治理的工具，其权威性已经大不如前。虽然俄罗斯始终不放弃在北极理事会中的成员地位，但美国在北极理事会框架下绕开俄罗斯进行小集团集体决策的行径已经昭然若揭，这与七国集团排斥和孤立俄罗斯的做法如出一辙。[1] 当今世界经济已经难以回到新冠疫情暴发之前的状态，俄美、俄欧关系即使能够通过谈判有所缓和，也将以一种全新状态在北极地区共存。回到北极理事会的独立性与有效性问题，本书认为，北极理事会难以成为国际组织的核心原因，就在于俄乌冲突爆发后，这个本该成为协调俄美、俄欧紧张关系的国际机制逐渐被美国的北约同盟体系所侵蚀，而同盟政策的本身就具有对抗性与冲突性。美国需要树立俄罗斯的"敌国形象"以维持盟友体系的稳定，这就必然将北极理事会带入意识形态与地缘政治对抗的泥淖之中。逐渐"北约化"的北极理事会终究不仅难以向国际组织方向发展，反而被美国的北极利益所裹挟，逐渐丧失灵活性，难以通过有效的地缘危机管理方式来缓和北极国家之间的战略矛盾。

北极北约国家为什么以对俄冲突的方式来进行北极地缘政治权益的再分配？其深层次原因主要有二：一是面临北约对俄罗斯的"双钳攻势"，

---

[1] Bill McSweeney, "Identity and Security: Buzan and the Copenhagen School", Review of International Studies, Vol. 22, No. 2, 1996, p. 81.

俄罗斯在北极地缘安全利益上再无让步的可能；① 二是俄罗斯与北极北约国家之间的政治文化与战略理念差异性已经引发双方的全方位互不信任。北极地缘经济国际协调的地缘权力均势基础已经随着北约北扩而几近破坏殆尽，整体北极治理体系呈现出美（西方）国家单边主导下的不稳定状态。北极地区的国际机制主要由追求自我利益的最强国所主导，北极理事会的停滞与美国的北极战略立场变化息息相关，之后，机制主义理念对北极国际机制的影响力有可能越来越小，意识形态、价值观念与政治制度的相似性反而有可能被北约国家作为集体决策与集体行动的重要依据。

第三节 北极地缘政治经济格局的安全风险与研判路径

地缘政治风险是国家或国际体系遭受地缘政治冲击的一种反映。一方面，地缘政治风险表现为国际关系的稳定秩序与和平态势受战争、民粹主义活动、国际冲突等事件的影响；另一方面，地缘政治事件将会带来直接或者间接的经济损失与地缘关系波动。因此，地缘政治风险是因社会动荡、大国斗争、武装冲突、民粹主义等地缘事件造成的威胁。在过去20多年间，地缘政治风险在北极治理进程中的不确定性、外溢性风险不断加大，国内外学者对地缘政治风险的关注度增强，更多地解析了地缘政治风险的发生过程、空间分异、驱动机理等议题。② 地缘政治风险的爆发是外部地缘因素和内部冲突因素交织的作用过程。不同地区对地缘政治风险的敏感程度具有显著的区域差异性。国际层面的大国施压、地区层面的域内冲突风险外溢和国内层面的族群问题和贫富差距等相叠加，共同驱动着地缘政治风险演变，而气候变化、信息技术、能源等新的地缘因素博弈正在驱动地缘政治风险走向更加复杂、更加不确定的时代。这些研究在深化地缘政治风险认知的同时，推进地缘政治风险研究从发生过程与原因解析走向深层背景透视和驱动机制。全球气候变化与经济全球化，

---

① 肖洋：《北约对俄"双钳攻势"的波罗的海拐点》，《太平洋学报》2017年第1期，第40—47页。

② Reinhard Biedermann, "China's Impact on the European Union's Arctic Policy: Critical Junctures, Crossovers, and Geographic Shifts", Asia Europe Journal, Vol. 19, No. 4, 2022, pp. 478–480.

催生了国家间互动关系验算方法的新范式,从而驱动地缘政治风险演变。对这些问题的研究奠定了进一步模拟地缘政治风险过程,对未来可能形成的地缘政治风险进行预估判断,并制定相应的风险防范措施和应急管理措施体系的基础。

早期地缘政治风险研究注重多尺度多因子分析,常基于定性分析透视区域地缘政治风险态势和经济因素、社会动荡、权力竞争及资源环境等成因。由于定性分析无法精确量化把握地缘政治风险态势,地缘政治风险解析逐步从定性研究转向定量分析和可视化分析。在指数方面,关注度指数、政治制度指数和经济质量指数等影响地缘政治风险的直接或间接指标被用来刻画地缘政治风险强弱。在模型运用上,引力模型、系统分析、非线性自回归等模型被用来评估贸易、投资、能源等经济要素的地缘政治风险。在风险可视化上,地缘政治风险雷达图、国家风险等级评估报告、全球地缘政治风险地图等为描绘地缘政治风险提供了重要信息支撑。随着深空遥感、地缘环境监测等技术手段的进步,北大西洋地区、巴伦支海、白令海峡、科拉半岛等北极地缘政治敏感地区的领土冲突、外交危机、军事冲突等地缘政治风险监测与预估更加精准。[1]

作为大国博弈的新兴地区,北极大国竞争和制衡反应强烈,传统和非传统地缘安全因素等困扰着北欧、波罗的海等"破碎地带"的发展。从国家来看,北极地区政治风险的国别分布具有高度集聚性,俄罗斯、美国等国家政治风险最大。从工程项目来看,巴伦支海油气开发搁置、北极铁路项目暂停、中冰北极科考站运转不畅等主要是遭遇地缘风险,而不是某种单一的经济风险或政治风险。从企业来看,地缘政治风险阻滞了中国企业"走进北极"。这些研究对于防控"冰上丝绸之路"地缘政治风险具有重要参考指导意义,但这些研究大多是对"冰上丝绸之路"地缘政治风险态势的定性剖析和基于单一风险要素指标的评判,如何实现地缘政治风险的多维度、多要素综合评估?如何识别北极地区地缘政治风险的主导因子?如何划分北极地区地缘政治风险的类型?这些都是地缘政治风险研究亟待解决的问题。为此,本书聚焦北极地区地缘政治风险的综合评估和特征解析,构建多维度、多要素的地缘政治风险指标体系,运用熵权-TOPSIS法分析北极地区地缘政治风险的时空演变规律,利用障碍度模型分析地缘政治风险因子空间异质性,运用最小方

---

[1] Roxanana Sjostedt, "Ideas, Identities and Internalization: Explaining Securitizing Moves", Cooperation and Conflict, Vol. 38, No. 1, 2013, pp. 143-164.

差法划分北极地区各国地缘政治风险类型,以期为"冰上丝绸之路"地缘政治风险的研判与防控提供支持。

一、研究方法和数据来源

(一)指标体系

已有的北极地缘政治风险评估主要从政治、经济、社会三个视角展开。政治视角下地缘政治风险评估主要基于政治稳定、法制程度、腐败控制等国家治理指标开展测度,[①] 经济视角下地缘政治风险评估主要依据贸易、投资或行业的依赖度刻画地缘政治风险,[②] 社会视角下地缘政治风险评价主要基于民粹主义、宗教矛盾、族群冲突等衡量风险等级。然而,上述三个视角下的地缘政治风险评估,都在一定程度上放大了某一视角下地缘政治风险指标,弱化了其他维度的风险指标,使得最终风险测度结果不够精确。事实上,地缘政治风险作为一种囊括政治、经济、社会等多种要素的复合系统,只有综合政治、经济、社会多种维度的指标评估才能得到精确结果。此外,大国地缘战略竞争和区域内国际地缘利益博弈带来的外部干预是地缘政治风险产生的重要诱因之一。因此,本节从政府治理、经济发展、社会稳定、外部干预4个维度共14个指标来构建北极国家地缘政治风险评估指标体系,并基于指标对地缘政治风险作用赋予正负方向。

在政府治理维度,政府的执政水平与国内政治风险息息相关。高效廉洁的政府机构,能够维护国内社会稳定和发展,及时防范和控制地缘风险,而低效的政府机构的公共管理能力低下,表现为行政效率低、政府权威性不足、官员腐败、政局不稳等,是直接诱发跨区域地缘政治风险的重要因素。这里选取发言权与问责制、政治稳定性、政府效能、监管质量、控制腐败、法治水平6个指标来评估政府治理维度的地缘政治风险。

在经济发展维度,稳定可持续的经济发展是维护地缘政治安全的重要支撑。经济发达、经济增速平稳、通货膨胀率低的国家抗地缘政治风险干扰能力更强。因此,这里选取GDP增长率、人均GDP、通货膨胀率3个指标来刻画国家经济发展对地缘政治风险的抗干扰能力。

在社会稳定维度,失业率和贫富差距是造成社会动荡的重要因素。此

[①] 刘海猛等:《"一带一路"沿线国家政治—经济—社会风险综合评估及防控》,《地理研究》2019年第12期,第2966—2984页。

[②] 王淑芳、葛岳静、刘玉立:《中美在南亚地缘影响力的时空演变及机制》,《地理学报》2015年第6期,第864—872页。

外，一国的军费支出占GDP的比值持续走高，意味着国家的防务安全风险不断攀升，也会影响社会的稳定和民心的安定，这些都会自内向外地引发地缘政治风险。这里选取失业率、基尼系数、军费开支这3个指标来评估社会稳定维度的地缘政治风险压力。

在外部干预维度，各国经济在经济全球化中相互依赖，但高度依赖国际贸易则易于带来地缘政治风险。本节选取商品和服务进口、商品和服务出口作为评估国家对外经济依赖程度的两个指标。商品和服务进出口占GDP的比例越高，则表明该国经济对国际贸易的依存度越高，受到国外干预诱发地缘政治风险的可能性越高，国民经济安全的脆弱性越高。

表6-1 北极国家地缘政治风险评估指标体系一览表

目标层	维度层	指标层（因子）	单位	指标方向
北极国家地缘政治风险	政府治理（G）	发言权与问责制 A_1	指数	正
		政治稳定性 A_2	指数	正
		政府效能 A_3	指数	正
		监管质量 A_4	指数	正
		控制腐败 A_5	指数	正
		法治水平 A_6	指数	正
	经济发展（E）	GDP增长率 A_7	%	正
		人均GDP A_8	美元	正
		通货膨胀率 A_9	%	负
	社会稳定（S）	失业率 A_{10}	%	负
		基尼系数 A_{11}	指数	负
		军费开支（占GDP的百分比）A_{12}	%	负
	外部干预（I）	商品和服务进口（占GDP的百分比）A_{13}	%	负
		商品和服务出口（占GDP的百分比）A_{14}	%	负

本表为笔者自制。

（二）研究方法

1. 熵权-TOPSIS法

熵权-TOPSIS法是优劣解距离法与熵权法的结合运用，用于研究评价对象与"理想解"（正理想解和负理想解）的距离情况，最终得出相对接近度的数值。熵权是客观依据各指标所提供的相关信息，从而确定该指标的权重。熵权的目标是反映出各指标的重要程度和指标权重的变化程度。

TOPSIS法能够根据给定对象与理想化目标的接近程度进行排序,从而对给定对象进行相对优劣的评价。这里采取熵权-TOPSIS法,不仅可直观体现各评价指标的相对重要性,还能够通过综合衡量评价指标与"理想解"之间的距离,来研判北极国家地缘政治风险的强弱情况。具体演算步骤如下所示。

数据逆向化处理。由于原始数据data中有逆向指标(数字越大反而越不好,如失业率、通货膨胀率等),则需要对数据进行逆向化处理,让数据都变成正向指标(数字越大越好,如GDP增长率、人均GDP等),逆向化的计算公式是:(Max - X) / (Max - Min)。

指标去量纲化(数据标准化)处理。由于这里各评价指标的量纲(单位)客观上存在大小和正负数差异现象,会对演算结果的准确性产生影响,且运用熵值法要求数值不能为0或负数,否则就无法产生计算结果。因此,为了消除指标量纲的限制,需要对指标进行去量纲化处理,即对原始数据data进行去量纲化后得到新数据new data 1。但去量纲化处理的前提是不能失去原始数据data的相对意义。

这里采用区间化方法对不同正负方向的指标进行去量纲化处理。区间化就是将数据压缩在[a, b]范围内,旨在保持数据梳理单位的统一性。a和b是本节设置的区间值,分别为a = 1,b = 2。

区间化的计算公式为:$a + (b - a) \times (X - X_{Min}) \div (X_{Max} - X_{Min})$,其中,$X_{Min}$表示最小值,$X_{Max}$表示最大值,a、b分别为1和2。

通过区间化方法对数据进行标准化处理后,消除了不同指标量纲的影响,从而形成正向化的矩阵。

$$X_{ij} = \begin{bmatrix} X_{11} & X_{12} & X_{1n} \\ X_{m1} & X_{m2} & X_{mn} \end{bmatrix}$$

式中x_{ij}为标准化后的数值,i表示第i个国家,j表示第j个指标,其中i、j都是整数,且$1 \leq i \leq 8$,$1 \leq j \leq 14$,x_{ij}即第j个指标下第i个国家的评价值。m为国家数,n为指标数。

用熵权法为指标赋权。利用熵权法计算各指标数的权重值W_j,步骤如下:

先计算第i个对象的第j个指标的比重,公式为:$y_{ij} = \dfrac{x_{ij}}{\sum_{i=1}^{m} x_{ij}}$;

再计算第j个指标的信息熵,公式为:$e_j = -K \sum_{i=1}^{m} y_{ij} \ln y_{ij}$,其中,K为常数,$K = \dfrac{1}{\ln m}$;

最后计算出第 j 个指标的权重 W_j，公式为：$w_j = \dfrac{1 - e_j}{\sum_j 1 - e_j}$。

在此每个指标都拥有具体的权重值，通过将权重与原始数据相乘得到新数据，即 new data 1 × 权重值 = new data 2。

通过 TOPSIS 法对 new data 2 进行分析并排序。首先确定正理想解和负理想解。X^+ 由 X 中每列元素的最大值组成，即为第 j 个指标的正理想解，表示北极国家地缘政治风险最低状态。X^- 由 X 中每列元素的最小值构成，即为第 j 个指标的最劣方案，表示北极国家地缘政治风险最高状态。

$$X^+ = \{x_1^+, x_2^+, x_3^+, \cdots, x_n^+\}, \quad x_j^+ = \max\{x_{ij}\} \quad (i = 1, 2, 3, \cdots, m)$$

$$X^- = \{x_1^-, x_2^-, x_3^-, \cdots, x_n^-\}, \quad x_j^- = \min\{x_{ij}\} \quad (i = 1, 2, 3, \cdots, m)$$

其次计算各评价对象与正理想解、负理想解的接近程度：

$$D_i^+ = \sqrt{\sum_{j=1}^n w_j (x_{ij} - x_{ij}^+)^2} \quad (i = 1, 2, 3, \cdots, m)$$

$$D_i^- = \sqrt{\sum_{j=1}^n w_j (x_{ij} - x_{ij}^-)^2} \quad (i = 1, 2, 3, \cdots, m)$$

式中，D_i^+ 是第 i 个国家与正理想解的接近程度，值越小，表示该国地缘政治风险距离正理想解越近，地缘政治风险越低；D_i^- 是第 i 个国家与负理想解的接近程度，值越小，表示该国的地缘政治风险距离负理想解越近，地缘政治风险越高。

再次计算各评价对象与正理想解的相对接近度 C_i：

$$C_i = \dfrac{(D_i^+)}{(D_i^+ + D_i^-)} \quad (i = 1, 2, 3, \cdots, m)$$

式中 C_i 为第 i 个国家的地缘政治风险水平，$0 \leqslant C_i \leqslant 1$，$C_i$ 越接近于 0，说明 D_i^+ 越大，表示第 i 个国家与正理想解越远，该国的地缘政治风险越高；C_i 越接近于 1，说明 D_i^+ 越小，表示第 i 个国家与正理想解越近，该国的地缘政治风险越低。

最后根据各项指标的权重计算出每个评估对象的综合得分 S_i，S_i 是评价每个北极国家地缘政治风险强弱的最终依据，S_i 的数值越高，表示该国地缘政治风险水平越高。然后进行排序，产生最终分析结果。为了便于比较，根据测度结果及相关研究，本书将北极国家地缘政治风险划分为 5 个等级。当 1.00 < 综合得分 ≤ 1.30 时，为低风险等级；当 1.30 < 综合得分 ≤ 1.40，为较低风险等级；当 1.40 < 综合得分 ≤ 1.45，为中风险等级；当

1.45＜综合得分≤1.55，为较高风险等级；当 1.55＜综合得分≤2，为高风险等级。

概而言之，熵权－TOPSIS 法的计算逻辑如下：首先对原始数据 data 进行规范化处理，得到新数据 new data 1；其次，对 new data 1 进行熵值法，得到各评价指标的权重；再次，将 new data 1 与权重相乘，得到 new data 2；最后，对 new data 2 进行 TOPSIS 法分析后得出综合得分，并进行最终排序。

2. 障碍度模型

在对北极国家地缘政治风险分析时，不仅要评估各国的地缘政治风险水平，更要识别导致不同国家地缘政治风险变动的成因。因此，这里将障碍度模型引入地缘政治风险分析，揭示各风险因子对北极国家地缘政治风险的作用程度的强弱，计算公式如下：

因子贡献度（w_j）是指某一风险因子对国家地缘政治风险的贡献程度，用单一指标的权重表示；

指标偏离度（O_{ij}）是指单个风险因子与地缘政治风险理想值之间的差距（第 i 年第 j 个指标与地缘政治安全值的差距即风险指数）：

$$O_j = 1 - x_{ij}$$

障碍度（I_j）是单个风险因子对各国地缘政治风险的作用程度：

$$I_j = \frac{O_{ij} \cdot w_j}{\sum_{j=1}^{n} O_{ij} \cdot w_j}$$

3. 最小方差法

方差在数理统计中反映数据的离散程度。最小方差法是利用方差刻画数据围绕平均值上下波动，将实际分布与理论分布间最接近的数值定义为最小方差，并通过最小方差对实际情况分类进行分析。本书在分析北极国家地缘政治风险因子时，通过最小方差法模型计算地缘政治风险子系统作用程度强弱，划分北极国家地缘政治风险类型，计算过程如下：

在单个风险因子障碍度计算后，计算各子系统对地缘政治风险的作用程度：

$$U = \sum I_j$$

S^2 是实际地缘政治风险类型与理想地缘政治风险类型的接近程度：

$$S^2 = \frac{1}{n} \sum_{i=1}^{n} (U_i - \bar{U})^2$$

式中 S^2 为方差；$\bar{U}$ 是子系统的平均值。最小方差是实际风险类型与理论风险类型偏差最小的值，理论风险可分为四类：一种子系统风险值占国家地缘政治风险总值100%的"单系统风险类型"，两种子系统风险值各占地缘政治风险总值50%的"双系统风险类型"，三种子系统风险值各占地缘政治风险总值33.3%的"三系统风险类型"，四种子系统风险值各占地缘政治风险总值25%的"四系统风险类型"。然而，通常实际得出的地缘政治风险值的构成并不符合任一理论情况。因此，这里通过将实际风险类型与理论风险类型进行比较，将方差最小值的风险类型即距离理论风险类型最接近的风险类型判定为单系统风险、双系统风险、三系统风险和四系统风险。

（三）数据来源

"冰上丝绸之路"是一个开放、包容的国际区域经济合作网络，不存在完全封闭的空间范围，愿意参与的国家都能参加。本书参考相关研究，结合数据可获得性，将北极国家作为研究对象，并将研究区域划分为北欧、北美、北亚—东欧三个地区。政府政治数据均来源于世界银行数据库的《全球治理指数》，经济发展数据和失业率数据来源于世界银行数据库的《世界发展指数》，军费开支数据来源于经济与和平研究所的《全球和平指数》、斯德哥尔摩国际和平研究所《SIPRI年鉴》和各国政府国防支出报告，外贸与服务数据来源于世界银行数据库，并运用多重插补方式进行填补。

表6-2　北极国家

区域	国别	数量（个）
北欧	挪威、芬兰、瑞典、丹麦、冰岛	5
北美	美国、加拿大	2
北亚—东欧	俄罗斯	1

本表为笔者自制。

二、北极国家地缘政治风险演变

（一）北极国家地缘政治风险时间演变

根据熵权-TOPSIS法测度结果，2005—2020年北极各国地缘政治风险得分主要集中在1.293—1.729，地缘政治风险程度的两极分化现象十分显著。2005—2020年，北极平均地缘政治风险最高的国家分别为俄罗斯、美国、瑞典，而平均地缘政治风险最低的国家分别为挪威和冰岛，挪威和冰岛在经济与和平研究所的《全球和平指数》中也得分较高。和2005年相比，2020年北极国家整体地缘政治形势较为稳定，5个国家安全风险指数下降——冰岛（-0.07）、俄罗斯（-0.047）、加拿大（-0.02）、芬兰（-0.006）、美国（-0.005），3个国家安全风险指数上升——丹麦（+0.065）、挪威（+0.058）、瑞典（+0.033）。北冰洋沿岸大国总体安全风险下降说明俄罗斯、加拿大、美国在维持北极航道安全和稳定方面基本达成共识，北极航道沿线的地缘政治风险态势趋于稳定，并向积极方面发展。其中，地缘政治风险上升幅度最大的国家是丹麦和挪威这两个北欧北约国家，两国在未来可能成为北约北扩的先锋国家，也有可能是引起北极高地缘政治风险的导火索国家。究其原因，丹麦主要受格陵兰独立化运动和美国与丹麦军事联盟干预的影响，且面临政治动荡、丹麦在北极治理的影响力下降、"大丹麦主义"加剧、央地矛盾尖锐等多重困境交织，促使地缘政治风险日益升高。[1] 挪威主要受俄挪划界争端、俄罗斯北方舰队威慑和美国与北约外部势力干预的叠加影响，而频繁发生的俄挪巴伦支海军事摩擦危机致使其地缘政治风险同样居高不下。2005—2020年，冰岛是地缘政治风险下降最明显的国家，地缘政治风险得分下降了0.07，于2020年降为低风险地区。俄乌冲突对地缘政治风险管理的打击是灾难性的。当前俄乌冲突造成东欧地缘政治风险态势趋紧，波罗的海三国、芬兰和俄罗斯的矛盾不断恶化，北欧国家恐俄、反俄社会思潮高涨，以芬兰为代表的北欧中立国开始频繁提出加大与北约的合作，甚至加入北约，使得波罗的海地区的地缘政治风险不断攀升。

表6-3 2005年、2010年、2015年、2020年北极国家地缘政治风险综合得分排行榜

2005年			2010年			2015年			2020年		
国家	得分	排名	国家	得分	排名	国家	得分	排名	国家	得分	排名
俄罗斯	1.729	1	美国	1.697	1	俄罗斯	1.616	1	俄罗斯	1.682	1
美国	1.669	2	俄罗斯	1.642	2	美国	1.551	2	美国	1.664	2
加拿大	1.458	3	丹麦	1.451	3	瑞典	1.437	3	挪威	1.470	3
芬兰	1.424	4	瑞典	1.425	4	丹麦	1.409	4	瑞典	1.453	4

---

[1] Frank A. Stengel, "Securitization as Discursive (Re) Articulation: Explaining the Relative Effectiveness of Threat Construction", New Political Science, Vol. 41, No. 2, 2019, pp. 294-312.

续表

2005 年			2010 年			2015 年			2020 年		
国家	得分	排名	国家	得分	排名	国家	得分	排名	国家	得分	排名
瑞典	1.420	5	加拿大	1.411	5	芬兰	1.363	5	丹麦	1.449	5
挪威	1.412	6	芬兰	1.406	6	挪威	1.361	6	加拿大	1.438	6
丹麦	1.384	7	挪威	1.361	7	加拿大	1.357	7	芬兰	1.418	7
冰岛	1.363	8	冰岛	1.353	8	冰岛	1.318	8	冰岛	1.293	8

本表为笔者自制。

2015 年是加拿大地缘政治风险演变的转折点。2006—2015 年，哈珀政府时期加拿大快速提升本国的北极战略存在，但加拿大经济发展受欧债和北美经济危机影响，经济增速总体放缓，个别年份甚至接近零增长，严重影响了加拿大经济社会的稳定发展，同时俄美欧地缘政治博弈和美英欧等对加拿大的外部干预，使得加拿大在这一时期地缘政治风险趋于下降。

俄罗斯的地缘政治风险得分始终在 1.68 上下徘徊，长期处于地缘政治高风险范畴，其地缘政治风险防控需高度重视。普京的前两届任期奉行对欧美缓和战略，其战略重点是打击国内寡头，使得俄罗斯的地缘政治风险在 2005—2010 年和 2010—2015 年出现两个显著下降的阶段，但受北约东扩和乌克兰危机的影响，2015—2020 年俄罗斯的地缘政治风险显著上升。

美国的地缘政治风险始终呈现高位运行状态，受到北约第五次东扩的影响，尤其是波罗的海三国加入北约，突破了俄罗斯的安全底线，引起俄罗斯的激烈反抗，因此 2005—2010 年，美国的地缘政治风险数值居于高位。2010—2015 年，俄罗斯基本丧失了对南欧事务的影响力，乌克兰危机使得俄罗斯遭受西方的制裁，但美国受到欧洲金融危机和国内次贷危机快速蔓延带来的冲击，地缘政治风险下降幅度较大，2015—2020 年，美国的地缘政治风险维持高位平稳，特朗普政府对俄制裁力度不减，使得俄罗斯遭受北约从东西两面进行的攻击，美国也加大了在阿拉斯加的战略导弹部署，同时，俄美在白令海峡的海空冲突也逐渐频繁。[1] 总

---

[1] Helena Carrapico, "Analyzing the European Union's Responses to Organized Crime Through Different Securitization Lenses", European Security, Vol. 23, No. 4, 2014, pp. 601 - 617.

体而言，受俄罗斯对北约东扩的反抗、阿拉斯加经济持续低迷造成的发展落后、俄罗斯掀起北极军备竞赛等影响，美国的地缘政治风险始终维持着高位运转。

（二）北极国家地缘政治风险空间演变

北极国家地缘政治风险在空间分布上集聚性特征显著，高地缘政治风险区在东欧和北美地区双峰鼎立，形成以俄罗斯和美国为集聚中心的梯度分布。根据风险集聚的梯度分布，俄罗斯西北部和美国阿拉斯加构成高风险双峰，挪威东北部、芬兰南部等形成次级高风险地区，格陵兰在外围形成第三级高风险地区。乌克兰危机带来东欧地区的社会、民族、宗教矛盾激化，叠加政治动荡与高发的民粹主义、新纳粹主义袭击，波罗的海东部国家受到影响。2005—2020 年，俄罗斯的地缘政治风险得分均高于 1.61，美国的地缘政治风险得分均高于 1.55，俄罗斯和美国一直保持高风险等级，两国构成北极的高风险中心。值得注意的是，俄罗斯和美国构成的高风险中心具有明显的风险溢出效应。2005—2020 年，紧邻高风险中心的挪威、瑞典的地缘政治风险等级从中风险上升为较高风险，丹麦地缘政治风险等级在 2020 年也从中风险变为接近较高风险。在高风险中心的外围，受北极军备竞赛和俄罗斯与北约冲突的影响，加拿大在 2015—2020 年从较低风险等级上升为中风险等级。这表明北极的高地缘政治风险中心存在一定程度的风险溢出，高地缘政治风险区逐步从俄罗斯、美国向丹麦、挪威、加拿大转移。

低风险地区同样存在一定集聚特征，主要有两个低风险集聚区。2005—2020 年，冰岛经济发达，受外部干预相对较小，因此，地缘政治风险一直处于较低水平范畴。北欧地区的芬兰在 2010—2015 年，政治风险大多处于较低风险等级，其不结盟政策使其能够在北约和俄罗斯之间保持平衡状态。但后来芬兰受瑞典、挪威的影响较大，国内亲北约的势力不断增强，造成 2020 年芬兰的政治风险从较低风险升为中风险。需要指出的是，低风险国家外围的其他国家的地缘政治风险一直在中风险徘徊，风险等级的升序梯度集聚极为显著，例如，加拿大在 2015 年后从较低风险升为中风险，瑞典从中风险升为较高风险，丹麦也已基本迈入较高风险门槛。

三、北极国家地缘政治风险因子分析

"冰上丝绸之路"地缘政治风险是政府治理、经济发展、社会稳定和外部干预四个子系统共同作用的结果,而不同系统的风险因子对地缘政治风险作用强度各异。为比较分析北极各国地缘政治风险因子演变,这里选择 2005 年、2010 年、2015 年、2020 年中风险因子最显著的 3 个指标进行分析。2005 年,失业率(A_{10})和政府效能因子(A_3)最为显著,是北极国家的首位风险因子。2010 年,GDP 增长率因子(A_7)占据主导地位,商品和服务出口因子(A_{14})对北极国家地缘政治风险的作用程度增加。2015 年,GDP 增长率(A_7)和失业率(A_{10})均为北极国家首位因子,经济发展不畅导致各国民粹主义势力抬头。2020 年,GDP 增长率(A_7)和失业率(A_{10})成为北极国家共同的显著因素,其中,通货膨胀率(A_9)和政府效能因子(A_3)也增加了北极国家的地缘政治风险。值得注意的是,2020 年相较于 2005 年,商品和服务出口因子(A_{14})占首位风险因子的国家数量从 1 个上升到 4 个,贸易依存度对北极国家地缘政治风险作用程度显著加强。事实上,2005—2020 年,北极国家遭遇的经济危机事件与国内政治稳定性存在缠绕式上升的趋势,地缘政治安全态势随着全球经济发展颓势而呈现出不稳定状态,民粹主义和贸易保护主义的程度不断加深,而国家政治局势深受经济下滑和族群冲突的影响,向外转移国内矛盾的可能性加大,这也是除冰岛之外,北极国家开展不同程度的军备竞赛的经济原因。[①] 在世界全球化发展过程中,经济与政治的联系更加密切,投资依赖、贸易依赖等经济层面风险因子对北极国家地缘政治风险的影响程度上升。因此,防控北极地缘政治风险不仅要关注经济发展和民粹主义等传统地缘政治风险因子,也要关注军费开支风险、通货膨胀风险和失业风险等非传统地缘政治风险因子。

表 6-4 2005 年、2010 年、2015 年、2020 年北极国家地缘政治风险指标层显著风险因子

国家	2005 年 1	2	3	2010 年 1	2	3	2015 年 1	2	3	2020 年 1	2	3
俄罗斯	A_9	A_5	A_{10}	A_7	A_5	A_6	A_9	A_7	A_2	A_{14}	A_{10}	A_2
美国	A_{12}	A_2	A_9	A_7	A_3	A_{12}	A_{12}	A_3	A_9	A_2	A_9	A_{10}
加拿大	A_3	A_8	A_{10}	A_{14}	A_3	A_7	A_7	A_8	A_{10}	A_7	A_{10}	A_{14}
挪威	A_{12}	A_{14}	A_{13}	A_7	A_8	A_{10}	A_2	A_3	A_7	A_7	A_{10}	A_{14}

---

① Holger Stritzel, "Securitization, Power, Intertextuality: Discourse Theory and the Translations of Organized Crime", Security Dialogue, Vol. 43, No. 6, 2012, pp. 549-567.

续表

国家	2005年			2010年			2015年			2020年		
	1	2	3	1	2	3	1	2	3	1	2	3
瑞典	A_3	A_{12}	A_{13}	A_{10}	A_7	A_{14}	A_7	A_3	A_{10}	A_7	A_{10}	A_2
芬兰	A_{10}	A_{11}	A_2	A_{10}	A_7	A_{14}	A_3	A_7	A_{10}	A_{14}	A_7	A_{10}
丹麦	A_{10}	A_3	A_{13}	A_{14}	A_{10}	A_3	A_{14}	A_{10}	A_2	A_{14}	A_7	A_{10}
冰岛	A_{14}	A_3	A_{10}	A_7	A_{10}	A_3	A_3	A_7	A_9	A_{14}	A_{10}	A_7

本表为笔者自制。

北极的地缘政治风险因子国别和区域特征显著。GDP增长率（A_7）是绝大多数国家首位风险因子。美国的军费开支（A_{12}）和通货膨胀率（A_9）两个因子的频数较高。北欧地区的民粹主义政党十分活跃，随着叙利亚难民的大量涌入，种族冲突和社会矛盾频发，加大了北欧国家的政府治理难度，同时民粹主义思潮的抬头导致北欧地区的宗教、民族矛盾复杂化，再加上俄乌冲突加剧了北欧国家的担忧，推动北欧地区的地缘政治风险急剧上升。失业率（A_{10}）、政府效能（A_3）和GDP增长率（A_7）是加拿大十多年来最重要的3个因子，构成加拿大北极战略决策的关键风险诱发因子。经济下滑和外来移民的大量涌入，是加拿大和北欧国家民粹主义威胁不断攀升的重要原因，也是影响北大西洋地区地缘政治风险的首要因素，跨越国界的种族和宗教争端引发的动荡和争端使得北欧地缘政治风险进一步加剧。俄罗斯地缘政治风险的主导风险因子是通货膨胀率（A_9）和GDP增长率（A_7）。俄罗斯作为北极大国，民族众多，经济发展缓慢，俄乌之间频频爆发大规模军事冲突，严重影响地区的地缘政治安全。①

北极地区的首位风险因子为地缘安全冲突。一方面，北极地区油气资源和划界争端使得区域内管辖权冲突与军事摩擦不断；另一方面，丰富的自然资源储量和特殊战略位置也使得北极成为各大国博弈的重要场所，北极国家之间脆弱的安全平衡，随着众多非北极国家纷纷参与北极事务，地缘政治风险不断扩散。北欧和北美地缘政治风险主导因子差异较大，北欧国家的主导风险因子是对外贸易依存度和政府效能（A_3），而北美国家的主导风险因子是GDP增长率（A_7）和失业率（A_{10}）。北欧国家高额的福利开支和低迷的经济增长之间的矛盾，带来巨大的财政负担，而叙利亚难

---

① Rita Floyd, "Can Securitization Theory be Used in Normative Analysis? Towards a Just Securitization Theory", Security Dialogue, Vol. 42, No. 4/5, 2011, pp. 427–439.

民的大量涌入，也促使北欧国家民粹主义和种族主义抬头，成为威胁国家地缘政治安全的重要隐患。2008年金融危机爆发后，北欧国家出口导向型经济发展模式受到贸易保护主义的严重影响，出口受阻，失业率激增，通货膨胀率有所抬头，引发地缘政治风险增长。虽然丹麦的地缘政治风险偏低，盛行多元文化主义，但格陵兰岛的民族认同感不足使得"大丹麦主义"盛行，作为北约国家，格陵兰岛的独立化、军事化与丹美军事合作增强正成为诱发西北大西洋地缘政治风险的重要因素。

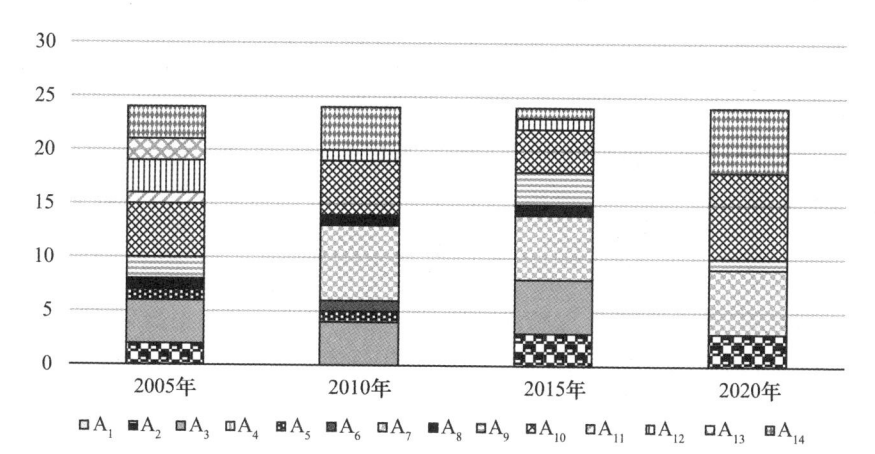

图 6-1 2005年、2010年、2015年、2020年北极国家地缘政治风险指标频数分布

本图为笔者自制。

为探究北极国家地缘政治风险管理的主导因子，本书对2005—2020年北极国家地缘政治风险指标中排名前三的指标进行频数统计，并制作频数分布图。由图可知，失业率（A_{10}）、GDP增长率（A_7）、商品和服务出口（A_{14}）、政府效能（A_3）的总频数分别是22、19、13、13，覆盖了所有北极国家，影响异常显著。失业率（A_{10}）是历年频数最高的指标，2020年甚至达到8，成为首位风险因子，这表明失业问题是北极国家地缘政治风险最首要的诱因。2010年开始，GDP增长率（A_7）的频数在6以上浮动，这说明2008年的欧债危机造成欧美国家经济下滑，极易诱发地缘政治风险，在部分国家甚至是地缘政治风险上升的决定性因子。商品和服务出口（A_{14}）在2010—2014年的频数均高于3.5，过度的出口依赖带来的地缘政治摩擦是北极国家地缘政治风险产生的次要风险因子。政府效能（A_3）因子连续4年频数均超过3，高失业率、难民危机引发的社会矛盾极易在瑞典、芬兰等社会经济发展发达的国家蓄积诱发地缘政治风险。

四、北极国家地缘政治风险类型划分

风险因子识别揭示了各国地缘政治风险的主导因子,但没有判别北极地缘政治风险类型。为此,在分析风险因子基础上,结合政府治理、经济发展、社会稳定和外部干预4个子系统的影响程度,利用最小方差法将北极国家的地缘政治风险划分为双系统风险、三系统风险、四系统风险3种类型。

双系统风险类型有E-I型,即经济和外部干预风险类型,仅有冰岛一国。冰岛作为面积较小的岛国,利用独特的地缘区位优势发展外向型经济,但缺少资源和国内市场的岛国发展外向型经济极易受到国际市场和外部干预影响。

三系统风险类型包括E-S-I型、G-E-I型。E-S-I型是经济、社会和外部干预风险类型,是三系统类型中的主导类型,主要包括北太平洋沿岸国家丹麦、挪威、加拿大三国。E-S-I型国家都是发达的北约国家,经历了较完整的政治发展历程,政府治理对地缘政治风险影响较小。虽然是发达经济体,但E-S-I型国家的高税率和高福利制度限制了经济增速,金融危机后的经济低迷带来的失业率攀升、外债上升与极端思潮蔓延和外来移民带来民粹主义交织叠加,使得经济、社会、外部干预共同主导这些国家的地缘政治风险。例如,丹麦的格陵兰的经济结构主要以渔业为主,经济发展十分依赖丹麦的经济援助和对外贸易出口,对国际市场的高度依赖使其经济在遭遇贸易保护主义时容易引起地缘政治风险。此外,格陵兰因纽特原住民独立问题仍是影响丹麦地缘政治风险的重要方面。[1]

G-E-I型是政治、经济和外部干预三系统类型,仅有芬兰和瑞典两国。瑞典和芬兰的地缘战略地位极其重要,其政治稳定性深受周边大国影响而容易诱发地缘政治风险。两国经济以工业制成品出口为主,而美国和欧盟是两国重要的经贸和安全合作伙伴,其经济模式深受国际市场变化和欧洲地缘政治影响,而安全能力不足导致瑞典和芬兰加强国防建设和与北约的军事合作。

四系统风险类型有G-E-S-I,是政府、经济、社会和外部干预共同

---

[1] Mark B. Salter, "Securitization and Desecuritization: A Dramaturgical Analysis of the Canadian Air Transport Security Authority", Journal of International Relations and Development, No. 11, 2008, pp. 321-349.

主导的地缘政治风险类型,是北极主导风险类型,主要包括美国和俄罗斯。虽然美俄两国地缘政治风险态势并不相同,但各子系统风险对 G-E-S-I 型国家地缘政治风险的贡献程度较为均衡,单一子系统无法占据主导地位,使得 G-E-S-I 型国家地缘政治风险由政府治理、经济发展、社会稳定、外部干预共同主导。就经济发展水平而言,俄罗斯属于区域强国,美国属于发达国家。由于受到内部政党斗争的影响,美国政治的稳定性较差,国家发展受民粹主义、种族冲突、宗教矛盾影响较大,存在严重的通货膨胀、失业、军费占 GDP 比例居高不下等问题,社会经济发展受国际进出口贸易和新冠疫情的影响较大,政治、经济、社会、外部干预都能诱发地缘政治风险。美国推动北约进一步挤压俄罗斯安全空间,也使得美国面临与俄罗斯长期军事对峙的现实风险。

俄罗斯的地缘政治风险得分高于美国。北约东扩使得俄罗斯面临严峻的地缘安全困境。而俄乌冲突导致俄罗斯遭受大部分西方国家的全面制裁,使其经济发展增速变缓,国家发展在就业、债务、卢布汇率问题上面临沉重压力,国内社会矛盾有所激化,腐败问题、政府低效的叠加又破坏了俄罗斯的政治稳定性。美俄大国博弈和俄乌冲突风险溢出效应使得俄罗斯外部干预的地缘政治风险不断上升,经济、政治、社会和外部干预的综合作用在诱发地缘政治风险上形成联动反应。

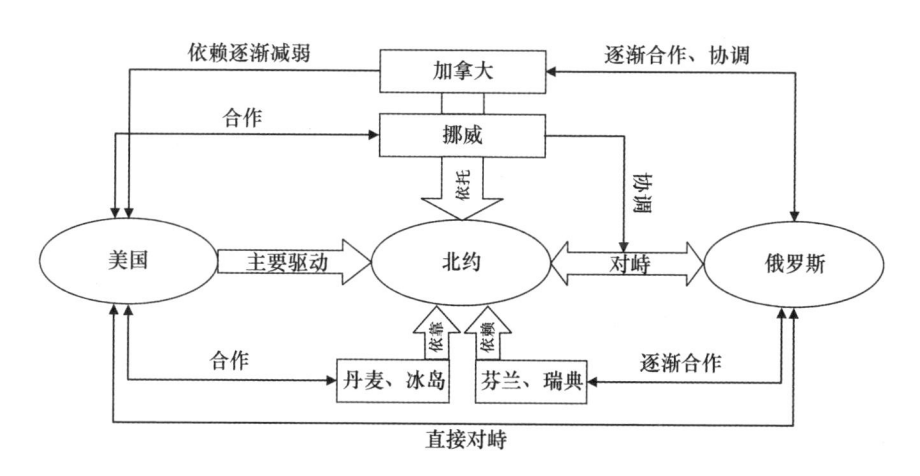

图 6-2 北极地区地缘安全格局示意图

本图为笔者自制。

北极地缘政治风险在动态中演变,这里构建多维度地缘政治风险评估指标体系,分析了北极各国地缘政治风险的演变,剖析了北极各国地缘政治风险因子，划分了北极各国地缘政治风险类型。研究结果表明，北极国家地缘政治风险整体呈上升态势，地缘政治风险的两极分化显著。在空间分布上，冰岛是地缘政治风险最低的地区，高地缘政治风险区呈现为美国和俄罗斯双峰鼎立格局，高地缘政治风险区逐步从北欧转向环波罗的海沿岸国家，其中芬兰和瑞典加入北约则可能成为影响北极安全格局的重大事件。外部干预、经济发展、失业率是北极国家地缘政治风险的主导因子，其中失业率是北极国家地缘政治风险最主要的因子。[①]

不同区域的地缘政治风险主导因子具备明显的区域特征。丹麦、挪威的地缘政治风险由失业率、地缘安全局势共同主导，美国地缘政治风险由经济发展和政府效能主导，芬兰和瑞典的地缘政治风险由外部冲突主导，冰岛的地缘政治风险由外债、贸易依赖和失业率主导，俄罗斯的地缘政治风险则主要由经济发展、失业率、出口贸易依赖度主导。基于子系统的作用强弱，北极国家的地缘政治风险可划分为双系统风险类型、三系统风险类型和四系统风险类型3种类型，四系统风险类型是北极主导风险类型，三系统风险类型是北极中小国家普遍的风险类型，双系统风险类型影响有限。

北极地缘政治风险实证评估表明北极地缘政治风险态势不容乐观，科学合理的应对和防控地缘政治风险对于推进"冰上丝绸之路"极其关键。基于北极地缘政治风险演变、政治风险因子和风险类型分析，以下4个方面尤为重要。第一，相关部门应增强地缘政治风险意识，强化对北极地缘政治风险的监测和预测。在强化北极地缘政治风险意识的同时，要加强对北极地缘政治风险评估和风险因子监测，构建地缘政治风险预测与防范机制，构建行之有效的多边危机与应急管理系统，加强事后应对与处置能力，降低风险损失。

第二，既要关注传统的军事冲突，也要关注贸易依赖、失业等非传统地缘政治风险因子。军事冲突作为北极国家地缘政治风险的首位诱发因素，应当作为地缘政治风险的防控重点。然而，在"冰上丝绸之路"引领国际区域合作和包容性全球化的过程中，贸易依赖、外债和失业等非传统地缘政治风险因子诱发地缘政治风险的概率大幅度上升，防控地缘政治风险不能忽视非传统的地缘政治风险因子。

第三，加强对区域地缘政治风险溢出的评估和防控。北极高地缘政治

---

① 李开盛：《"去安全化"理论的逻辑与路径分析》，《现代国际关系》2015年第1期，第55—62页。

风险地区的溢出效应明显，个别高地缘政治风险国家的风险溢出极有可能引发区域地缘政治风险的"多米诺效应"。因此，必须加强对"冰上丝绸之路"高地缘政治风险地区的风险溢出的评估和防控，综合运用政治、经济、国际合作等多种手段减少地缘政治风险的溢出。

第四，根据不同类型的地缘政治风险制定不同风险应对方案。北极地缘政治风险有多种类型，而不同类型的地缘政治风险防控重点和监控关键要素并不相同。基于地缘政治风险类型制定相应的应对方案，不仅能提高方案应对风险的适用性，也能提高方案的有效性。

作为复杂的演化系统，地缘政治风险的定量评估是科学把握地缘环境态势的关键支撑。与单一的政治、经济或社会视角的地缘政治风险评估不同，这里强调地缘政治风险是一个多要素系统，其风险评估应该综合多种维度多种要素进行动态解析。有相关研究认为，北欧政治风险等级在不断升高，尤其是芬兰和瑞典的地缘安全风险从2022年开始快速提升，并在与北约建立实质性军事盟友关系后达到顶峰，将使俄罗斯不得不面临在东北欧地区和东南欧地区同时受到北约地缘攻势的压力。[①]

需要指出的是，北极国家地缘政治与政治风险变化态势相反。失业率、民粹主义、宗教矛盾等因素在地缘政治风险中的作用更加显著，不排除某些西方北极国家通过加大对外军事行动来转移国内社会矛盾的可能。这里并未涉及地缘政治风险的演变态势预测、地缘政治风险的影响效应和地缘政治风险的生成机制，未来应当加强地缘政治风险变化态势模拟、地缘政治风险的影响效应刻画和地缘政治风险生成机制解构研究。

---

① ［英］巴瑞·布赞等编，朱宁译：《新安全论》，浙江人民出版社2003年版，第32—37页。

第七章　国际机制与北极经济发展的规则设置

规则设置是国际机制的权力基础，也是国际机制之间争夺权威性的核心议题。从北极经济发展的愿景来看，国际机制之间的规则之争，将长期聚焦于技术标准与治理理念的主导权领域。国际规则的推广成效，不仅在于国际机制建章立制的有效性，还在于国际规则本身的技术标准权威性。国际机制对特定北极经济领域的国际规则供给，不仅决定了国际行为体的遵约对象设定，同时也明确了该治理议题领域建章立制的主导权归属。国际机制一旦在某个北极经济治理议题领域获得建章立制的先发优势，就会形成可持续性的竞争力，为其他国际机制制定和推广类似国际机制设置了竞争障碍。

第一节　北极地区国家话语权威与国际规则构建

长期以来，国际规则是国家间话语权博弈的结果，深受国家实力政治的影响。随着经济全球化的发展，参与北极经济治理的国际行为体日益多元化，国家间经济相互依赖程度不断增大，使得国际规则的构建过程不仅成为国家争夺制度性话语权的重要路径，也使得一些非国家行为体和非强权国家拥有了提升自身话语权威的机遇。北极国际机制在创设国际规则的过程中，必然加大在北极国家与非北极国家之间、强权国家与非强权国家之间、国家与非国家行为体之间的协调力度，从而形成多元性的国际政治话语权博弈态势。本节基于机制现实主义的理论语境，认为国家是最具代表性的北极利益攸关方，国家实力与国际规则话语权呈正相关联系。

一、国际规则话语权与权力政治

国家在国际机制中的实际影响力存在差异性，这就使得每个国家在围绕特定治理议题所展开的利益博弈中具有不同的比较优势，因此国际规则的构建过程仍然围绕主导国的意愿与利益诉求所展开，而不可能符合所有成员的利益。[1] 权力政治使得实力强大的国家或国家集团通过制造国际舆论、把持议程设置等方式，将其共同关心的议题纳入国际协商的话语领域。即使国际规则的构建过程存在多边商议，但由于国际规则的非中性特征，实力强大的国家往往能够获得更多的规范性权力，而一些弱国小国则有可能被边缘化，因此，国家实力差距是造成各成员利益受损程度差异的重要原因。

北极强国对特定国际规则的政策立场直接影响该规则的推广成效。当前美国作为北极地区最强大的国家，占据了北极治理话语体系的核心位置，并逐渐构筑其北极霸权的三重保障：北极军事霸权、北极机制霸权与北极金融霸权。其中北极机制霸权是美国北极霸权的基础。作为能够影响几乎所有北极国际机制的大国，美国在北极理事会、北极经济理事会等国际机制框架下，围绕北极航运、北极渔业、北极矿业、北极金融等议题，积极推动相关国际规则的构建与推广，并主导了明确相关签约国权益盈损的相关条款，从而使得北极国际机制向有利于美国战略利益的方向发展。[2] 对于不利于美国北极利益的国际规则，如北冰洋航道管辖权、北极能源开发的环境治理等，美国则通过多项途径削弱相关国际规则的有效性和约束力。例如，美国与俄罗斯、挪威、冰岛、日本等十方签署了《预防中北冰洋不管制公海渔业协定》，其真实原因是美国在北极点附近海域不具有绝对的地缘优势，无法掌控北冰洋公海区域来往船舶的信息管理，对北极渔业治理也没有绝对的话语权，这就导致美国宁可与相关渔业大国和国际组织签订多边协议，也不愿意在联合国框架下以国际规则的方式来实现北冰洋公域治理的"联合国化"，因为这涉及《联合国海洋法公约》的相关法理规定，而美国并没有加入《联合国海洋法公约》。这也表明美国哪怕绕开既有国际机制，也有充足的实力去影响特定国际规则的设置。事实上，涉及北极气候治理的《巴黎协定》，[3] 涉及北极生态保护的《生

---

[1] Lora Anne Viola, "The Closure of the International System: How Institutions Create Political Equalities and Hierarchies", Cambridge University Press, 2020, pp. 25-66.

[2] Cameron G. Thies and Marijke Breuning, "Integrating Foreign Policy Analysis and International Relations Through Role Theory", Foreign Policy Analysis, Iss. 8, No. 1, 2012, pp. 1-5.

[3] 2017年6月1日，美国特朗普政府宣布美国退出《巴黎协定》。2021年2月19日，美国拜登政府宣布重新加入《巴黎协定》。

物多样性公约》,① 涉及北极军事安全的《中导条约》②,以及涉及北极海洋治理的《联合国海洋法公约》等国际法文件,或未得到美国立法部门批准,或被美国行政部门肆意退出,都影响了这些国际规则的国际声望与有效性。需要说明的是,美国的盟友体系在一定程度上增强了美国的国际机制话语权,例如,冰岛、挪威、丹麦、加拿大作为美国的北约盟友,在北极安全事务上保持与美国的战略协调性,而日本、英国、韩国、德国、法国等非北极强国,则位于美国北极战略话语权同盟的第二区位,不仅在国际社会中依附于美国的政治话语霸权,为美国的北极战略政策背书,而且对于北极弱势话语国家则极尽打压之能事。③

意愿与实力共同决定了国家参与北极国际规则构建的成效。若比较参与北极国际规则的国家数量,可以发现参与不同议题领域国际规则的国家数目不一样,由于各国的参与意愿不同,这也从另一个侧面反映出各国在北极经济治理问题的话语权强弱态势。通常而言,北极国家有能力有意愿参与几乎所有涉及北极经济事务的建章立制过程,其中又以北冰洋沿岸五国最为积极;而非北极国家则更关注与本国北极经济利益密切相关的议题,例如北极航运、北极油气开发等。由于非北极国家在地理上远离北极,且大多依靠《斯匹次卑尔根群岛条约》签约国的身份才能够进出北冰洋,但时刻面临来自挪威、俄罗斯等北极国家的主权管辖约束,因此,非北极国家在北极经济治理领域长期处于话语权弱势地位,即使作为北极理事会等国际机制的观察员,也缺乏上升通道和参与主动性,未能在北极区域国际机制的经济规则构建、阐释和监督问题上充分表达利益诉求,也无法占据有利的政治协商地位。例如,俄罗斯虽然是北极军事强国,但在北极经济治理事务上的话语权处于弱势,尤其是在北极经济理事会的代表席位甚至少于部分北欧国家,这造成俄罗斯在北极经济治理的国际规则构建过程中缺乏足够的话语权。加拿大作为北极大国,在北极治理机制构建和国际规则制定过程中显得尤为积极,北极理事会和北极经济理事会都是由加拿大倡议成立的,并且加拿大在北极经济理事会框架内积极倡导国际规则的议题设置,例如主导撰写了《北极投资协议》,并于 2019 年牵头完成

---

① 美国是《生物多样性公约》缔约方,但其国内立法机构并未批准《生物多样性公约》。

② 美国于 2019 年 8 月 2 日正式退出《中导条约》。

③ Sebastian Knecht, "The Politics of Arctic International Cooperation: Introducing a Dataset on Stakeholder Participation in Arctic Council Meetings, 1998 – 2015", Cooperation and Conflict, Vol. 52, No. 2, 2017, pp. 198 – 212.

了北极经济理事会与北极理事会的谅解备忘录。① 正是加拿大使得北极可持续发展成为北极治理的核心议题，至今在北极理事会和北极经济理事会的下属工作组中，加拿大籍的代表和专家仍然拥有较大的话语权。

由此可见，实力是国家参与国际规则构建的基础，意愿是国家参与国际规则构建的动力，利益是国家参与国家机制的目标。若一国对某一北极经济治理议题缺少兴趣，或认为该议题与本国利益关联不大，则参与该领域国际规则构建的意愿较低，也难以花费大量资源去提升本国在该治理议题领域的话语权与权威性。反之，若一国在某个北极经济治理议题中拥有较大利益诉求与竞争优势，则具有更强意愿参与相关国际规则的制定，并愿意投入大量资源以提升本国的话语权与影响力。这就为中小北极国家和非北极国家有效参与和实质影响北极经济治理建章立制过程提供了可能性，同时也论证了实力政治影响北极治理过程的限定性。例如，挪威是唯一成功实现北冰洋海上能源开发的国家，并且拥有冰海油气开发零泄露的科技优势，因此挪威在北极离岸能源合作、北冰洋溢油污染治理、北极能源海上存储与运输等议题上具有明显的专业权威性，在相关治理规则的制定过程中，挪威专家拥有较强的话语权威，但挪威在北极林业资源可持续开发、海洋生态环境保护等领域则显示出较低的参与意愿。

二、国际规则构建与话语空间扩展

国家能否有效影响国际规则的构建，则直接决定了国家扩展国际政治话语空间的能力大小。大国主导下的国际机制更易于产生具有普遍约束力的国际规则，同时也使得大国能够通过国际规则为其他国家的北极实践设置行为规范。可以说，一国在国际机制中的多边外交，其目的就是尽可能扩展符合本国利益的国际机制话语空间。如前所述，由霸权国主导的国际机制，其话语空间必然是最为广阔的，其他成员往往会屈服于霸权国的权势威慑而成为霸权国的话语附庸国，接受霸权国主导的国际规则；而未加入国际机制的国家，以及在国际机制内部与霸权国存在长期战略冲突的国家，则成为被钳制和排挤的对象。例如，美国近年来加大对北极北约国家的拉拢力度，将北极理事会从"北极国家集体协商模式"逐步转型为"西

---

① 王晨光：《路径依赖、关键节点与北极理事会的制度变迁——基于历史制度主义的分析》，《外交评论》（外交学院学报）2018 年第 4 期，第 67—72 页。

方国家+北约国家俱乐部模式",对俄罗斯进行集体压制。①

非北极国家和北极国家因北极利益冲突也会存在国际规则主导权之争。尽管国际规则的合法性需要得到所有成员的同意,但非北极国家往往只是北极理事会和北极经济理事会等北极国际机制的观察员而非成员,因此无权参与国际规则的决策表决过程。学界对国际机制合法性的既有讨论主要集中于成员对国际机制的履约忠诚度上,当然,判断国际制度自身合法性的另一个重要维度是国际机制与非成员的关系。②

可以说,北极国家在集体压制非北极国家获得表决权这一立场上具有天然的一致性,因此,北极理事会和北极经济理事会明确了北极国家和北极原住民组织拥有表决权,以"三个必须承认"原则永久剥夺非北极国家的表决权,使得非北极国家不仅被排挤在北极治理建章立制过程之外,还面临着是否遵守北极国家,特别是北极大国主导构建的国际规则的选择困境,尤其是当这些国际规则并不符合非北极国家利益的情况下,非北极国家又该如何打破北极国家的政治话语垄断?如何扩展非北极国家在北极经济治理领域的话语空间?坦言之,当今北极区域和次区域国际机制都未能给非北极国家足够的参政议政空间,既有国际机制仍然延续北极国家"一国一票"的平权分配原则。当然,北极原住民组织作为永久参与方,名义上也拥有与北极国家政府代表一样的表决权,但实际上"永久参与方"只是有权参与北极理事会、北极经济理事会等国际机制的各级会议,但没有决策权,因此无法影响最终的决策过程。实际上,北极理事会等国际机制的建章立制过程,都需要由工作组层面的专家团队起草专项国际规则草案,经过多方博弈和妥协之后再提交最高决策机构进行表决后付之施行,这其中的科学家团体拥有较高的专业权威。虽然科学知识可以跨国界传播,但科学家有国籍,因此一个潜藏的权力逻辑也逐渐浮出水面,那就是:北极国家不仅通过为非北极国家设置准入壁垒来阻断其拥有国际机制的表决权,而且还可以通过大量安插本国的科学家团队进入国际机制工作组,将科技优势转化为国际规则专业权威。③ 可以说,排他性的表决权和先进的北极科技知识储备,直接奠定了北极国家的国际政治话语权基础。

---

① 赵隆:《多维北极的国际治理研究》,时事出版社2020年版,第150—187页。

② Frank Schimmelfennig, "The Community Trap: Liberal Norms, Rhetorical Action, and the Eastern Enlargement of the European Union", International Organization, Vol. 55, No. 1, 2001, pp. 68 – 78.

③ Douglas C. Nord, "Leadership for the North: The Influence and Impact of Arctic Council Chairs", Berlin: Springer, 2019, pp. 5 – 17.

北极经济治理的议题领域如此宽广，但为何相关的国际规则却寥寥无几？这是因为北极国际机制的平权表决机制存在一个明显缺陷，那就是议题设置权是不平等的。大国可以通过多边游说来获取大多数成员的支持，以便将本国关注的议题纳入国际机制的议程之中，而弱国小国关注的议题则很可能被排挤到议程之外。然而，理论上每个成员都有权对国际机制议程中的议题进行表决，并且按照全体一致同意或多数同意原则使得国际规则得以通过。对于弱政治话语权的国家而言，即使表决的国际规则并非完全符合本国利益，也可以通过讨价还价的方式，以支持该国际规则为筹码换取强国在其他领域的支持。这种权益交换使得国际机制的建章立制过程极为复杂，毕竟符合所有北极利益攸关方共同利益的议题寥寥无几，目前也仅有北极航运领域出台了若干国际规则。[1] 成员越多的国际机制，就越难以形成集体一致同意的国际规则，这就是强国与弱国之间的某种表决权平衡，北极大国并不一定会因实力强大而必然获得更大的政治话语权，反而有可能向北极中小国进行适度让步和妥协，这就使得北极大国更趋于建立霸权式的国际机制，或者将平权制改为加权制，这自然会引起北极中小国的坚决反对，同时也造成北极经济治理国际机制的日益低效化发展。[2]

国际规则能否永远符合北极大国的利益呢？这取决于北极国际政治经济格局的演变态势。通常而言，无论是平权表决制还是加权表决制，国际规则的议题设置都与成员的实力对比状态密切相关，对于北极大国而言更是拥有强与更强主导权的区别。但国际机制一旦运转，就内嵌了一套合法性逻辑，那就是所有成员都必须承认和遵守国际机制所颁布的国际规则，例如，尽管美俄北极战略对峙极为尖锐，但都没有退出北极理事会颁布的各类强制性国际规则。至于非北极国家则可以通过全球性多边平台与北极国家进行政治博弈，增强在联合国框架下涉北极国际规则构建过程中的影响力，以扩展本国机制性参与北极经济治理的话语空间。随着北极国际政治经济格局的演变，国际规则的最初主导者也不一定永久获利，反而有可能受制于国际规则的约束力。例如，加拿大虽然主导设置了一系列北极经济开发国际规则，但其境内的北极西北航道的国际法地位仍然存有争议，并且加拿大也面临着对其北方领土的有效管辖问题，尤其是加拿大的北极原住民社区担心北极资源开发会影响其传统冰原生存文化的传承，因而对

---

[1] 李振福：《北极地缘政治的多尺度特征——兼论北极问题与南海问题的本质不同》，《东北亚论坛》2021年第2期，第48—52页。

[2] 刘小燕、崔远航：《政府话语权威与国际规则的经纬逻辑》，《社会科学》2018年第10期，第175—178页。

外资参与原住民居住地的矿产开发持保守立场，这使得北极经济理事会的相关国际规则难以在加拿大西北地区、育空地区和努纳武特地区有效推行，造成加拿大北极地区的整体经济发展水平不如北欧国家。

需要指出的是，国际规则的国际推广程度也被一些国家视为增强本国议题引导力的方式。例如在北冰洋公海渔业资源保护领域，就存在两份国际规则，即1986年通过的《全球禁止捕鲸公约》和2021年6月生效的《预防中北冰洋不管制公海渔业协定》。北极地区是露脊鲸、蓝鲸等洄游性鲸类的生长区域，随着鲸类数量的减少，原先由国际捕鲸委员会十余个捕鲸国发布的《全球禁止捕鲸公约》，反而得到越来越多国家的认可和加入，其中包括瑞士等内陆国。这些国家从北极渔业资源的旁观者转变为参与者，其主要原因是认为《全球禁止捕鲸公约》在全球生态环境保护和北极生物资源多样性保护方面具有重要的国际道义价值，签约国对鲸类的保护立场是负责任国家和负责任北极利益攸关方的表现。反观日本为了本国利益而退出国际捕鲸委员会，继续大规模商业捕鲸，引起国际社会的广泛抗议，同时也使得日本难以在北极理事会相关工作组层面参与海洋生态多样性的相关项目。《预防中北冰洋不管制公海渔业协定》由六个北极国家和中日韩三个非北极国家与欧盟经过多方协调共同认可，以共同调查北冰洋中部海域的渔获量，并在2033年之前禁止在北冰洋中部公海海域进行商业捕捞。国际社会在北冰洋渔业管理中的合作进入关键时期，越来越多国家愿意加入该协定。

三、国家利益契合度与国际规则类型

国际规则的创设过程与国家间的利益契合度密切相关。在国际规则的创设阶段，对此有利益诉求的国家往往会在国际机制框架中进行多方游说，围绕国际规则具体条款、核心议程内容、国际规则解释权等发挥协调功能。由于北极经济治理的议题复杂多样，具有不同实力和利益诉求的国家往往采取不同的话语策略，这就导致北极经济治理的建章立制模式呈现多元化特征，相关国际规则的约束力度也不一致。依据当前北极地缘经济格局与科技发展情况，本书认为北极国家、非北极国家之间利益博弈所构建的国际规则可分为对抗式、俱乐部式、公益式三类，并对不同模式下的国家政治话语扩展方式进行剖析。

对抗式国际规则是指在某一北极治理领域，相关国家之间具有巨大的利益差异，由此产生的国际规则即为对抗式国际规则。在这一领域内，各国在标准设置与覆盖面界定上存在强烈的话语竞争。若一国的标准主张并未得到广泛认可，则必然会利用本国的国际声望和影响力进行广泛造势，将具有相近利益诉求的国家组成舆论共同体，试图将己方的标准设置上升为全球标准，从而影响国际规则的构建过程。例如，关于北极经济开发领域的环保议题，《联合国气候变化框架公约》对北极国家和非北极发展中国家的碳减排权责进行了差异化界定，给予广大发展中国家以相对优惠政策。虽然欧盟和部分北欧国家积极推动《联合国气候变化框架公约》在北极地区的落地，但是美国则出于本国利益考虑一再改变气候政策立场，尤其是关于开采阿拉斯加油气资源问题，更是采取能源开发优于环境保护的原则，导致单边主义大行其道，北极气候与生态环境保护成效不彰。[①]

俱乐部式国际规则是指部分国家基于共同利益所构建的并具有明显权责边界的国际规则。例如北极国家在北极理事会框架下构建的三大国际规则：2011年颁布的《北极海空搜救合作协定》、2013年颁布的《北极海洋油污预防与反应合作协定》和2017年颁布的《加强北极国际科学合作协定》。这些国际规则只对北极国家具有权责约束力，反映出北极国家对北极航运治理、北极科学信息、北极海洋资源开发等领域拥有垄断性共同利益诉求。北极国家实行"门罗主义"，保持内部政策一致性，从而拥有强大的建章立制权力，并且共同为非北极国家设置准入门槛，即使是在工作组层面也根据北极国家集体利益对非北极国家进行筛选，这就使得北极国家已经建立了俱乐部式的国际规则霸权，并迫使非北极国家承认甚至依附于这些明显具有非公正性的国际规则，使得非北极国家的北极利益难以获得国际法的有效保障。至于被北极国家重点防范的非北极国家，则往往被进一步削弱参与北极经济治理国际机制的权力与路径，在受到排挤的同时还有可能面临北极国家以相关国际规则体系相要挟的困境。俱乐部式国际规则是北极地区最具代表性的国际规则类型，北极理事会和北极经济理事会所出台的绝大部分国际规则皆属此类。对于非北极国家而言，面对北极国家集体垄断北极治理的规则构建事务，其应对路径不外乎三类：一是选择承认和依附于北极国家的集体霸权，以换取参与相关国际机制工作组的机会；二是在全球性多边机构中驳斥此类国际规则的歧视性，削弱此类国际规则的合法性和影响力；三是在全球性政府间国际组织中倡导类似国际

[①] 奥兰·扬、杨剑、安德烈·扎戈尔斯基：《新时期北极成为和平竞争区的发展逻辑》，《国际展望》2022年第3期，第7—11页。

规则，构建更符合本国利益的国际话语阵地，当然这种"另起炉灶"的困难度更大，毕竟北极国家也都是联合国的成员国，有可能在联合国框架下与非北极国家争夺涉北极国际规则话语权。

公益式国际规则就是建立在北极国家与非北极国家共同利益基础之上的国际规则，具有较强的协调性。例如，北极航运治理就属于北极国家与非北极国家共同关心的议题，尽快将北极航道的经济愿景转变为现实收益符合区域内外国家的共同利益，因此，各北极利益攸关方都认识到需要制定北极航运治理的国际规则，并设置相关的行业标准，以促进北极洲际航运贸易的便利化。又如，国际海事组织在构建《极地规则》的过程中，就充分参考了北极国家和非北极国家关于北极航运技术标准的参考意见。公益式国际规则也是各国之间进行话语权博弈的结果，其标准设置大多以北极国家的意见为主，鉴于此，这些国际规则一旦生效，不仅对所有的北极利益攸关方产生约束力，而且直接促进北极经济活动的生产—流通环节标准化。换言之，若某国不遵守这些国际规则，或者无法达到国际规则中内嵌的行业标准，那么该国就无法有效参与北极经济治理的领域，既无法有效竞标项目，也无法推进商品贸易。由此可见，国家间围绕国际规则所展开的竞争焦点就在于科技标准的设置，而几乎所有北极国际机制的规则构建与标准设置都由工作组层面的专家团队完成，而北极各国专家在工作组拟定国际规则初稿的过程中就进行了话语权争夺，尤其是非北极国家如何应对北极国家的标准竞争优势，如何确保本国相关行业标准也能被纳入国际规则，往往成为各国政府和专家代表在国际机制中的争论焦点。[1] 可以说，国际规则竞争的"第一角斗场"就是工作组，各国在北极国际机制中派遣的专家越多，就越可能在工作组层面获得人数优势与话语优势，甚至具有相同利益诉求的国家之间也会建立科学家话语联盟，以竭力促使符合盟国利益的国际标准被纳入国际规则之中。坦白说，北极国家的专家学者事实上控制了北极理事会、北极经济理事会等北极国际机制工作组的话语权，非北极国家在工作组层面的草案撰写项目上只有参与权和列席权而没有冠名权和决策权。即使是在国际海事组织层面，北极国家仍然具有 A 类理事会的席位优势和当代海洋科技的先发优势，在涉及北极海洋事务问题上也拥有非北极国家难以匹敌的话语优势。此外，还有一个常常被忽视的

---

[1] Gurol, Julia and Anna Starkmann, "New Partners for the Planet? The European Union and China in International Climate Governance from a Role – Theoretical Perspective", Journal of Common Market Studies, Iss. 59, No. 3, 2021, pp. 520 – 521.

原因阻碍非北极国家的话语权扩展，那就是北极国际机制秘书处的设立地点。秘书处不仅是议程设置和召开国际会议的重要机构，更是建章立制的筹备方，具有重要的信息收集与发布权。能够成为国际机制秘书处的驻在国，不仅在北极治理中具有相当的实力与影响力，而且还能够在相关国际规则和科技标准设置领域拥有更高的话语权。例如，北极理事会的秘书处位于挪威特罗姆瑟，就展示出挪威在北极环保领域和北极经济开发领域具有较强的科技优势与话语优势，当然挪威政府也为北极理事会的运转提供了资金支持。

由此可见，北极地区的经济治理已经步入区域合作机制的快速发展阶段，参与北极经济治理国际机制的建章立制过程已经成为非北极国家护持本国北极利益的重要路径，然而面临北极国家的地缘优势和话语权威，北极经济治理仍然存在北极国家主导国际规则构建的现实状况。不仅如此，由于北极国家内部也存在利益争端，美国、俄罗斯、冰岛希望建立以本国主导的国际规则体系，因此北极经济国际规则还存在地区差异，形成俄罗斯与西方国家分别主导的两种北极经济秩序。西方国家构建的国际规则也存在强国与弱国之分，前者以美国为代表，后者则以北欧国家为主，因此北欧五国往往作为整体参与北极区域国际机制的规则构建过程，并一再加强北欧—波罗的海的次区域经济合作，以"抱团取暖"的方式来提升在北极经济治理事务中的话语地位，并且大力增强特色型极地科技话语。

第二节　北极国际机制封闭性与排他式规则构建

国际机制作为国家间权力博弈与利益妥协的实践产物，其建章立制过程蕴藏着现实主义色彩。然而，国内外关于国际机制的研究往往以自由制度主义为导向，更倾向于探讨如何推动国家间合作与协调集体行动，但这种预设式理论思考并没有对国际机制的有限开放性进行理性认知，尤其是北极地区的国际机制，大多存在明显的准入门槛与等级化结构，形成了事实上的"北极国家俱乐部"。我们在探讨北极经济治理的国际规则构建过程时，应考虑到相关国际机制的决策权归属状况，而不能仅从国际机制的协调功能进行考虑。① 研究北极国际机制封闭性的构成机理,以及北极国家排斥非北极国家参与国际规则构建的制度性安排,都为北极经济治理研究开创新的视角。

一、北极国际机制封闭性的结构特征

北极地缘经济格局中内嵌的封闭式与割裂化的机制安排已经引起国际社会的广泛关注,这与学界理想化的国际机制模式大相径庭,因为北极地区的国际机制是有限开放的,并未对所有北极利益攸关方提供平等协商的机遇。这里的有限开放是指只对北极国家开放成员资格、建章立制决策权,对非北极国家则采取封闭和排斥政策,因此有限开放也是一种限定式开放。② 北极理事会和北极经济理事会就存在着等级结构与排他性安排,例如:将北极国家列为确定的成员,实现北极规则设置的"俱乐部化",以内部协商一致来垄断北极治理的建章立制进程;对于非北极国家则框定为观察员,进行不平等的权责分配。可以说,当前北极区域国际机制的核心焦点是:北极国家的绝对主导地位与非北极国家的边缘化地位之间的矛盾,这种不同北极经济治理主体之间的权责鸿沟,塑造了北极地缘政治经济格局的基本构架。明乎此,方知将机制现实主义视角应用于北极经济治理研究的现实价值。

北极治理机制不仅对北极国家和非北极国家进行明确的权责区分,而且也有可能使北极国家之间划分出不同的小团体。甚至某些北极治理国际机制,更成为某些北极大国谋取北极霸权,防范和打压其他北极利益攸关方的工具,这在北极理事会和北极海岸警卫论坛等都明显存在。例如冰岛位于北大西洋与北冰洋的交界地带,其北极国家的身份常常受到北冰洋沿岸五国的抨击,而后者是北极地区最具话语优势的主导型国家集团。北冰洋沿岸五国多次在北极渔业治理、北极海空搜救等领域将冰岛排挤在相关建章立制的过程之外,甚至在北极理事会和北极经济理事会的议题设置过程中,冰岛的话语权也较为弱势,这也是冰岛独自倡导建立北极圈论坛以增强本国机制性话语权的重要原因。

---

① Barbara Koremenos, Charles Lipson and Duncan Snidal, "The Rational Design of International Institutions", International Organization, Vol. 55, No. 4, 2001, pp. 763 – 782.

② [美] 罗伯特·默顿著,唐少杰、齐心等译:《社会理论和社会结构》,译林出版社2006年版,第567—568页。

北极地区国际秩序的相对封闭性与北极国际机制的排他性开放已经成为北极经济治理研究的新兴议题。冷战结束以后，西方国家逐渐掀去开放性制度主义的面纱，大力构建以西方意识形态为主的排他性北极国际机制，进而开启相关国际规则的工具化进程。在北极治理实践过程中，西方国家建立了多个俱乐部式国际机制，以设置严苛的准入门槛来拒阻非西方国家获得机制性参与北极治理的权力，并且防范甚至排斥非北极国家深度参与某些北极经济治理事务。以北极理事会、北极经济理事会为代表的北极区域国际机制，已经多次展示出等级制与排他性实践，北极国家在国际机制中的建章立制过程也暴露了"北极国家集体治理北极"的"门罗主义"逻辑，因此，北极治理国际机制研究为探析国际规则构建背后的权力政治开创了思维空间。

北极地区的国际社会之所以呈现出封闭状态，是因为北极国家极力打造在北极治理中的集体优势地位，刻意营造北极国家与非北极国家之间的身份隔阂，从而垄断北极地区的资源。[1] 在北极权力架构下，由北极全体国家或部分北极国家组成的北极区域或次区域国际机制，往往只为这些北极国家产生制度性话语权威利益，既然收益方的身份已被严格圈定，那么这些国际机制就不可能无条件对区域外国家开放，而是对国际机制的参与方进行身份区分与权力限定。北极国际机制的封闭模式可分为三类。一是同质化国际机制，即成员资格及权益具有同质化，通常以北欧地区的次区域国际机制为主，例如北欧理事会和西北欧理事会等。二是等级化国际机制，即国际机制的决策权集中在少数成员手中，整个国际机制的参与方之间存在不对称的权责结构。这在北极理事会和北极经济理事会中都有明文体现，北极国家作为成员拥有建章立制的最终决策权；而非北极国家和其他观察员都只是参与方，不能晋升为成员。三是排他性国际机制，即只限制特定国际行为体加入国际机制的运转与决策。例如北极海岸警卫论坛就只允许北极国家代表作为成员参会，参与各方包括北极国家海岸防务的军事或民事管理部门。[2]

这三种北极区域封闭式国际机制都有一个共同特征，那就是对内部成员采取平等原则，对非北极国家采取歧视性原则。所谓"对外开放和扩

---

[1] Tristen Naylor, "Social Closure and International Society: Status Groups from the Family of Civilized Nations to the G20", London: Routledge, 2019; Tristen Naylor, "Social Closure and the Reproduction of Stratified International Order", International Relations, Vol. 36, No. 1, 2022, pp. 25–33.

[2] 刘芳明、刘大海、连晨超：《北极海岸警卫论坛机制和"冰上丝绸之路"的安全合作》，《海洋开发与管理》2018年第6期，第49—55页。

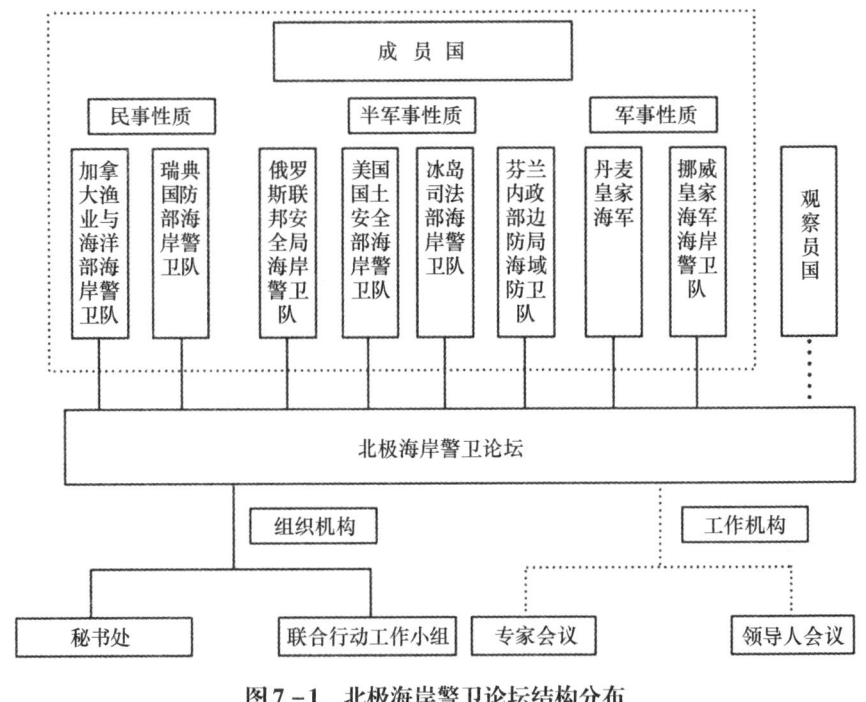

图7-1 北极海岸警卫论坛结构分布

本图为笔者自制。

展",只是扩展了观察员数目,而成员的数目几乎没有改变,因此所谓"对非北极国家开放"只是有限开放参会权与浅层的工作组合作,而权力等级结构与封闭式话语逻辑则以多种形式持续存在。

然而,代表来源的广泛性与建章立制的公正性是评价国际机制权威的关键指标。研究北极国际机制的封闭性结构,不能只关注北极国家的"门罗主义"行径,还要关注非北极国家的政策选择偏好。如上所述,以北极理事会和北极经济理事会为代表的等级化国际机制是北极地区的主导型国际机制,其合法性与权威性获取离不开非北极国家的认可。因此,北极国家和非北极国家之间围绕北极国际机制的封闭与开放之争,不仅是对既有政治话语权分配格局的重构,还是对国际机制权威塑造的再平衡,更是衡量国际机制合法性与约束性的必然过程。[①] 北极国家在北极治理上的话语优势是相对优势,而非绝对优势,因为没有非北极国家认可和遵循的国际

[①] 苏长和:《全球公共问题与国际合作:一种制度的分析》,上海人民出版社2000年版,第193—214页。

规则，就无法为北极国家带来国际社会公认的优先地位与主导北极事务的正当性。事实上，从某种维度来看，临近北冰洋的地理优势使得北极国家主导北极治理议程具有一定的合理性，但如果以此为由来垄断北极治理的建章立制，刻意忽视非北极国家合理的利益关切，限制非北极国家参与北极治理，则相关国际机制出台的国际规则也必将引起非北极国家的抗拒与否认。对于非北极国家而言，破除北极国家在北极国际机制中的封闭化操作，不仅是出于维护本国合理北极经济参与权的现实需求，更是一种维护作为北极利益攸关方地位的自尊性认知。① 通常而言，非北极国家有两项选择：一是公开指出既有北极国际机制存在代表性不足等问题，拒绝甚至抨击某个国际机制，转而参与其他同类国际机制，但有可能面临被北极国家集体孤立和独自承受特定的国际政治资源投放成本；② 二是积极争取有效参与既有国际机制相关机构的合法性。不难看出，非北极国家以观察员的身份加入北极理事会等国际机制，就意味着接受了北极国家为其设置的差异化准入原则和限制性权利条款。

综上所述，北极国家与非北极国家之间为自身政治身份的正当性进行多次博弈，不仅在国际机制建章立制的过程中为己方的政策主张造势，同时也要适度回应对方的利益关切，这种相互试探和相互磨合是一个探析双方最佳共同利益支撑点的艰苦过程，同时也是北极国际机制演进的内部动力，更是封闭性与开放性这两种力量彼此胶着、此消彼长的动态调节。北极国家对先验性地缘特权的护持，以及非北极国家对后发性制度话语的争取，衡量着权威与利益的权重，较量着各自诉求的合法性。前者竭力辩解差异化权力分配标准的正当性，后者则力图获得机制性参与北极经济治理的合理性。③ 封闭诉求与开放诉求的长期共存，是当代北极经济治理国际机制的常态化结构特征，双方都在积极营造对己有利的国际氛围，并灵活调整自身的国际竞争策略。坦言之，北极经济治理是个宏观协调的

---

① Frank Schimmelfennig, "The Community Trap: Liberal Norms, Rhetorical Action, and the Eastern Enlargement of the European Union", International Organization, Vol. 55, No. 1, 2001, pp. 51 – 62.

② Tristen Naylor, "Social Closure and the Reproduction of Stratified International Order", International Relations, Vol. 36, No. 1, 2022, pp. 29 – 36.

③ Benjamin Daßler, Andreas Kruck and Bernhard Zangl, "Interactions between Hard and Soft Power: The Institutional Adaptation of International Intellectual Property Protection to Global Power Shifts", European Journal of International Relations, Vol. 25, No. 2, 2019, pp. 590 – 603.

过程，北极国家的"小圈子"承接不了北极经济愿景的新机遇，更应对不了北极经济发展领域的"大挑战"，反而阻碍达成北极经济治理共识。每一项国际规则的出台，不仅意味着北极国家和非北极国家在共同关注的议题领域形成了短暂的均势，还预示着双方随时在下一个议题领域重新开展话语权博弈，以新的竞争节奏与竞争烈度推动北极国际机制的演进历程。

二、北极理事会的封闭性与排他式规则构建

在北极地区的国际机制中，北极国家与非北极国家的互动既涉及话语权益的博弈，又涉及身份叙事的调整。北极国家允许非北极国家的机制参与空间极为有限，处处暗藏限制与防范；非北极国家对只能拥有观察员身份亦是心存不满，追求贡献与权利的平衡。这种歧视与反歧视的交相呼应，在不同阶段形成不同的攻守态势。通常而言，北极国际机制的发展存在三个阶段。一是初创阶段，北极国家为主要成员，观察员的数目很少，整体国际机制呈现出较强的俱乐部性质，但国际认可度不足。北极国家是此阶段国际机制的核心决策者。二是扩容阶段，主要大幅扩展观察员数目，并为观察员群体设置明确的权益规定和身份界定，国际机制逐渐吸纳非北极国际行为体作为观察员，并将一些观察员升级为永久观察员，国际机制的国际认可度不断提升，并开始加速出台对北极国家有约束力的国际规则。北极国家仍然是此阶段国际机制的核心决策者。三是稳定阶段，主要表现为观察员群体已基本稳定，但数目远超北极国家，并包括全球性国际组织和专业化国际组织，观察员的地理覆盖面广泛，该国际机制的国际认可度进一步提升，北极国家难以完全垄断国际机制建章立制决策权，非北极国家要求增加决策参与权的呼声不断增强。北极国家与非北极国家在北极治理中的身份与权利纠葛，将聚焦于国际规则及其相关标准的开放度上。当前，北极理事会作为最具代表性的区域国际机制，已经发展到第二阶段。虽然北极国家仍然牢固控制北极理事会的决策权，但已有部分域外北极利益攸关方作为观察员加入北极理事会。[①] 如今，北极理事会拥有8个成员国，6个永久参与方，38个观察员（13个非北极国家、13个政府

---

① Arctic Council, "Arctic Council Rules of Procedure", https：//oaarchive.arctic-council.org/bitstream/handle/11374/940/2015－09－01_Rules_of_Procedure_website_version.pdf? sequence = 7&isAllowed = y.

间和议会间组织、12 个非政府组织）。① 北极国家反对国际机制限制自身的主权和对北极治理的主导权，将北极理事会设计成基于北极国家共同利益之上的俱乐部，赋予成员专属的决策权。北极原住民组织在北极各国不仅拥有合法的政治权利，其极地生存文化传承和社会发展诉求拥有正当性，尤其在北极资源开发与环境保护领域拥有独特权益，因此北极国家赋予北极原住民组织无需批准即可参加北极理事会各级会议的权利，但未授予其投票权与决策权。② 观察员只有观察权和有限参会权，没有决策权，这就为北极国家和非北极国家之间的长期权益博弈埋下了导火索。

北极国家在北极理事会成立之初就以国际法文本明确了北极国家的决策权，确立了以地域隔离为基础的权力分配逻辑，虽然为了提升北极理事会的国际影响力而设立了观察员，但即使面临非北极国家的深度参与压力，北极国家仍然对观察员的资质审查与参会权进行严格限制。在申请观察员的身份认定方面，北极国家为非北极国家和国际组织设置了七条规定③：

1. 接受并支持《渥太华宣言》中确定的北极理事会的目标；
2. 承认北极国家在北极的主权、主权权利和管辖权；
3. 认识到适用于北冰洋的《联合国海洋法公约》等国际法体系是负责任管理北冰洋的坚实基础；
4. 尊重北极原住民和其他北极居民的价值观、利益、文化和传统；
5. 表现出为永久参与方和其他北极原住民的工作做出贡献的政治意愿和财政能力；
6. 拥有参与北极治理的兴趣和了解北极理事会相关工作的专业知识；
7. 表现出支持北极理事会工作的具体兴趣和能力，包括通过与成员和永久参与方的伙伴关系，将北极治理议题提交给全球权威性多边机构。

---

① 在 2013 年的基律纳部长级会议上，北极理事会"肯定地接受了欧盟观察员地位的申请"，但推迟了最终决定。在北极国家部长做出最终决定之前，欧盟可以参与各级会议。

② Svein Vigeland Rottem, "The Arctic Council: Between Environmental Protection and Geopolitics", Singapore: Palgrave, 2020, pp. 49-52.

③ Arctic Council, "Declaration on the Establishment of the Arctic Council", https://oaarchive.arctic-council.org/bitstream/handle/11374/85/EDOCS-1752-v2-ACMMCA00_Ottawa_1996_Founding_Declaration.PDF?sequence=5&isAllowed=y.

这七条规定为非北极国家预设了三个政治条件：承认北极国家的特权地位，承认北极理事会建章立制的合法性与权威性，对北极理事会做出贡献。非北极国家的主要利益关注点是北极航运与北极能源开发，与北极国家之间既存在斗争性也存在妥协性。非北极国家虽然反对北极国家集体垄断北极事务以及对非北极国家的歧视性规则设定，但是仍然认为参与北极理事会是制度性维护本国北极权益的有效途径。[1] 地理上远离北极和知识储备逊于北极国家是非北极国家的两大软肋，由于短期内打破北极理事会的规则框架难以实现，而且尚未有可以替代北极理事会的全球性国际机制，更没有任何一个非北极国家可以独立挑战北极国家的集体话语权，因此，暂时忍耐北极理事会观察员的身份限制也并非毫无意义，至少一方面能够使得非北极国家了解北极理事会的运转流程，合法参与工作组层面的项目设置与国际合作，另一方面也可以通过科研合作来增强对北极治理的专业知识储备，培育本国的极地科学家团队与谈判专家。此外，获得观察员地位有助于提升非北极国家参与北极事务的身份正当性，以及应对其他非北极国家获得观察员地位所带来的某种竞争压力。随着观察员数目的扩展，在话语权受限的共同境遇下，非北极国家之间的合作与交流意愿也逐渐增强，以探索破解北极经济治理机制"排他性开放"的内隐逻辑。

北极理事会并非是开放性多边平台，其内嵌的"内外有别"原则明确了北极国家可以利用北极理事会相关规定来限制非北极国家的权益空间，其中最具代表性的规则设置就是《北极理事会观察员手册》。该手册明确规定了观察员的权利与义务，对非北极国家的限制主要表现为以下三个方面。

一是身份限制。观察员需要自己支付参会费用，北极理事会未设置观察员晋级为成员的路径。此外，观察员地位不是永久的，其持续性取决于成员的一致意见。任何观察员若从事违背《渥太华宣言》《北极理事会议事规则》的行动，则会自动丧失观察员地位。[2] 北极国家推动北极理事会的成员管理规则改革，进一步明确了北极理事会内部各类参与方的身份隔阂，强化了北极理事会的封闭性，对非北极国际行为体采取进一步防范的

---

[1] Aki Tonami, "Asian Foreign Policy in a Changing Arctic: The Diplomacy of Economy and Science at New Frontiers", London: Palgrave Macmillan, 2016, pp. 68 – 90.

[2] Arctic Council, "Arctic Council Observer Manual for Subsidiary Bodies", https://oaarchive.arctic‐council.org/bitstream/handle/11374/939/EDOCS‐3020‐v1B‐Observer‐manual‐with‐addendum‐finalized_Oct2016.pdf? sequence = 13&isAllowed = y.

政策立场。北极理事会不仅限制既有观察员的参会权,同时还收紧了对新晋观察员,特别是非北极国家的资格审核。例如,在2013年基律纳部长级会议之后,土耳其、蒙古国、希腊等国都提交了观察员地位申请,但至今未获得批准,只有2017年批准永久中立国瑞士成为观察员。

二是资金限制。虽然观察员可以通过北极国家或永久参与方提出项目合作意向和资金支持,但为了防止观察员"以钱谋权",北极国家特意规定了观察员虽然可以对北极理事会提供信息、资金支持,但观察员的捐款额度不能超过北极国家,并且将其活动范围限制在特定工作组层面。事实上,德国作为北极理事会观察员,已经多次抨击观察员存在高贡献度与低权利之间的不平等现象,提出应该将观察员在北极理事会工作组的贡献度与建章立制参与权相挂钩。

三是权利限制。观察员有权观摩北极理事会的运转流程,可受邀后参加北极理事会附属机构的会议,可由会议主席酌情决定在北极国家和永久参与方之后发言,可提交书面发言和相关文件,并就所讨论的问题提出意见,也可在部长级会议上提交书面发言。[1] 为了防止非北极国家拥有决策权,北极理事会明确规定观察员不能晋级为成员,从而将非北极国家和非北极国际组织的北极政治话语领域永远限定在有限参会权和项目参与权两个方面。对于具有国际影响力的非北极国家,北极国家更是为了维护自身权威和北极理事会的"北极国家俱乐部"属性,对其参与工作组的相关活动采取严格审批制度。[2]

三、北极经济理事会的封闭性与排他式规则构建

北极经济理事会作为北极理事会亲自倡议创建的北极经济治理新兴平台,同样受到北极理事会封闭式管理逻辑的影响。随着北极航道通航愿景成为现实,北极国家和非北极国家都开始将北极关注点从环境治理转向经济治理,这种北极地缘经济格局的演变,直接促使北极经济理事会的成立。由于北极经济治理所需资源巨大、对国际合作的需求较强,因此北极国家逐渐放弃了独自开发本国北极领土的战略思维,转向集体管理北极经

---

[1] Valur Ingimundarson, "Managing a Contested Region: The Arctic Council and the Politics of Arctic Governance", Polar Journal, Vol. 4, No. 1, 2014, pp. 163-171.

[2] Piotr Graczyk and Timo Koivurova, "A New Era in the Arctic Council's External relations? Broader Consequences of the Nuuk Observer Rules for Arctic Governance", Polar Record, Vol. 50, No. 3, 2013, pp. 199-218.

济事务，致力于营造"北极国家主导北极经济开发"的舆论氛围，竭力封堵非北极国家深度参与北极经济事务的可能路径，从而加剧了北极经济理事会的封闭性与排他性。

北极经济理事会虽然是北极理事会精心打造的多边平台，但始终坚称自身是"独立的国际组织"。为了提升对北极圈论坛和国际北极论坛的竞争力，作为后起之秀的北极经济理事会在北极国家的共同推动下，构建起了三级金字塔权力结构。

高层是执行委员会。执行委员会是北极经济理事会的决策机构和权力核心，由一名主席和四名副主席组成，皆由北极国家的公民担任，其中一名副主席须来自北极原住民组织。执行委员会是北极理事会的领导机构，通过设置工作组、管理秘书处等路径，确保北极经济治理的议题能够顺利转化为具体的国际规则。执行委员会主席是北极经济理事会的荣誉首脑，有权代表北极经济理事会签署国际文件、主持执行委员会相关工作。需要指出的是，由于北极经济理事会与北极理事会的关系极为紧密，为了保持这两个国际机制的政策协调性与共通性，北极经济理事会的执行委员会主席的国籍须与同期北极理事会轮值主席国一致。例如，俄罗斯于2021—2023年任北极理事会轮值主席国，而同期北极经济理事会执行委员会主席叶夫根尼·安布罗索夫也是来自俄罗斯。

中层是治理委员会。治理委员会是北极经济理事会建章立制的审议机构，负责监管北极经济理事会所有的业务工作，有权修改议事规则、设计办公流程、管理经费收支、审批"无表决权会员"等。治理委员会设置一名主席、三名副主席，皆由北极国家的公民担任，其中主席由执行委员会主席兼任，便于北极经济理事会决策核心及时了解中层管理部门的工作动态；其中一名副主席由北极原住民组织代表担任。

基层是工作组。工作组是北极经济理事会的主要行政与科研机构，由北极经济理事会成员提名相关领域的专家组成，以应对北极经济核心领域的治理难题。当前，北极经济理事会下设五个工作组，分别是：海上运输工作组、投资与基础设施工作组、负责任资源开发工作组、联通性工作组、蓝色经济工作组。① 各工作组从事极具专业性的科研项目并提交北极商务合作、北极经贸投资等专题政策建议，所需经费由北极经济理事会统一支付。工作组成员包括来自北极国家和非北极国家的公民代表，但人选名单需

---

① Arctic Economic Council, "Our Principles and Work in Practice", https：//arcticeconomiccouncil.com/.

经过执行委员会和治理委员会的协商一致后方可公布。北极经济理事会的工作组是非北极国家实质性参与北极经济理事会治理实践的重要平台。

在北极国家精心设计的三级金字塔权力结构之下，北极经济理事会已经事实上复刻了北极理事会"封闭式开放"的逻辑内核。北极经济理事会作为北极经济治理多边平台的"后起之秀"，不仅要维护北极国家的"垄断性经济霸权"，同时也要延续有限对外扩容的公信力获取路径。就规则制定而言，具体流程也分自下而上的三部分：一是工作组按照治理委员会的选题指南出具特定北极经济领域的政策报告，并将研究成果和国际规则草案提交治理委员会审核；二是治理委员会对这些草案进行严格审议，并酌情进行增减与修改，然后将修订版草案提交给执行委员会审批；三是执行委员会对修订版草案进行最终审定，以北极经济理事会最终文件的名义公布给所有成员与观察员。[1]

既然北极经济理事会已经成为北极国家主导北极经济治理的重要工具，但为什么还要向非北极国家扩容呢？北极经济治理的政治属性决定了北极经济理事会的等级制权力政治结构，但如果没有非北极国家的加入，北极经济理事会的国际影响力与北极国际机制的经济霸权就会丧失合法性，因此北极经济理事会在建章立制的过程中，借鉴了北极理事会的"有限开放"策略，从一开始就将北极国家与非北极国家对立开来，将北极经济治理议题领域的开放性与建章立制主导权的封闭性共存，逐步获取北极国家主导下的北极经济治理机制权威。北极经济理事会为了掩饰这种不平等的权力结构形式，充分发挥北极国家在北极经济开发领域所积累的科技优势，将北极经济理事会的议程设置从传统的北极航运开发转向北极特种船舶制造、海运污染治理、北冰洋油气勘探等新兴议题，并且为了防止非北极国家"以投资换权益"，北极国家在北极经济规模尚处于发育阶段，就未雨绸缪地率先制定了《北极投资协议》《北极商业金融》《北极矿业开发》《北极宽带——互联北极的建议》等国际规则，在北极金融和北极经济基础设施领域预置了规则框架，进一步提升了非北极国家深度参与北极经济开发的技术、装备与金融门槛。

北极经济理事会通过设置权限门槛、责任投资等方式，对非北极国家参与北极经济开发设置歧视性政策，表现出明显排他性特征，产生了如下几方面的影响。

---

[1] 肖洋：《北极经济治理的政治化：权威生成与制度歧视——以北极经济理事会为例》，《太平洋学报》2020年第7期，第94—100页。

一是阻止非北极国家获得北极经济理事会的决策权。北极经济理事会会员资格申请流程规定成员结构分为三类：传统会员、永冻土伙伴、北极伙伴。传统会员又称有投票权会员，掌控北极经济理事会的决策权，北极经济理事会的所有重要决策和人事任命都由传统会员投票表决。

传统会员由每个北极国家派出的三名商业代表和每个永久参与方派出的三名代表组成，会员费为每年1万美元。北极国家的代表无需申请自动成为有投票权会员，任期三年，可无限期连任。永冻土伙伴由来自北极国家的小微企业代表组成，其雇员数目低于15人，[①] 会员费为每年2500美元，有权在治理委员会层面提出政策建议。北极伙伴属于无投票权会员，由北极和非北极国家的商务代表组成，会议费为每年1万美元，非北极国家只能申请无投票权会员，最多只能参加治理委员会的部分会议，同时还要受到多重义务约束。[②] 截至2023年1月15日，无投票权会员中的非北极国家包括：希腊、德国、韩国。由此可见，北极经济理事会施行"北极国家优先"的政策理念，反映出北极国家通过准入门槛设置来阻断非北极国家参与北极经济治理国际规则构建的战略图谋。

二是为非北极国家设置多重约束。非北极国家作为无投票权的会员，不仅需缴纳与传统会员一样数额的会费，还面临多重约束。第一是考评机制约束。北极伙伴需接受北极经济理事会的年度资格审核，审核内容包括但不限于是否按时缴纳会费、是否存在违背北极经济理事会相关原则的行为、是否按时完成工作组层面的相关合作项目等。如果北极经济理事会认定非北极国家存在违背北极国家集体利益的行为，或是无法有效参与相关工作组的研究，则有权终止其无表决权会员资格，并直接影响其再次申请北极伙伴身份的成功率。第二是缴费额度约束。通常而言，在一个国际机制中，成员的缴费份额越高，相应获得的权力就越大。但在北极经济理事会的框架内，非北极国家需缴纳的会费及其他摊款额度基本与北极国家一致，但北极经济理事会有权随时调整非北极国家的会费额度，使其不能高于北极国家，并且不接受来自非北极国家的捐款，从而断绝非北极国家通过缴纳超额会费或大额政治捐款来增强在北极经济理事会的话语权。第三是徽标使用限制。由于北极经济理事会在北极经济治理中的权威性日益增强，非北极国家在国际场合使

---

① Arctic Economic Council, "Membership Dues & Classes", https：//arcticeconomiccouncil.com/join/.

② Arctic Economic Council, "Membership Application Process", https：//arcticeconomiccouncil.com/join/. 需要说明的是，北极经济理事会管理无表决权会员的法理依据为挪威国内法。

用北极经济理事会的徽标有助于提升自身的权威性与知名度。然而，北极经济理事会只允许拥有良好国际声誉的北极伙伴使用北极经济理事会的徽标，其他会员必须向北极经济理事会提交使用徽标的申请，得到批准后方可使用。这就使得非北极国家不得不按照北极理事会的相关规定行事，哪怕有些规则具有明显歧视性。而所谓"良好声誉"的评定存在较大的随意空间，其最终解释权仍然被北极国家牢牢掌控，其最为核心的标准就是非北极国家是否挑战北极国家的特权地位。第四是强制保密义务。会员资格申请流程规定无投票权会员应履行保守北极经济理事会所有涉密信息的义务，即使是和其他无投票权会员进行信息共享时，也承担相互保密义务。

三是为非北极国家增设贡献度考核标准。非北极国家需要在工作组层面为北极经济理事会做出贡献，并且不违反北极经济理事会的工作流程与原则基础，方能获批下一年度的无投票权会员资格和参会权。贡献度是北极国家利用非北极国家科技与信息资源、掌握非北极国家极地科研动态与实力的指标性工具，要求非北极国家参与工作组科研项目研究并撰写相关报告；尊重北极经济理事会拥有对所有科研成果的知识产权；按照北极经济理事会的发展规划提出政策建议等。[①] 这里的贡献度考核只与非北极国家的无投票权会员身份挂钩，不与非北极国家在北极经济理事会的话语权挂钩，这就使得无论非北极国家多么努力地参与北极经济理事会的相关活动，都不可能以高贡献度为由来申请提升话语权。这种成本与收益的失衡，使得非北极国家无动力也无意愿全面参与北极经济理事会工作组的相关工作，只能维持低水平、低层次参与北极经济理事会的相对消极状态，而这又恰恰是北极国家所乐于看到的结果，既能拉拢一些非北极国家以提升北极经济理事会的国际公信力，又能防止非北极国家获得决策权。然而在工作组层面的参与权对于非北极国家而言无非是一种"鸡肋诱惑"——效用有限，弃之可惜。因此目前只有韩国、希腊、德国等非北极国家成为北极经济理事会的无投票权会员。

四是对非北极国家设置科研话语壁垒。北极国家的极地科研力量远强于非北极国家，并积累了相对充足的北极人文与自然知识储备体系，因此在北极经济理事会的工作组层面往往由北极国家的科学家或行业专家担任项目主持人或召集人，从而使得北极国家控制了北极经济理事会各级科研团队的领导权。非北极国家参与北极经济治理的重要困难之一就是科技信息的不完整，然而当北极国家垄断了北极经济理事会的科研话语权之后，

---

① 杨剑等：《北极治理新论》，时事出版社2014年版，第63—64页。

非北极国家就面临着"三不知"困境：不知道北极国家设置科研项目的战略意图，不知道工作组科研资源的整合方式，不知道北极经济理事会建章立制的信息采纳思路。需要说明的是，尽管北极经济理事会和北极理事会都赋予北极原住民组织除了决策权之外的大部分权利，但由于北极原住民整体受高等教育的水平不高，专业化人才极为匮乏，因此难以有效处理具有高度科技与专业性的北极经贸和科研问题，往往只向涉及原住民经济与文化权益的科研项目和工作组派遣代表，在北极科研领域的话语权相对有限。[1] 坦言之，如果从北极国家对北极原住民政策的历史延续性来看，若非北极地区开发往往涉及北极原住民的传统栖息地，以及20世纪70年代风起云涌的民族解放运动，北极国家不会将北极原住民纳入北极治理国际机制之中。这么做只是为了增强这些国际机制的合法性与道义性，表面上给这些北极原住民组织以永久参与方等荣誉地位，但原住民的实际权利和北极国家政府代表大相径庭。在很多场合里，北极原住民代表都是"重在参与"，话语权较为有限，在一些涉及北极国家利益的重大决策问题上仍然与北极国家保持立场一致。

因此，北极国家通过安插本国科学家和行业专家的方式，主导了北极经济理事会各级权力机构的决策权和信息垄断权，这从三个方面影响了北极经济理事会的建章立制进程。第一，北极国家掌控了北极经济治理的议题设置领域，尤其是以美国、加拿大、俄罗斯为核心的北极大国更是垄断了工作组的核心议题设置权，将北极经济理事会的中长期国际规则议题范围集中在北极国家的四大优势领域——北极航运治理、北极基础设施建设、北极投融资、北极自然资源开发。[2] 第二，使得北极国家商务精英拥有政治权力。北极经济理事会和北极理事会在会员身份上具有较大差异性，前者的会员主要由企业代表组成，后者则由政府部门代表组成。尤其是北极国家的企业代表不仅有权参与工作组层面活动，甚至能够入选执行委员会的决策核心。例如，2021—2023年北极经济理事会的执行委员会全部由企业代表组成，主席叶夫根尼·安布罗索夫是俄罗斯诺瓦泰克公司的管理委员会副主席兼海运和物流总监；副主席是冰岛沃达丰公司首席执行官海达尔·古琼森、芬兰泰斯提公司总裁兼首席执行官特罗·基维涅米、

---

[1] Heather Exner–Pirot, "What is the Arctic a Case of? The Arctic as a Regional Environmental Security Complex and the Implications for Policy", The Polar Journal, Vol. 3, No. 1, 2013, pp. 120–121.

[2] 肖洋：《北极国际组织建章立制及中国参与路径》，中国社会科学出版社2019年版，第161—162页。

挪威特罗姆瑟卡夫公司通信主管英格·约翰森,以及美国埃亚克公司首席执行官——阿留申国际协会代表托马斯·麦克。第三,北极经济治理议程政治化。全面推动北极经济开发必然引起北极地缘政治经济格局的改变,尤其是吸引越来越多非北极国际行为体参与其中,形成北极经济治理的全球化。正是看到北极气候暖化趋势以及非北极国家参与北极经济事务的意愿不断增强,北极国家一方面大力宣传国际机制是北极经济治理的有效平台,另一方面则在北极经济理事会中预设了排他性的权力逻辑,将北极经济治理实践作为增强北极国家综合性北极战略实力的新场域,将北极经济理事会作为增强北极国家机制性霸权的工具。为了排挤非北极国家参与经济开发,北极国家通过安插本国专家、垄断北极科技信息、设置科研专项、推荐本国商务精英担任北极经济理事会高官等方式,掌控了北极经济理事会的决策权。[①]

此外,北极经济理事会为了进一步提升自身的权威性,还与北极理事会开展了相互赋能式的合作,在北极航运和北极金融领域的建章立制上进行深度沟通,以备忘录的方式框定了双方构建国际机制的协调路径,共同构建符合北极国家整体利益的权威规则。经济利益是北极国家战略利益的核心组成部分,但随着北极经济营商环境的不断改善以及北极国家实力的相对衰退,开展与非北极国家之间的经贸合作成为大势所趋,这也迫使非北极国家不得已调整其在国际机制中的战略布局。[②] 在已经主导了北极经济治理国际机制决策权的前提下,北极国家的下一步目标就是提升这些国际机制的全球影响力与权威性,而没有非北极国际行为体参与的国际机制无法产生能够得到国际社会公认的国际规则,难以有效支撑北极经济理事会在北极经济治理中的合法性,也无法保障北极国家的经济特权。因此,非北极国家加入北极经济理事会,并没有改变被歧视、被边缘化的劣势身份,也没有完全改变无权实质性参与北极经济治理国际规则的弱势地位。

[①] Njord Wegge, "The Political Order in the Arctic: Power Structures, Regimes and Influence", Polar Record, Vol. 47, No. 241, 2011, p. 166.

[②] Corneliu Bjola, "Keeping the Arctic 'Cold': The Rise of Plurilateral Diplomacy?", Global Policy, Vol. 4, Iss. 4, 2013, pp. 347–348.

第三节 国际机制与北极航运治理国际规则构建

随着全球气候变暖进一步加剧北极地区海冰融化,北极航运的现实价值逐渐显现,航运吞吐量逐年增多,建立一套稳定、统一、有序的国际规则是保障有效航运治理的前提和基础,以保护北极环境,管理诸如使用重燃料油、减少黑碳排放和水下噪音、规范冰海航运船舶建造标准等活动。但由于北极地区存在的多元主体治理模式和规则重叠现象,造成北极航运治理制度呈现碎片化和模糊化的特征,因此国际社会亟须建立一套北极航运治理规则体系以应对日益严峻的北极航道管理问题。

一、北极航运治理的现实困境

20世纪末至今,全球气候持续暖化、北极海冰融化以及极地航运科技创新,导致了北极海运贸易的蓬勃发展,使得开采镍和铁矿石等矿物资源以及油气资源成为现实。虽然传统欧亚美航线一直占主导地位,但俄罗斯、加拿大、美国北极沿海地区的对外开放愿景激发了国际航运业探索大西洋—北冰洋—太平洋洲际运输新航路。俄罗斯在冷战结束之初就宣布北方海航道(东北通道主干道)对国际航运开放,芬兰内马克船运公司的M/T Uikku号于1997年进行了商业运输。2005年,加拿大的沃伊赛湾和俄罗斯诺里尔斯克同时开始使用特制北极散货船出口镍。

除了北极远程物流之外,另一个中短程航运线路是由俄罗斯天然气股份有限公司用于出口轻质原油的俄欧北极往返航道,俄罗斯为此配备了7艘4.2万载重吨的北极油轮,以摩尔曼斯克为转运中心将原油运送至西欧。

北极航运善治依赖于稳定的国际规则体系,统一的行业技术标准是确保北极航运有序管理的核心,当前北极航运治理仍然面临两大现实困境。

一是《联合国海洋法公约》在北极地区的适用性问题。《联合国海洋法公约》是1982年举行的第三次联合国海洋法会议产生的国际规则,于1994年生效,迄今为止已有168个国家和欧盟批准了该公约。《联合国海洋法公约》包括两个与北极航运相关的重要特别条款,即关于冰封水域航运管理的第 234 条和第 235 条。第 234 条具体规定了沿海国因海冰而享有的特殊权利：沿海国有权通过和执行非歧视性的法律和规章，以防止、减少和控制专属经济区范围内冰覆盖地区的船舶造成的海洋污染。该条款为北冰洋沿岸国管理专属经济区内的国际航运给予了单方面权力。加拿大和俄罗斯都制定了相关北极航运管理规则。[1] 第 235 条反过来规定了各国的海洋环保责任：各国有责任履行其保护海洋环境的国际义务，并按照国际法承担相关责任。对于在他国管辖海域造成海洋污染和损害的自然人或法人，海域管辖国可以对其提起诉讼并获得补偿。这不仅要求非北极国家建造和使用环保型船舶进行北极航运，而且赋予北极国家有权以环保为名审查从事北极开发的外国企业和商船。[2]

二是船舶冰级标准的重叠性问题。船级社是负责监控船舶建造质量和安全操作的重要部门，其建章立制得到船旗国的授权。船级社的重要工作之一就是为新型船舶制定了一套安全和结构规则，包括冰海航运操作规则。当前共有八类区域与国别船舶冰级划分标准，包括：俄罗斯船级社冰级、极地冰级和国际船级社协会冰级、加拿大船级社冰级、德国劳氏船级社冰级、巴伦支冰级和芬兰—瑞典冰级、英国劳氏冰级、挪威船级社冰级、美国船级社冰级。

但出于航运便利化和造船标准化，越来越多的国家遵循芬兰—瑞典冰级冰级，该规则构成了波罗的海商船破冰援助的基础。然而，当前国际社会最广泛使用的是挪威船级社冰级和俄罗斯船级社冰级，后者是俄罗斯冰海水域航运的基础。需要说明的是，加拿大船级社冰级重点关注冰的厚度及危险水平，而不是像俄罗斯那样关注北极水域的实际操作。[3]

---

[1] Cecile Pelaudeix, "What is 'Arctic Governance'? A Critical Assessment of the Diverse Meanings of 'Arctic Governance'", The Yearbook of Polar Law VI, Leiden: Koninklijke Brill NV, 2015, pp. 402 – 410.

[2] Charles Ebinger and Evie Zambetakis, "The Geopolitics of Arctic Melt", International Affairs, Vol. 85, No. 6, 2009, pp. 1215 – 1232.

[3] 2008 年国际船级社协调了所有在冰封水域作业的船舶建造规则，提出以下要求：采取措施以防范由于冰冻对装有液体的舱、海湾、冰盒、船侧阀、载重水线以上的配件和压载舱造成的损坏，重新设计通风管、入口和排放管以及相关系统以防止因冰冻和冰或雪堆积而造成的堵塞，采取海水再循环的设备，住宿和通风系统入口应配备加热装置。

表7-1 各类船舶冰级标准一览表

冰级标准类型	冰情等级（左低右高）							
俄罗斯船级社冰级	RY2	RY3	RY4	RY5	RY6	RY7	RY8	RY9
极地冰级和国际船级社协会冰级	PC7	PC6	PC5	PC4	PC3	PC2	PC1	
加拿大船级社冰级	CAC4	CAC3	CAC2	CAC1				
德国劳氏船级社冰级	ARC1	ARC2	ARC3	ARC4				
巴伦支冰级和芬兰—瑞典冰级	1C	1B	1A	1A Super				
英国劳氏冰级	AC1	AC1.5	AC2	AC3				
挪威船级社冰级	ICE-0.5	ICE-1.0	ICE-1.5	POLAR-1.0	POLAR-2.0	POLAR-3.0		
美国船级社冰级	D0	C0	B0	A0	A1	A2	A3	A4	A5

本表为笔者自制。

随着全球气候变暖，大量冰封水域逐渐实现船舶通航。在通航条件改善的情况下，北极国家和非北极国家共同开展了北极能源开发合作。由于全球能源需求国主要为欧亚国家，因此东北航道和西北航道为主要能源运送航线。东北航道主要指西起冰岛，东至白令海峡的海上航线，俄罗斯将位于其境内的部分东北航道视为内水，目前东北航道全线通航时间为每年7月中旬至10月中旬。随着北极海冰加速融化，俄罗斯北方海航道的年货运量呈指数级增长，其中2021年货运量超过3500万吨[1]，北极东北航道的综合利用价值逐渐凸显。西北航道则是从白令海峡延伸至戴维斯海峡的海上航线，由于其大部分地区位于加拿大境内，因此加拿大通过主张西北航道属于历史性水域而认定西北航道为加拿大内水。随着世界各国对北极航道开发参与度的不断加深，北极航运问题从区域问题外溢为全球问题，产生了全球性影响。因此北极航运治理不再局限于北极国家内部，而是成为全球治理的一部分，全球力量将在很大程度上决定北极的未来。自此，北极航运治理便呈现出以北极国家、非北极国家和非国家行为体为代表的多元主体治理模式。

---

[1] CHNL Information Office, "Shipping Traffic at the NSR in 2022", June 6, 2023, https://arctic-lio.com/nsr-2022-short-report/.

二、北极航运治理机制的竞争态势

全球性国际机制、区域性国际机制、北极国家以及地方政府皆基于各自的利益诉求制定并出台了相应的法律规范，这在一定程度上造成了北极航运治理国际规则供给过剩，[①] 使得北极航运治理国际机制呈现出碎片化和模糊化的特征。从各类国际规则的实践视角出发，北极航运治理国际机制竞争可以分为水平竞争与垂直竞争两种类型。

（一）北极航运治理国际机制的水平竞争

以推行弱约束力国际规则为主的国际制度竞争属于水平竞争，其中地理覆盖面是其主要评价指标。在水平竞争中，各国际机制之间的竞争烈度较低，所出台的各类国际规则往往具有低约束力，甚至是没有约束力的倡议、宣言、政策建议等软性规则，旨在为了获得更多国家的支持。国家由于不必承担过多的强制性义务与要求，因此更倾向于参加和支持此类以软性规则为主的国际机制。北极地区拥有一系列定期举行的各类论坛或会议，其中与北极航运治理相关的国际机制包括北极圈论坛、东方经济论坛、北极地区议员会议等。此类国际机制由于不具有正式性制度安排，因此无法出台强制性国际规则，只能作为国家、地方政府之间的协商平台，因此竞争程度较低。

在北极航运治理领域，北极理事会正是以"柔性竞争力"著称的国际机制。北极理事会基于其注重"非约束性规则"的制度推广策略，当前已成为北极航运环保治理领域的准权威国际机制。北极理事会出台的弱约束力国际规则吸引众多非北极国家和国际组织参与其议题设置与讨论之中，使其成为一个容纳各方发声的多边平台，[②] 从1996年成立时的《渥太华宣言》，到之后针对船舶油气污染治理的《北极离岸油气开发指导》，北极理事会通过一系列国际规则在水平竞争中成就了其在北极航运治理领域的权威化。

[①] Hastedt, Glenn, Donna L. Lybecker and Vaughn P. Shannon, "Cases in International Relations: Pathways to Conflict and Cooperation", California: CQ Press, 2015, pp. 249 – 251.

[②] Oran Young, "Building an International Regime Complex for the Arctic: Current Status and Next Steps", The Polar Journal, Vol. 2, No. 2, 2012, pp. 391 – 407.

(二) 北极航运治理国际机制的垂直竞争

以推广强制约束力程度为评价指标的国际制度权威性竞争属于垂直竞争。在垂直竞争中，国际机制的竞争烈度较强，首要的竞争目标便是能够在更大程度上约束国家行为。一个国际机制对其成员的强制约束能力越大，其在该领域的治理成效则越高，自然其权威性就越强。因此对于事关人类生存的紧急议题，国家会倾向于参加和支持此类以"硬法"为主的国际机制。[①]

在北极航运领域，国际海事组织正是以"硬法"著称的国际机制典型代表。随着北极地区国际船舶数量的增加，国际社会高度重视北极航运环保治理，国际海事组织作为负责全球航运安全和海洋环境保护的专门机构，在制定航运管理规则方面发挥了重要作用。正是其所构建的以《极地规则》为内核，以国际航运三大公约——《国际防止船舶造成污染公约》《1974年国际海上人命安全公约》《海员培训、发证和值班标准国际公约》为基石的强制约束力规则体系，为其成为北极航运治理领域的权威国际机制奠定了坚实的基础。

由此可见，国际机制是建立在一系列规范国家和国际组织的国际规则之上的安排，国际规则竞争又是北极航运环保治理制度竞争中最基本的竞争形态，因此北极航运治理的国际机制之争集中表现为国际规则之争。

第四节　国际海事组织与《极地规则》标准权威

北极海冰的持续消融为北极航道开发提供了得天独厚的自然条件，其经济和军事战略价值均得以凸显。虽然多元参与主体皆针对北极航运治理制定了相关的航行规则，但彼此之间缺乏信息交流与技术沟通，规则制定标准的交叉、重叠与冲突造成了北极航运治理的混乱局面，给非北极国家船舶在北极地区航行造成了不便，同时也使得北极航运治理陷入了制度困境之中。因此，随着非北极国家与国际组织对北极经济开发参与度的不断

[①] 阮建平、王哲：《北极治理体系：问题与改革探析——基于"利益攸关者"理念的视角》，《河北学刊》2018年第1期，第161—162页。

提升，北极航运治理呼吁出台一套统一的强制性北极航行准则，以便切实满足北极航运安全与环境保护的治理需求。国际海事组织在全球航运领域具有绝对的合法性与权威性，是北极航运建章立制的最佳治理主体。

一、《极地规则》与国际海事组织权威构建

北极航运治理所呈现的规则相互重叠、供给过剩的混乱局面促使国际社会亟须制定一部专门适用于北极航运的权威性国际规则以整合北极航运治理议题下的各类国际规则，实现有效治理。2014年，国际海事组织通过了《极地规则》，并于2017年1月1日正式生效。《极地规则》以航运三大公约为基础，是北极航运治理的权威性规则。因此，《极地规则》的出台既是适用于各缔约国的非歧视性、一般性国际规则，也是多元治理主体利益妥协的产物。

《极地规则》主要包括两部分内容，即"航行安全"与"污染防治"。在航行安全部分中，编写采用目标导向型标准（以下简称GBS标准）的特殊规范模式，即从宏观到微观的编写模式，在每章的第一部分设下本议题领域的宏观总目标，然后根据总目标再制定相应的具体措施规定。但是在"污染防治"部分中，相对"航行安全"而言，其内容篇幅较短，且并未按照GBS标准编写，只是简要提及针对不同污染源的操作性要求，因此《极地规则》的出台在北极航运环保治理领域具有以下三个初始目标：第一，明确目前北极航运期间主要的污染源；第二，为船舶污染防治规则设定下限；第三，强制要求成员承担起保护北极地区海洋生态环境的责任。在这三个目标的基础上，《极地规则》将协调、促进和推动北极国家与域外国家在航运环保治理领域的合作，有效整合各方所能提供的专业知识，在国际海事组织各类会议平台之上最终形成一个稳定、高效的北极航运环保制度体系，为北极航运各利益攸关方提供全面的北极航运环保信息与数据资源。

由于维护环保与航运的平衡性是实现北极航运善治的核心，因此《极地规则》关于航运防治污染部分的强制性规定就成为各方关注的焦点。与《极地水域船舶航行指南》相比，《极地规则》将环境污染防治列为与航行安全具有同等地位的主体内容。北极航运环保属于《极地规则》第Ⅱ部分，采用软硬结合的编写模式，其中包括强制性规定（Ⅱ-A）和建议性指南（Ⅱ-B）。强制性规定以《国际防止船舶造成污染公约》附则内的强

制性条款为基础,规定主要针对以下五类航运污染源。①

第一,对于油类污染,《极地规则》提出了操作性要求与结构性要求。操作性要求是指除清洁或专用压载物的排放之外,禁止在北极地区内排放任何油类或者油类混合物。结构性要求是指对船舶设计提出了规定,点燃油装载容量小于600立方米且于2017年1月1日及以后建造的A类和B类船舶的燃油舱与外壳的距离、货油舱与外壳的距离应不小于0.76米;A类和B类低于5000载重吨的油船则遵守《国际防止船舶造成污染公约》规定。

第二,对于散装有毒液体物质污染只规定了操作性要求,即禁止排放有毒液体或含有此类物质的混合物。除遵守《国际防止船舶造成污染公约》外,还新增了对于2017年1月1日之后建造的A类和B类船舶如果运输《国际散装运输危险化学品船舶构造和设备规则》中列出的非危险物品则还需经主管部门批准才能在北极地区运输,最终会以发放证书作为同意运输的标志。

第三,对于包装形式的海运有毒物质污染规定以《国际防止船舶造成污染公约》附则为主。

第四,对于船舶生活污水排放,其操作性规定在《国际防止船舶造成污染公约》的基础之上还新增了两点,即2017年1月1日后建造的A类和B类船舶以及所有客轮禁止向北冰洋海域排放污水;此外,要求船舶远离海冰密度超过20%的区域(除得到所在国政府批准的在该区域长期作业的A类和B类船舶),且船舶必须在任何冰架或坚固冰三海里之外的地点排放已处理过的污水。

第五,对于船舶垃圾倾倒,在《国际防止船舶造成污染公约》附则上新增了一些额外限制条件。如食品垃圾只能在特定环境中将其粉碎后排入海中,禁止直接排放在海冰之上。且排放地区必须与最近的陆地、冰架或固定冰的距离至少12海里以上。

除强制性操作要求外,建议性指南包括两部分,第一部分是对油类污染、散装有毒液体物质污染以及船舶垃圾倾倒的强制性规定进行更加详细的解释,第二部分是对除以上五种污染源之外的其他环境条约和指南进行额外的解释,主要包括船舶压舱水排放以及压舱水管理系统的限制条件、防污涂料污染。

综上所述,《极地规则》的强制性规则内容基本以《国际防止船舶造

---

① Sebastian Knecht and Kathrin Keil, "Arctic Geopolitics Revisited: Spatializing Governance in the Circumpolar North", The Polar Journal, Vol. 3, No. 1, 2013, pp. 178–203.

成污染公约》为基础，但同时又新增了一些限制性要求，因此《极地规则》是《国际防止船舶造成污染公约》在北极地区的延伸。《极地规则》在出台后对多个领域产生了全方位的影响，主要表现为以下四个方面。

一是提升了国际海事组织在北极海事治理实践中的权威性。《极地规则》的出台标志着国际海事组织不仅在北极航运治理领域，而且在全球航运治理领域内仍旧保持着权威性地位。《极地规则》的出台对北极航运环保治理、北极治理、全球治理产生了由点及面的推动作用，不仅有效提升了北极治理的成效，而且为其他领域的区域治理提供了建章立制范本。此外，《极地规则》扩大了治理客体的范围，将所有有意参与北极航道开发的国家全部纳入北极航运环保治理的对象之内，未来《极地规则》还有望涵盖更多的国家使其成为国际通用规则。因此，在《极地规则》出台以后，国际海事组织主导下的北极航运环保治理制度便立即形成。

二是以目标为导向的标准设置提升了北极航运规则修订的灵活性。一方面，在《极地规则》制定之初确立总体目标可以让签约方清晰地认识到每一条款所要达到的最终目标，从而大幅压缩缔约国讨价还价的余地，避免了条款内容的模糊性与歧义。另一方面，在总体目标之下设立具体的功能要求以及操作要求，有助于各缔约国明确本国在现阶段的主要任务，以及为了达到总目标而需完成的基本任务。由于 GBS 标准的编写方式避免了反复修订《极地规则》内容所带来的不便，因此在修订内容时只需针对具体规则条款进行相应的改动。由于受到各国利益和权力博弈的限制，国际规则，特别是强制性国际规则的出台总是滞后于现实实践的发展，且强制性国际规则的修订过程也需经历较为繁琐的程序修订过程，[1] 因此国际规则的内容就更加滞后于时代的发展，这也是导致国际机制权威性衰落的重要原因之一，即建章立制的滞后性降低了国际机制的治理有效性。《极地规则》这一创新性编写方式便从国际制度面临的这一困境出发，有效提升了《极地规则》对北极航运环保治理的效能，为日后北极航运环保治理打下了坚实的法律基础。

三是软硬结合的结构极大提升了缔约国数量。《极地规则》包括强制性规则与建议性指南两部分。《极地规则》采用此种软硬结合的结构模式的原因在于为建议性指南内的规则设立一个缓冲期。强制性规则是各国必须遵循的行为下限，而建议性指南则是各国应该遵守但并非必须遵守的上

---

[1] 孙凯、郭培清：《北极治理机制变迁及中国的参与战略研究》，《世界经济与政治论坛》2012 年第 2 期，第 126 页。

限措施，给予国家自由选择的机会。因此这样的结构方式极大吸引了各国的关注目光，使得各国能够在追求不同的北极利益基础之上在《极地规则》这一平台上集聚，之后再在检验此类指导性建议的适应性与实用性后讨论是否将其纳入强制性规则之中。《极地规则》正是拥有这两大特性，使其在北极航运治理中发挥了独特的、无法取代的治理作用，极大地推动了北极航运环保治理制度的构建进程，并为全球其他领域治理制度的构建提供了范本。[①]

四是提升了北极治理在全球治理体系中的地位。《极地规则》的出台标志着联合国对北极航运治理的重视程度日益上升，使更多的国家开始了解北极航运，积极主动地参与北极航运治理的进程之中，促进了国际合作在北极航运领域的深入开展，扩大了北极航运治理的影响范围。表面来看，《极地规则》的治理客体是北极航运中所出现的各类航运问题，但实际上其所约束的对象为参与北极航运治理进程的各类国家，未来北极航运治理不再仅仅是北极的区域治理实践，更是全球治理的重要成果。随着《极地规则》签约国的不断增多，修订内容的不断完善与丰富，北极航运治理将会对全球治理进程产生更强大的推动力。

二、《极地规则》的权力属性

在《极地规则》出台的过程中，北极国家、非北极国家均基于各自利益在海上环境保护委员会和海上安全委员会召开的各届会议上提出建议报告，致力于将本国航运标准上升为国际标准，从而展开针对国际标准权威的权力博弈。

（一）北极国家在《极地规则》中的权力博弈

1. 俄罗斯与加拿大的权力博弈

俄罗斯和加拿大基于历史性水域、扇形原则等划分原则声称对东北航道和西北航道拥有绝对管辖权。在加拿大的积极推动下，第三次联合国海洋法会议通过了《联合国海洋法公约》第234条"冰封区域"条款，成功地在谈判过程中将本国利益取向有效融入该条款内。该条款成为俄罗斯和加拿大对北极航道拥有实际航运环保治理权的合法性来源，由于该条款的

---

① Sebastian Knecht, "Arctic Regionalism in Theory and Practice: From Cooperation to Integration", Arctic Yearbook 2013, 2013, pp. 2 – 7.

适用范围和适用对象具有特殊的北极指向性，因此又被称为"北极例外"条款。该条款赋予了两国北极航运治理相当大的权力，具有明显的沿海国价值倾向，自此两国将北极航运环保治理视为其国内航运环保治理，积极参与《极地规则》的制定与商讨，力图推动本国航运环保治理标准的国际化进程。①

加拿大十分重视北极航运环保治理，在《极地规则》制定前国内已出台一系列针对西北航道环保治理的具体规则，包括《北极航运污染防治规章》《北极水域污染防治法》《航行安全规章》以及《航运安全控制区规则》，形成了加拿大管控下的北极航道环保治理体系，其对航道污染的立法严格程度已远远超过国际海事组织制定的同类标准。② 通过牢固把持既有技术优势这一竞争路径，加拿大逐渐在北极航运环保治理制度构建进程中获取较高的话语权和影响力优势。1991 年，加拿大技术小组受国际海事组织邀请为《在北极冰雪覆盖水域的操作指南》起草极地水域船舶航行特别规则，以发挥其在北极航运环保治理领域的专业化知识与立法经验。在《极地规则》的制定过程中，针对港口接收设施建设要求，加拿大认为除了提供废物接收设施之外，北极地区还应立即执行禁止排放石油和油性混合物的规定，该建议最终成功被海上环境保护委员会所接纳。

与加拿大推行航运环保治理高标准不同的是，俄罗斯更注重北极航道的经济和军事战略价值。俄罗斯将北方海航道视为国家经济发展的核心，决定以北方海航道的经济发展为支点以刺激和推动本国总体经济的可持续发展进程。通过出台《2035 年前俄罗斯联邦北极国家基本政策》等文件，俄罗斯明确提出"北方海航道应成为全球运输大动脉"的战略目标。当前，俄罗斯还未制定专门针对北极航运环保治理的法律文件，相关规定只是散落在《北方海航道水域航行规则》等文件中。因此，俄罗斯更加注重北方海航道的经济价值，对航运环保治理则重视不足。③ 在《极地规则》中是否禁止任何船舶向海洋排放石油或油性混合物的议题上，由于《国际防止船舶造成污染公约》附则Ⅰ中所列出的特殊区域均不涵盖俄罗斯计划实施经济开发的北极航道沿线地区，因此俄罗斯认为不应禁止船舶在北极

---

① Anne Toft Sørensen, "From Integration Governance to Region Building in the Arctic", New Global Studies, Vol. 7, No. 2, 2013, p. 162.

② 奚源：《环境伦理视阈下的北极资源开发研究》，《北京理工大学学报》（社会科学版）2017 年第 4 期，第 144 页。

③ 黄凤志、冯亚茹：《俄罗斯的北极政策探析》，《吉林大学社会科学学报》2021 年第 5 期，第 134—137 页。

所有水域的排放，应允许船舶在《国际防止船舶造成污染公约》附则中列出的特殊区域内排放油性混合物。但该建议对于目前处于特殊区域的水域是极为不利的，因此最终该建议未获得参与主体的同意而未被通过。

2. 美国等其他北极国家的权力博弈

以美国为主导，其他北欧国家积极参与北极航运治理活动以提升自身在北极航运治理领域的话语权，在航运治理议题领域强烈反对俄加航道所有权声明，支持各国北极航行自由权。例如，美国虽然未加入国际油污基金组织，但其国内依据《国际油污损害民事责任公约》通过了《美国1990年油污法》，建立起国家油污基金中心以弥补其在海洋污染责任与赔偿上的法律空白。在当前全球航运业绿色转型的大背景下，美国及其盟友在2022年4月共同向国际海事组织提交了一份提案，该提案认为当前以2008年为基线减少50%航运碳排放量的目标过低，呼吁国际海事组织制定2050年实现国际航运零排放的新目标。在《极地规则》制定过程中，美国展现了其积极主动的一面，例如在探讨《极地规则》Ⅱ-A部分是否适用GBS标准时，美国认为其在实质性保护环境与各国遵守条款能力方面存在歧义且缺乏一致性，因此应当取消在Ⅱ-A部分采用GBS标准的编写方式，并用非约束性条款取而代之即可，最终该建议获得了海上环境保护委员会的认可。在《极地规则》强制性来源议题上，美国建议将《极地规则》中环境保护部分直接纳入《国际防止船舶造成污染公约》附则，而不是通过引用的方式将《极地规则》Ⅱ-A部分纳入《国际防止船舶造成污染公约》中以使其具有强制性，但该项提案最终未获得通过。通过积极参与国际海事组织主导的《极地规则》制定过程，美国将其国家利益有效地融入《极地规则》，极大地提升了其与北极航道沿岸国的相对权力。[1]

（二）非北极国家在《极地规则》中的权力博弈

除北极国家之外，随着北极治理议题的全球性影响逐渐溢出，北极域外国家也逐渐成为北极航运治理的重要参与者。北极域外国家在北极航运治理的利益诉求主要集中体现在北极航运环保规则是否有利于缓解全球气候变化及其对北极油气开发的影响。在国际海事组织A类理事国名单中，只有美国、俄罗斯和挪威三国为北极国家，其他皆为非北极国家。因此在北极治理具有"门罗主义"现状时，国际海事组织为非北极国家参与北极

---

[1] Anne Toft Sørensen, "From Integration Governance to Region Building in the Arctic", New Global Studies, Vol. 7, No. 2, 2013, p. 160.

航运治理提供了相对公平、开放的平台，在《极地规则》制定过程中，非北极国家积极提出自身利益诉求，有效削弱了北极国家在北极航运环保治理领域的长期垄断。例如在《国际防止船舶造成污染公约》附则是否应适用于《极地规则》Ⅱ-A部分上，荷兰和巴拿马认为应将《国际防止船舶造成污染公约》附则全部适用于《极地规则》Ⅱ-A部分，并要求所有船舶必须遵循相关条款，但美国认为如果适用对象范围为所有新船舶和现有船舶，则应当取消对船舶结构和添加重要机械等方面的要求，最终海上环境保护委员会听取了美方建议。在如何制定《国际防止船舶造成污染公约》附则以使《极地规则》更具有强制性方面，荷兰和巴拿马建议在《国际防止船舶造成污染公约》的附则中设立单独的章节以赋予《极地规则》强制性特征，而德国支持船舶设计和建造分委会所提出的《国际防止船舶造成污染公约》修正案草案，美国更是建议将《极地规则》中环境保护部分直接纳入《国际防止船舶造成污染公约》附则，而不是通过引用的方式将《极地规则》Ⅱ-A部分纳入《国际防止船舶造成污染公约》中以使其具有强制性，最终海上环境保护委员会选择听取荷兰和巴拿马的建议。从非北极国家参与《极地规则》的权力博弈可以发现，专业知识优势是非北极国家参与北极航运环保治理权力博弈的主要竞争路径。非北极国家凭借其在国际航运领域的专业知识积累以提升其在国际海事组织各项会议中的话语权，进而对北极航运环保治理的制度构建产生一定影响力。

三、《极地规则》的公益属性

《极地规则》作为国际海事组织出台的一项强制性国际规则，除权力属性之外还具有典型的公共产品特征。在此将从公共产品的非排他性供给、需求非竞争性和外部性三方面分析《极地规则》的公益属性。

第一，《极地规则》的非排他性供给。《极地规则》为各缔约国提供了北极航运环保治理所需的统一技术标准和法律制度。首先，国际海事组织在《极地规则》中通过与相关行为体的咨询与协商，详细制定了关于极地船舶结构与设备配置、船舶资质检验、船舶操作程序以及船舶防污染等一系列强制性技术标准，及时制止了北极航运环保治理标准碎片化、各自为政的乱象。统一技术标准的出台不仅有效维护和整合了北极国家在北极航运环保治理领域的技术垄断优势与资源，同时也为非北极国家参与北极航运环保治理提供了一个公平、公正、开放和共享的合作平台。其次，《极地规则》作为目前北极航运管理领域的强制性权威规范，有效拓展了法律制度在北极地区的覆盖范围，进一步提升非北极国家对北极航运环保治理规则的贯彻执行，有助于提升北极航运环保的治理成效，推动各国落实《联合国气候变化框架公约》的基本原则。未来任何一个试图参与北极航运或北极经济开发的国家，都必须严格按照《极地规则》中的规则标准以制定本国的北极经济发展战略。因此从这一视角而言，《极地规则》的"硬法"特征有效隔绝了一些不愿承担环保责任的国家进入北极地区，并成为各国能够实质性介入北极事务的决定性砝码。

第二，《极地规则》的需求非竞争性。《极地规则》作为各国权力博弈的产物，兼具平等性与公平性。《极地规则》为世界各国提供了一个交流北极航运信息的沟通平台，各国可以在《极地规则》制定过程中提出自己的利益诉求，国际海事组织通过了解各国实际航运需求与利益后，最终通过协商一致实现共赢。《极地规则》对各缔约国的遵约行为一视同仁，所有缔约国需严格按照《极地规则》内化本国北极航运环保政策，为世界各国有效解决北极航运利益分歧，避免国家间冲突发挥了积极作用。因此以《极地规则》为代表的"硬法"规范表现出国际海事组织尊重所有成员的利益诉求，与北极理事会的"门罗主义"路径形成了鲜明对比，获得了北极域内外国家的广泛认同与支持。

第三，《极地规则》的外部性。《极地规则》的出台对成员之外的其他行为体产生了较大的影响。由于当前北极航道尚未成为全球航运"大动脉"，因此各国海上贸易并未与北极航道运输产生紧密联系。但随着北极航道冰雪加速消融，传统航道的弊端促使北极航道势必成为未来全球航运的主航道之一，越来越多的国家将不可避免地参与到北极航运环保治理进程之中。作为各国能够实质性介入北极事务的决定性砝码，《极地规则》是所有国家与国际组织进入北极地区的门槛，只有遵守《极地规则》才能在北极地区开展相应的活动、获取所需的资源，因此《极地规则》对非成员参与北极航运治理具有重要的外部性作用。[1]

综上所述，随着北极来往船舶数量的急剧增长，北极航运治理成为北极非传统安全治理的重要议题之一，包括北极域内外国家、政府间国际组织和非政府组织在内的多元行为体都积极参与北极航运环保治理进程，希冀在该议题领域维护自身利益、获取相关话语权。国际海事组织作为北极航运治理建章立制的领导者，从而成为各国争夺议题话语权和影响力的重

---

[1] 阮建平、王哲：《北极治理体系：问题与改革探析——基于"利益攸关者"理念的视角》，《河北学刊》2018 年第 1 期，第 161—162 页。

要对象与平台。

四、北极区域国际机制对《极地规则》的立场差异

北极区域国际机制在《极地规则》构建过程的权力博弈中也发挥了重要作用，主要包括政府间国际机制——北极理事会，以及非政府国际机制——国际船级社、欧洲造船工业会、因纽特人极地委员会。

北极理事会作为北极地区最大的政府间协商平台，是北极地区航运环保治理的准权威国际机制的核心。通过采取"软法引导+硬法保障"的规则推广模式，北极理事会成为除国际海事组织之外在北极航运环保治理领域最具影响力与话语权的非国家行为体。[①] 但值得注意的是，国际海事组织颁布的强制性国际规则直接挤压了北极理事会在北极航运环保治理领域另立强制性国际规则的空间，进而削弱了北极理事会对国际海事组织的挑战能力。因此北极理事会在国际海事组织主导下的北极航运环保治理规则构建过程中只能发挥辅助功能，不具备决定能力。由于北极理事会的运转被北极国家所主导，因此其在《极地规则》的制定过程中的主要目标为坚决维护北极国家在北极航运环保治理领域的垄断地位，降低非北极国家在该领域的话语权与影响力。由于北极理事会在北极环境治理、航运治理领域具有较为丰富的经验与知识积累，因此虽然其未直接参与《极地规则》的内容制定，但仍然积极推动各方对《极地规则》的遵约实践，如2016年北极理事会紧急情况预防、准备和响应工作组与国际海事组织的海上环境保护委员会合作出台了《冰雪条件下的溢油指南》。2017年，北极理事会保护北极海洋环境工作组成立了北极航运最佳实践信息论坛来鼓励参与北极航运的国家、组织、企业和个人有效实施和遵守《极地规则》。

国际船级社和欧洲造船工业会在船舶设计和建造领域具有丰富的专业知识储备与科技研发能力，因此在《极地规则》制定过程中它们会向国际海事组织提供专业建议以提升规则的专业权威性。如在《国际防止船舶造成污染公约》附则是否适用于《极地规则》II-A部分上，欧洲造船工业会认为，适用《1974年国际海上人命安全公约》的船舶和新旧船舶都应遵守"两步法"，即按照适用《1974年国际海上人命安全公约》的船舶先遵守、不适用《1974年国际海上人命安全公约》的船舶后遵守和新船舶先遵

[①] 王传兴：《论北极地区区域性国际制度的非传统安全特性——以北极理事会为例》，《中国海洋大学学报》（社会科学版）2011年第3期，第5页。

守、旧船舶后遵守的实施步骤。《极地规则》的 GBS 标准编写则是完全借鉴国际船级社的造船标准，且双方于 2016 年签署了一份协议备忘录以促进在 GBS 标准设定议题的深入合作。

因纽特人极地委员会作为国际海事组织国际非政府组织中唯一的原住民组织代表，其原住民成员涵盖美国阿拉斯加地区、加拿大、丹麦的格陵兰以及俄罗斯的楚科奇地区。如该委员会曾提议出台水下噪音污染限制措施，2022 年 1 月国际海事组织接受该建议并打算积极出台相关规则。虽然该建议尚未被纳入《极地规则》II-A 部分，但因纽特人所具有的地方性知识对《极地规则》日后的修订具有较大的借鉴价值。

综上所述，围绕《极地规则》展开的话语权博弈，呈现出以国家间博弈为主的态势。就其本质而言，《极地规则》最终成为北极国家内部和北极域内外国家之间权力博弈以及相互妥协的产物，带有深刻的权力属性烙印。[1] 虽然机制现实主义理论有力阐释了为什么国际海事组织能够成为北极航运治理国际规则的权威构建者，但也存在一定的局限性，尤其是更重视国际机制的权力属性。特别是当"逆全球化"思潮泛滥、民粹主义兴起、北极域内外国家出现关系紧张之时，国际机制的权威性与有效性就将面临重大挑战，国际社会也更重视国家物质性权力的增长而非机制性制衡。中国作为近北极国家、北极航运利益攸关方、国际海事组织 A 类理事国以及全球性贸易大国，有能力也有意愿在北极航运治理中提出中国倡议，作出中国贡献。自 2017 年"冰上丝绸之路"倡议提出以来，中国便与各方共同开展北极合作，积极参与北极航运治理。国际海事组织为中国等非北极国家提供了交流、沟通北极航运环保政策建议的平台，因此中国应高效利用国际海事组织这一平台所提供的机会，深入参与北极航运环保治理进程中，在严格遵守《极地规则》相关条款之外，在《极地规则》的后期修订过程中积极提出建议，发出中国声音，主动与世界其他国家开展航运环保治理政策与信息交流，推动"冰上丝绸之路"高质量发展。

---

[1] 肖洋：《北极理事会"域内自理化"与中国参与北极事务路径探析》，《现代国际关系》2014 年第 1 期，第 51—54 页。

第八章 "冰上丝绸之路"与北极国际机制的融合路径

"冰上丝绸之路"建设不仅要实现贸易联通和物流畅通，更是一个逐步机制化的过程，其发展愿景是在北极经济治理的不同议题领域构建相应国际机制。在北极治理机制化程度日益加深的背景下，"冰上丝绸之路"的国际机制建设，必然将与当前北极地区既有国际机制进行互动，而互动的结果则决定了"冰上丝绸之路"的建设成效。"冰上丝绸之路"并非只和一个北极国际机制进行互动，而是在既有北极国际机制复杂化发展的背景下，与多维度、多领域的国际机制进行对接，从而使得北极治理诞生出新的结构特征。在人类命运共同体理念引领下，如何协调与既有北极国际机制的关系，则成为可持续推动"冰上丝绸之路"建设的现实问题。

第一节 国际机制距离对北极经济一体化的影响路径

面对大国博弈升级和"逆全球化"的复杂环境，北极地区的经济发展面临诸多不确定性。消除地缘政治经济风险，促进北极经济协调发展，以实现北极经济一体化，成为北极经济治理的重要目标。实现这个目标，不仅需要消除阻碍要素和经济壁垒，更需要衡量既有北极经济治理国际机制之间存在的壁垒及其空间效应。随着北极地缘经济研究的机制转向趋势日益明显，北极各地方之间的制度环境与机制安排差异所导致的"机制距离"为研究北极经济一体化提供了新的分析视角。

一、北极经济一体化进程中的机制构建

冷战结束以来，北极地区的跨区域经贸联系成为地缘经济学研究的新

兴领域，同时经济全球化与北极次区域经济一体化也逐渐改变了北极的经济版图。随着后疫情时代全球能源供应链和价值链发生跨区域的调整与重组，北极地区再次成为全球地缘经济关注的焦点，但是阻碍跨北极经济合作的机制壁垒仍然存在，经济深度融合的北极市场体系尚未形成。① 因此，如何破除北极各国和各区域之间要素流动的机制阻碍，是确保北极经济可持续发展的重要议题。北极作为具有巨大潜力的新兴经济区，存在明显的区域发展不平衡现象，例如，西北欧地区的经济发展水平最高，俄罗斯西北地区和美国阿拉斯加其次，加拿大北部、丹麦格陵兰、俄罗斯东北部地区发展水平较低。学界传统上以北极地区的物质资源为研究对象，包括基础设施、航道与港口及自然资源等，但随着北极经济治理的议题领域快速扩展，治理成本和跨区域治理难度不断攀升，机制性障碍才逐渐被认为是制约北极经济一体化的重要因素。② 解释机制影响北极区域经济发展的逻辑脉络是北极地缘经济研究的创新点。事实上，这种从物质资源向机制互动的思维转向，在某种程度上催生了地缘机制经济学的发展。北极地区各国际机制存在的机制环境、机制边界与机制资源对跨国经济活动产生了不同的影响，导致某一区域的生产要素在向其他区域扩散的过程中逐步消减。本节从国际机制距离的视角探讨如何构建北极经济一体化的思路框架，以服务于"冰上丝绸之路"在北极地区的实质性推进。

北极经济治理的研究焦点从"聚物结构"向"聚制结构"转移，是国际经济地理学与国际关系学相融合的必然结果。相应地，北极经济一体化研究也从关税同盟、自由贸易、统一大市场等国际贸易学的理论框架，转而向地缘经济空间、国际机制阻碍、机制壁垒、标准霸权等国际政治经济学领域扩展，催生出新经济地理学和新机制经济学等理论流派。例如，新区域经济学认为，地理的临近性更能促进相关国家参与特定区域内的各类国际机制，并且在逐渐密切的经贸往来过程中提升国家间互信程度，为培育区域经济一体化的国际环境奠定内部合作网络基础，毕竟区域经济一体化的重要表现特征就是通过国际机制的协调功能来消除经济体之间的差别待遇，从而增强区域整体的竞争力。然而，这种阐述思路面临一个现实困境，那就是如何看待国家间经济发展的不平衡性与国际机制约束对象的无差别性之间的矛盾。不同发展水平的国家对国际机制的需求程度也存在差异性，这就很可能造成相

---

① 王雨、张京祥：《区域经济一体化的机制与效应——基于制度距离的空间发展解释》，《经济地理》2022 年第 1 期，第 29—35 页。

② 丁明磊、刘秉镰：《区域一体化创新体系构建模式及实施策略研究》，《经济体制改革》2010 年第 2 期，第 6—9 页。

似发展水平的国家自发组成国家经贸联盟从而降低跨境贸易成本，这种"小圈子式"的国家集团往往以次区域经济一体化的形式出现，但在机制供给方面具有相对强大的影响力，从而推动区域经济机制的变迁。由此可见，北极经济研究需要加强对国际机制的关注度。

（一）国际机制对北极区域空间分布的作用机理

在北极政治经济架构的划分中，国际机制表现为次区域或国家间的经贸边界，对北极区域经济产生了条块化空间分割效应。在区域经济一体化的过程中，国际机制对国家间跨境贸易产生了明显的"边界效应"，国际机制的成员之间产生跨境协同发展，但对其他非成员则展现出明显的行政壁垒与政策歧视现象。换言之，即使是以西方国家为主的北极地区，仍然存在"行政经济"现象。[1] 事实上，国际机制的国际规则一旦被成员认可并成为国内规则，就意味着国际规则得到国内行政机构的执行力保障，随着认可国际规则的成员数量不断增多，国际规则的有效性边界则会逐步与成员的国界相重合，并在国家行政力量的加持下形成"跨国行政经济体"。由此可见，在国际社会无政府状态下，国际机制的协调功能最终仍然是依靠成员的行政和立法机关将国际规则变成国内规则，从而影响成员的对外行为。北极经济协调国际机制框架下的"跨国行政经济体"，不仅阻碍了北极经济的跨区域协调，同时也约束了北极经济一体化进程。

国际机制如何塑构北极区域发展的空间经济？这里需要明确两个重要的概念：国际机制优势与国际机制空间。国际机制优势是指国际机制成功吸引外资、人口等经济要素的有利条件。国际机制空间是指在经济全球化冲击下，国际机制能够产生有效影响力的区域、次区域等特定地理空间范围。北极国际机制既是北极地区经济发展的结果，又反作用于北极经济发展的区域化和一体化。国际机制优势越大，国际机制空间越广，反之亦然。为了深入研究国际机制对北极区域经济发展的实际影响、跨国贸易壁垒的消除等，需要对北极经济一体化的经济空间现象进行合理解释，同时为北极地区各国际机制有效性的差异化研究及其经济空间构建提出具有说服力的理论框架。

国际机制距离是指国际机制之间在经济治理成效上的差异或相似程度，用于解释国际机制之间在构建营商环境的能力差异及其对跨国投资行

---

[1] 刘君德：《中国转型期"行政区经济"现象透视——兼论中国特色人文—经济地理学的发展》，《经济地理》2006年第6期，第897—901页。

为的影响，同时也就阐明了国际机制之间存在的优势差异直接导致彼此之间的地理影响空间差异。换言之，国际机制距离本质上就是探讨国际机制环境差异性。北极地区国际机制距离包括显性国际机制距离和隐性国际机制距离。显性国际机制距离是指国际机制之间在北极经济治理规则构建和约束国家行为等方面的差异性，这包括国际政治距离、国际经贸距离和国际法距离。隐性国际机制距离是指国际机制之间在理念指引、文化认同、国际社会融入度等方面的差异，包括国际文化距离与社会心理距离。国际机制距离是判断国际环境的重要指标，国际机制通过国际机制环境差异来研究跨国经济行为，已经成为北极经济发展研究的重要视角。

为什么在研究北极经济一体化的过程中要引入国际机制距离这个概念呢？这是因为北极经济发展空间具有自然地理属性、经济地理属性和政治地理属性三重属性，对应着地理空间距离、区域经济水平差距、国际机制差异三重剖析维度。国内外学者将国际机制因素引入北极经济发展研究的学术探索较少，更遑论北极地区国际机制环境差异对经济发展的影响。[1] 在当前北极地区经济发展不平衡不充分的现实图景下，国际机制之间的差异性已经实质地影响到国际合作的成效，因此将国际机制距离这一理论工具应用于北极经济治理的实践图景，则有助于探讨北极国际经济空间的竞合关系。

国际机制距离的研究尺度是以特定区域作为基础研究目标，理论假定是该区域内部的国际机制环境存在差异性。尤其是对于北极这样一个文化多元、经济发展不平衡、人口集聚规模差异化巨大的新兴经济区域而言，无论是北极国家之间还是跨北极国际经济要素流动都面临国别和国际机制壁垒的双重约束。国际机制距离存在于次区域经济圈、跨区域经济链等多维空间，具有不同国际机制优势和国际机制空间的国际机制就成为北极经济治理的核心分析单元。此外，国际机制距离的关注点不仅包括跨国企业，还包括国际机制的成员政府，在将国际规则转变为国内规则的过程中，成员政府在经过利益权衡博弈后，实质上成为主动参与北极经济开发的"超级跨国公司"。因此，在推进"冰上丝绸之路"的过程中，应高度关注国际机制规则在不同国家的内化成效。

（二）国际机制距离对北极经济发展的影响路径

随着国际机制距离的研究尺度从国际机制间向区域经济空间转变，所

---

[1] 林建浩、赵子乐：《均衡发展的隐形壁垒：方言、制度与技术扩散》，《经济研究》2017年第9期，第192—197页。

涉及的国际机制类型也发生了改变。这既包括在国际机制成员范围内的国际规则所构成的边界型国际机制，也包括国际机制等级体系支配下的资源型国际机制。因此在北极区域经济空间研究中，国际机制距离就是北极不同地区之间的国际机制边界与国际机制资源差异，各个国际机制边界所限定的空间范围重合度越高，且由国际机制资源支配的经济要素共享程度越高，则国际机制间的距离就越小；反之，各个国际机制边界所限定的空间范围重合度越低，且由国际机制资源支配的经济要素共享程度越低，则国际机制间的距离就越大。国际机制距离越大，则生产要素向外流动速度越慢并逐渐衰减，国际经贸合作越困难；国际机制距离越小，则经济要素流动速度越快，国际经贸合作越顺畅。

国际机制距离与国际地理距离同时作用于北极经济开发的实践进程，国际机制距离的实践场域是国际机制空间，而国际地理距离则影响国家间的地理空间维度，由此可见，二者都对特定地域空间的经济要素扩散产生阻碍作用，但在北极经济发展的空间类型、区位条件等方面存在差异性。

在空间类型方面，国际地理距离通常以自然地理空间的"点与点"的连接作为研究对象，衡量的是国与国之间的交通联系紧密程度，例如俄罗斯与西北欧地区的航运经贸联系就远高于与东北亚地区的航运经贸联系。国际机制距离则将国际机制空间视为具有明显边界效应的"面"，面与面之间存在脆弱性不等的边界。在区位条件方面，国际地理距离与国际机制距离都能建立不同维度的空间坐标系，从而判断特定目标地区的区位条件优劣。在国际地理的空间坐标系中，特定区位条件的优劣取决于其控制空间资源的稀缺程度。例如，俄罗斯摩尔曼斯克作为北极东北航道的核心枢纽港，能够影响北欧、西欧与俄罗斯的陆海联运链，从而具有极强的区位优势，而俄罗斯远东地区的季克西港地区，则缺乏内陆经济城市集群的产业与市场支持，且远离欧亚经济中心区域，其区位优势则相对较弱。在国际机制的空间坐标系中，特定区位条件的优劣取决于其所占有的国际机制资源的稀缺程度。例如，冰岛作为北极圈论坛的发起国与承办国，凭借此类国际论坛提升了自身的国际影响力，进一步夯实了冰岛作为北极国家而非北大西洋国家的身份定位，因此拥有相对较强的区位优势，这也是冰岛愿意成为欧亚北极航运贸易的转运地，并对"冰上丝绸之路"表现出浓厚兴趣的原因；反观加拿大作为北极理事会和北极经济理事会的倡议国，由于目前仍宣布北极西北航道为本国内水且不对外开放，因此其区域优势更多体现为自然资源禀赋较多而国际机制资源较少。因此，北极地区的经济发展不仅由其自然禀赋决定，还由其国际机制资源决定，而国际机制资源作为北极国家和非北极国家的行为准则与认知规范,表现出明显的区域差异特征。①

表8-1 国际机制距离与国际地理距离比较

比较指标	国际地理距离	国际机制距离
内涵	位置关系	影响力差异
空间维度	自然地理空间	国际机制空间
空间类型	点与点的连接	面与面的边界
衡量方式	线段长度	脆弱性强度
区位条件	交通便利优势	机制资源优势

本表为笔者自制。

国际机制距离通过干预经济要素跨国流动的方向与规模来影响北极的经济发展,其作用机理分为以下两类。

一是国际机制距离的边界属性决定北极经济要素的流动规模。国际机制之间的距离越大,经济空间的割裂现象越明显。国际机制不统一导致了很多限制性规则壁垒的出现,集中表现为以国际机制成员领土面积为刚性边界的各类外资管理规则、税收规则和技术标准。例如,芬兰和瑞典作为欧盟成员,就采取欧盟的外资审查规则和行业技术标准,而挪威和冰岛不是欧盟成员而是欧洲自由贸易联盟成员,则不受欧盟及其国际规则体系的约束。但由于欧洲自由贸易联盟只有挪威、冰岛、瑞士、列支敦士登四国,国际影响力相对于欧盟而言较小,因此在经贸领域奉行着一些与欧盟迥然不同的政策。例如,反对农产品自由贸易,不要求劳动力和资本在成员之间自由流动,成员之间取消关税壁垒但每个成员可对非成员自主设置关税税则等。② 在利己主义和贸易保护主义的背景下,国家更重视与具有同类国际机制成员身份的国家建立紧密的经贸联系,而在与其他国际机制成员的交往过程中则建立起规则壁垒,阻止区域内经济要素向区域外国家流动。事实上,这种规则壁垒普遍存在于北极地区的各个地理空间,小到郡县大到次区域经贸集团,经济要素在国际机制成员组成的行政区域中自

---

① Kratke S., "A regulations Approach to Regional Studies", Environment and Planning, No. 4, 1999, pp. 686–701.

② 欧盟则与之相反:实施农产品自由贸易,要求劳动力和资本在成员之间自由流动,建立关税同盟和共同贸易政策。

由流动，而一旦超越行政边界（国界）则立刻被阻止。更为严峻的是，经济要素若始终被限制在特定国际机制成员内部，则会导致资金利用率低效、产业同质竞争等风险，而相邻区域则容易产生资源反向流动、低水平重复建设和"小散乱"等问题。在此类情况下，北极经济开发的国际合作受到国际机制距离的制约，最终导致区域空间的条块化和分散化发展，造成经济要素向某些经济发达地区集聚，难以形成整合式经济的规模效应。

二是国际机制距离的资源属性决定经济要素流动的方向。国际机制距离越大，北极区域经济发展的不平衡现象就越明显。权威型国际机制对经济要素的吸引力更强，从而改变了经济要素的流动方向。尤其是对于资本要素而言，权威型国际机制及其国际规则体系往往更能带来稳定的投资预期，其成员也更有意愿通过招商、税收、环保等政策进一步压低经济要素在成员之间的自由流动难度，同时也提升非成员获取这些经济要素的门槛。北极国家的北部领土开发共同面临资金和劳动力双短缺的掣肘，而国际机制成员之间能够通过务工移民政策和税收减免政策等公共资源优惠政策体系，有效进行优势互补，从而提升对成员之间经济要素的有效配置。例如，格陵兰作为丹麦的自治领，在经济开发问题上缺乏资金支持，因此同为北极经济理事会成员的美国、挪威和加拿大等国，通过相关双边或多边协议，加强了对格陵兰矿业投资力度。有别于地理区位自然资源的相对开放性与不可替代性，公共产品与行政管理下的机制资源则具有明显的排他性与可替代性，北极地区业已成形的层级制国际机制体系已经将北极自然资源归纳于不同的行政权力单元，而国际机制成员或成员集团已经在相当程度上决定着北极经济要素的流动走向。[①]

综上所述，北极国际机制的竞争结果取决于各自所拥有机制性资源的丰盈差异，这也使得北极地区的经济社会发展程度呈现出巨大的不平衡性，北欧地区与加拿大北部、俄罗斯东北部的发展差距更为显著，难以实现区域协调发展。一方面，国际自然距离和国际机制边界效应制约了北极经济发达地区的国际机制福利向欠发达地区扩散。另一方面，北极区域经济发展的不平衡性越强，就会进一步拉大国际机制之间的影响力差距，而运行良好的国际机制及其成员更倾向于强化国际机制的边界效应，以实现对本区域内经济要素的掌控，从而易于形成集体性贸易壁垒。这种贸易壁垒在欧洲地区较为常见，例如，北欧国家的经济水平普遍较高，在北欧理

---

① 李琳：《区域经济协同发展：动态评估、驱动机制及模式选择》，社会科学文献出版社2016年版，第12—24页。

事会、西北欧理事会等次区域多边框架下，彼此之间的经济要素流动较为顺畅，但跨区域要素流动的规模与走向则受到限制。在上述这两种力量的作用下，北极区域内要素流动的不均衡性会受到一定程度的增强，而二者的叠加效应则导致国际机制距离的进一步扩大。由此可见，国际机制距离直接影响了北极各地之间的竞合关系，国际机制距离越大则越阻碍北极经济一体化进程。当前北极地区复杂的经济空间现象已经成为北极治理的新议题。

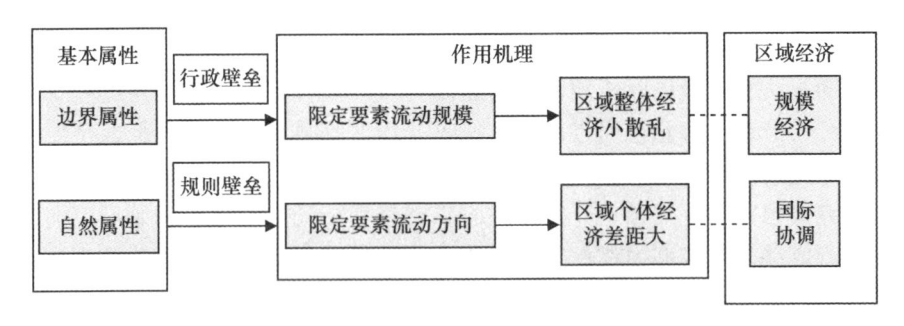

图 8-1 国际机制距离的作用机理示意图

本图为笔者自制。

二、国际机制距离作用下的北极经济空间发展模式

现实中的北极经济空间发展是自然地理空间与国际机制空间的叠加式发展，并且国际地理距离与国际机制距离也存在相互作用的可能，从而形成多维经济空间的特征。这种自然资源与人文资源的二象性思维框架，将北极区域经济空间作用关系分为四个象限，分别对应四种区域经济空间发展模式。

（一）孤立模式

当北极地区之间的国际机制距离与国际地理距离都大时，会发生国际机制空间割裂与地理空间隔绝，地区与地区之间几乎没有经贸互动联系。其中，国际机制空间割裂往往导致两方面的后果：边缘区域塌陷和核心区域极化。这是因为不同层面的国际机制通常拥有不同的地理层面的影响力，具体表现为虽然地理空间上存在城市群和产业链的临近性，但由于处于国际机制的边缘地带，而难以与己方和对方的核心经济区产生空间联系。例如，摩尔曼斯克虽然是俄罗斯北极地区第一大城市，却位于斯德哥

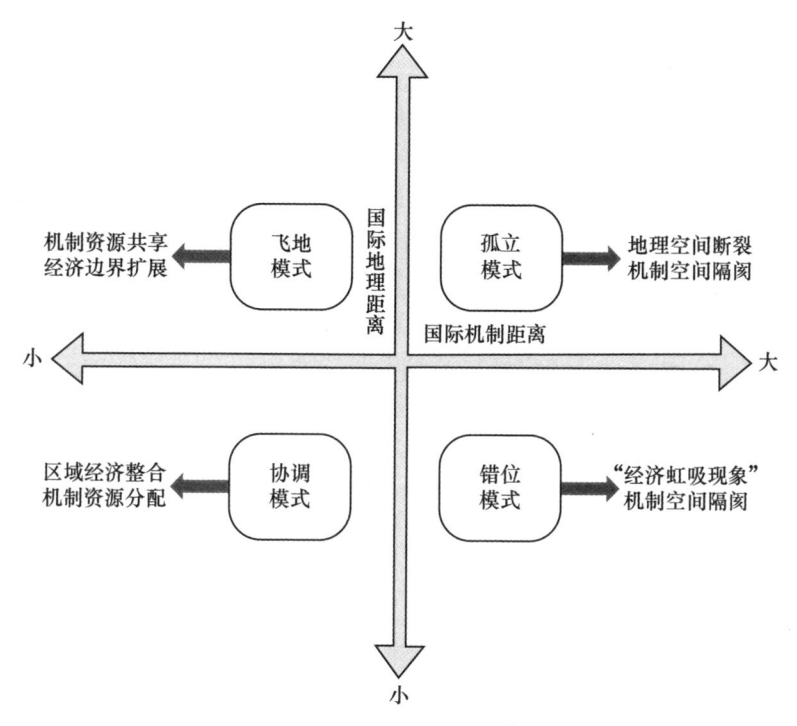

―――第八章 "冰上丝绸之路"与北极国际机制的融合路径

图 8-2 北极国际地理距离与国际机制距离互动的二维象限

本图为笔者自制。

尔摩都市圈、赫尔辛基都市圈、奥斯陆都市圈、圣彼得堡都市圈等区域经济空间之外，同时还是北欧理事会和巴伦支海欧洲—北极圈理事会等国际机制的边缘地带，跨界空间联系有限，空间经济结构较为脆弱，属于北极经济圈的"孤岛区"。与之相反，即使同属一个国际机制的成员，核心国家与边缘国家在同一地理区域也会发生经济空间塌陷现象。例如，在地理空间上同属于北大西洋经济圈的加拿大和冰岛，虽然在国际机制空间上也同属于北极经济理事会和北极理事会成员，但由于加拿大是北极大国，处于北极国际机制的核心位置，而冰岛是北极小国，位于北极国际机制的边缘地带，两国的国际机制距离与国际地理距离皆较远，加拿大的主要贸易伙伴是北美国家，冰岛的主要贸易伙伴是西欧和北欧国家，两国皆非对方的主要贸易伙伴，在北极地区的经贸合作空间关系较弱。

（二）错位模式

当北极地区之间的国际机制距离较大，但国际地理距离较小时，国际

213

机制距离则成为影响区域经济空间扩展的核心变量，往往呈现出经济一体化的国际机制建设滞后于物流基础设施建设的现象。白令海峡两岸的美国和俄罗斯虽然地理临近，但两国在北极理事会和北极经济理事会中却处于"核心—边缘"的位置关系，并且这种两极分化的趋势造成美俄两国都刻意拉大彼此之间的国际机制距离，最明显的案例是美俄都开始主导特定的国际机制，并刻意排挤或防范对方的参与。[1] 这就解释了为什么同属西方文化圈的北大西洋地区能够产生多种国际机制，而北太平洋地区则至今尚未形成有效的国际经济合作机制，反而成为俄美战略对峙的前沿地带。需要指出的是，错位模式还会导致"经济虹吸效应"。北极国际机制和特定地理区域中的主导国往往实力更强、国际影响力更大、国内市场更广阔，因此更有能力和意愿进行次区域和跨区域国际贸易，推动了国际投资、国际劳工等经济要素加速向主导国集聚，从而使得主导国的邻国或其他中小型国际机制成员对其产生了经济依赖和机制依赖。例如，2022年美国仍然是北欧国家和加拿大等国的主要贸易伙伴，彼此兼具各类国际机制成员身份，双方已经建立起某种程度的"经济与战略联盟"，而同年俄罗斯的十大贸易伙伴却没有一个北极国家，[2] 俄罗斯与其他北极国家之间巨大的国际机制距离，已经成为限制俄罗斯—北欧—北美跨区域协调发展的重要因素。美国实力远高于俄罗斯和其他北极国家，几乎在各个权威性北极国际机制中都拥有强大的话语权，同时在地缘政治因素的扰动下，北美—北欧与俄罗斯形成巨大的发展差距。另外美国主导下的国际机制对俄罗斯展现出越来越强烈的排挤性，并对俄罗斯主导的国际北极论坛展现出防范和冷落立场。国际政治的排他性不仅进一步固化了国际机制距离，而且让北极地区的经济要素，甚至包括俄罗斯本国的人力、资本、资源等要素大多向西方发达国家流动。北美—北欧作为北极核心经济圈，其发展历程也包括对俄罗斯、中东欧国家等边缘国家经济要素的吸纳与转移。

此外，即使国家间地理位置邻近，国际机制距离差距较小，国际政治的边界效应仍然会带来影响跨国经贸关系的行政力量。国际机制的边界效应是客观存在的现实，这一方面会通过成员采取对外一致的人力资源、资金资源、供应链与物流链准入门槛，另一方面也会加剧成员经济要素的

---

[1] 沈陈：《帝权之后：规范等级体系与亚洲制度竞争》，《当代亚太》2022年第2期，第65—86页。

[2] 2022年俄罗斯十大贸易伙伴是中国、荷兰、土耳其、德国、白俄罗斯、韩国、意大利、法国、哈萨克斯坦、印度。需要指出的是，在2022年俄乌冲突爆发之前，美国是俄罗斯十大贸易伙伴之一。

"内向性扩散",如加强经济重心地区对边缘地区的帮扶成效,提升共有资源的域内外流动与服务范围等。[①] 例如,芬兰作为俄罗斯的邻国,其经济腾飞来源于芬兰在冷战期间坚持在东西方国家之间保持中立的政策传承,但芬兰加入欧盟后,就不得不接受欧盟对俄外交政策的指导,芬俄的地理边界就变成了欧盟与俄罗斯的经济边界,两国的行政区划分割了巴伦支海—波罗的海经济圈,导致跨境经济协调成为俄芬两国难以突破的瓶颈。随着芬兰加入北约,芬兰呈现出"欧盟+北约"的边界格局,与其他欧盟国家几乎不存在实质性边界约束,与挪威这一北约邻国也建立了较高水平的军事互信措施,芬俄之间的边境已然属于高度政治敏感性的行政边界和安全边界。由此可见,缩小国际机制距离才是激发巴伦支海—波罗的海经济区活力的关键所在。

(三)飞地模式

对于地理空间不存在连续性的两个地区或国家,虽然地理距离遥远的确是阻碍经济要素跨国流动的重要障碍,但通过缩小国际机制距离则能够减少国际贸易的国别政策壁垒,重构区域经济一体化的预设框架,尽可能减轻远距离商贸物流产生的成本压力,从而产生"经济飞地"。北极国际机制的构建过程充分借鉴了其他地区既有成熟国际机制的实践经验,其国际机制距离在国际机制资源共享和国际机制边界拓展这两方面具有较为明显的地方特色。

就共享国际机制资源而言,缩短国际机制距离的有效方法是实现双重对接,即国际机制与国际机制的对接,以及国内机制与国际机制的对接,实现国内规则对国际规则的内化与追随,通过共享关税制度、信息服务、基础设施、应急救援等国际机制资源来推动经济要素在国际机制之间、成员之间的双向流动,从而促进特定地区和国家之间的协作。[②] 例如挪威和芬兰共同建设"北极铁路",将赫尔辛基—塔林经济区与挪威北部中心城市希尔克内斯相连,这不仅打破了芬兰没有北极出海口的地理困境,而且将芬兰—独联体国家的宽轨铁路网延伸到北欧地区,从而打通北欧与东亚的洲际物流链。另外挪威和芬兰还能依托巴伦支海欧洲—北极圈理事会、波罗的海国家理事会、北欧理事会、北极经济理事会等共有国际机制平

---

① 鲍伶俐:《空间经济学聚集机制的现实主义分析》,《上海交通大学学报》(哲学社会科学版) 2010 年第 2 期,第 64—68 页。

② Ron Martin, "The New 'Geography Turn' in Economics: Some Critical Reflections", Cambridge Journal of Economics, No. 23, 1999, pp. 65 – 87.

台，通过发展战略规划对接、基础设施对接、配套工程和项目对接等，使得这些次区域国际机制之间的距离不断缩短，不仅使巴伦支沿岸地区的矿产资源、油气资源、林业资源等经济要素通过陆海联运方式输送到欧亚大陆经济核心区，同时也使得波罗的海沿岸地区的优质经济资源向北欧北部地区扩展，从而在斯堪的纳维亚半岛国家的北部领土建立波罗的海经济圈的"北极飞地"。需要指出的是，北极地区这种"飞地型经济新区"是一种面对点的降维式经济扩展模式，本质上是大陆经济核心区对北极特定地区经济发展的"长臂管辖"，虽然对北极经济一体化发挥了试点区的作用，但存在一个明显的脆弱点，那就是内生性发展动力不足和可持续经济发展要素匮乏。换言之，北极"经济飞地"是否能够长期存在并发挥示范作用，在很大程度上取决于其所依靠的波罗的海经济圈的地缘政治经济是否稳定，这种资源出口导向型的经济模式没能完全跳出依靠核心经济区"输血"才能生存的发展陷阱，从而不得不长期依靠核心经济区的市场与经济要素流动，形成所谓的"依附式发展"模式，难以在北极地区推行大面积的经济一体化。地区经济的对外依附造成次区域国际机制对上层国际机制的立场趋同，这就是为什么虽然北欧国家建立了多个次区域国际机制，但政治独立性和建章立制能力普遍相对较弱，往往采取与北极理事会、北极经济理事会、波罗的海国家理事会等国际机制相似的政治立场。"经济飞地"在缩短国际机制距离的同时，弥补了跨区域经济合作的不协调性。

就拓展国际机制边界而言，对于国际机制空间具有优势但国际地理空间相对狭促的一方，可以在国际机制地理覆盖区的边缘地带设置"经济飞地"，以形成连续性的经济空间。这种方式不需要从经济核心区大规模转移公共经济资源，而是采取点对点的渐进式经济要素拓展，在维护经济核心区"火车头"作用的同时，也为边缘地带输送优质过剩经济资源，从而使得国际机制中心地带与边缘地区的关系从"虹吸式发展"向"共生式发展"转变，从而有步骤地推进北极经济一体化。例如，格陵兰作为丹麦的自治领，远离欧洲大陆，其经济发展所需的资金、人才、技术等资源都高度依赖于丹麦本土，其历届自治政府所采取的资源出口型发展模式也成为丹麦整体发展战略规划的重要组成部分。格陵兰作为连接欧美大陆的地缘枢纽和北极地区自然资源储备区，丹麦对其政治经济安全事务的掌控能够持续提升自身在国际海事组织、欧盟、北约、北极理事会、北极经济理事会的影响力。① 因此，尽管格陵兰与丹麦本土的地理面积极为悬殊，但丹麦对格陵兰"经济+防务"主导权的牢固掌控，不仅有效遏制了格陵兰"独立化"趋势，同时防范了美国、加拿大等国对格陵兰的战略觊觎。② 这种双重战略布局的有效性不仅体现了丹麦这种小国体量所蕴藏的战略智慧，更巩固了北欧国家北极国际机制边界的稳固性。

（四）协调模式

当国际地理空间与国际机制距离同步缩小时，且满足地理空间连续性与国际机制规则衔接性的双重条件，就有可能出现区域经济协调趋势。经济协调模式最大的优势在于消除了核心国家对边缘国家的"经济虹吸效应"，缩短国际机制核心国与边缘国之间的发展差距。就北极发展而言，缩小国际机制距离有助于推动经济先行地区对经济后进地区的帮扶作用和示范效应，促进经济发达地区与经济欠发达地区的协调发展。③

一方面，国际机制的协调功能可以逐渐填平国家之间的管理制度鸿沟，消除国别机制环境差异，降低经济要素跨国、跨区域流动所需耗费的机制性成本。这使得国际机制成员之间的行政管辖边界逐渐淡化，甚至出现某种程度的"经济区整合"现象，从而实现机制资源的内部共享与充分流动。欧盟的经济一体化实践已经证明了跨区域经济边界延展是可行的，对于北极经济发展而言，国际地理距离缩短程度取决于国际机制距离缩短速度的快慢。北极地区从次区域向跨区域的经济整合过程中，核心问题在于如何解决经济发展的整体性与国际协调机制滞后性之间的矛盾。造成这一矛盾的核心要素并非是国际地理距离而是国际机制距离，而后者则是一个国际机制成员之间的内部距离与国际机制之间的外部距离共同组成的体系性问题，因此变革北极经济一体化的国际机制体系，才是整合北极经济资源、激发北极经济活力的施力点。

另一方面，国际机制主导国与边缘国共同构建资源分配服务平台，能够在共享国际机制资源福利的同时，加速促进两者之间的优势互补。边缘国家能够接收来自核心国家的发展经验，与之共享国际机制的信息资源、

---

① 肖洋：《格陵兰：丹麦北极战略转型中的锚点？》，《太平洋学报》2018年第6期，第78—86页。

② 肖洋：《"冰上丝绸之路"的战略支点——格陵兰"独立化"及其地缘价值》，《和平与发展》2017年第6期，第108—123页。

③ Peter Sunley, "What's behind the Models? A Review of the Spatial Economy", Journal of Economic Geography, No. 1, 2001, pp. 131-152.

基础设施与相关公共产品,在国际机制框架内降低经济空间扩展成本。与此同时,主导国也能突破经济发展的地理边界,扩展经济辐射范围,提升影响力。

例如,涵盖芬兰、挪威、瑞典北部领土的拉普兰地区,其3/4位于北极圈以北,虽然横跨斯堪的纳维亚半岛三国,但具有相对完整和一致性的自然风光与人文资源。为了加强北部领土的跨境经贸合作,瑞典、芬兰、挪威三国从2006年开始,就以北极前沿论坛为多边平台开展跨国北极开发合作,将拉普兰地区建成绿色经济一体化示范区,主要包括修建北极铁路以打通三国北部地区的地理边界,建立北极绿色旅游产业链,进行绿色林业和矿业开发,构建郡(省)级行政长官联席会议等。在10万平方千米的地域范围内通过打通物流基础设施、实现跨境投资与贸易便捷化、构建安全风险国际预警系统等方式,形成具有活力和影响力的区域协调发展国际机制,将拉普兰地区的经济一体化列为北欧理事会的重要议题,极大缩短了拉普兰地区经济发展所面临的国际机制距离约束,有利于将其打造成北极次区域一体化示范区。

综上所述,北极气候暖化不仅改变了北极地区长期冰封的自然地貌,同时也掀起了北极经济复苏的序幕。北极地区的经济发展,不仅为区域经济研究扩展了新视野,还在某种程度上重塑全球经济格局的重要力量,这无疑会对衡量北极经济发展空间的尺度提出新的要求。[1] 北极地区的经济发展是北极地区战略价值的重要体现,尤其是北极国家之间的战略互动与国际机制的影响力不断提升,长期制衡北极经济发展的地理空间距离被不断折叠,而国际机制空间则日益成为推动北极经济一体化的关键考量因素。这里所采用的国际机制距离,不仅有助于补充地缘经济学与制度经济学的理论体系,而且也为跨北极经济合作提供了新的思路。对于"冰上丝绸之路"建设而言,北极地区长期存在的条块化国际机制体系与国际规则壁垒,已经在对外投资、出口信贷、跨境贸易等方面产生了深刻的影响,但相关的学理阐述工具却相对匮乏。由此看来,本书用国际机制距离与国际地理距离互动的二维分析象限来研究北极经济一体化过程中的区域与国别发展差异,成为探寻跨北极经贸合作有效路径的一种创新性分析视角。

---

[1] Caterina Marchionni,"Geographical Economics Versus Economic Geography: Towards a Clarification of the Dispute", Environment & Planning, No. 36, 2004, pp. 1739 – 1748.

第二节 "冰上丝绸之路"与北极国际机制的对接逻辑

"冰上丝绸之路"不仅是促进跨北极经贸合作的重要倡议，还是一个北极经济治理逐渐实现机制化的过程，其最终发展方向是在不同治理议题领域构建有机联系的国际机制平台。北极作为经济开发的新兴场域，中国深度参与北极经济事务就必须与既有国际机制形成良好互动关系，需要与多个国际机制对接，从而共建"冰上丝绸之路"，而北极地区复杂的国际机制关系则成为"冰上丝绸之路"建设所面临的结构性特征。探讨"冰上丝绸之路"与国际机制的对接路径，既是中国有效参与北极经济治理的重要议题，同时也为跨北极多边经济合作提供了新的思路。"冰上丝绸之路"对接北极经济治理国际机制的现实成效，取决于双方议题领域的相似性、政策协调的同步性和任务区分程度。

一、"冰上丝绸之路"对接北极国际机制的现实需求

"冰上丝绸之路"与既有国际机制的对接，既有外部环境促动，也源于内部利益诉求。就外部环境而言，"冰上丝绸之路"日益受到北极国家和非北极国家的共同关注，为创建能符合各方合理北极利益诉求、实现跨区域经济资源合理配置的北极善治目标，提供了兼具创新性与前瞻性的思想贡献。[1] 加强与其他北极利益攸关方特别是北极国家的经济合作，成为"冰上丝绸之路"与既有北极国际机制进行对接的外部条件。就内部诉求而言，积极参与北极经济开发已经成为国内北极问题研究学者的共识。由于北极国家主导的各类国际机制设置了诸多准入壁垒，限制了非北极国家和国际组织参与北极经济事务，阻碍了跨北极经济合作的持续推进。"冰上丝绸之路"不仅具有多边协商机制的属性，而且北极经济开发的具体实践领域也需要实现机制化以确保国际利益协调，这就使得"冰上丝绸之

---

[1] 王明国：《"一带一路"与现有国际制度的对接：基于制度复杂性的视角》，《当代亚太》2021年第6期，第48—77页。

路"具有优化经济资源配置、减少贸易壁垒等功能。① 此外，与"冰上丝绸之路"具有同质性竞争关系的国际机制也设置身份定位与发展目标，例如，北极经济理事会和北极理事会都拥有先发优势，在北极航运、北极投资等领域已经着手建立国际规则。就中国当前在北极治理结构中的地位与实际影响力而言，"冰上丝绸之路"不是对既有北极经济治理国际机制的替代，亦不是对北极经济秩序的颠覆与重构，而是通过平等协商与合作共赢的方式，展示中国参与北极事务时"尊重、合作、共赢、可持续"的基本原则。因此，将"冰上丝绸之路"定位为一个由非北极国家和北极国家共同建设的国际机制平台，有助于理解其需要与北极国际机制对接的战略必要性。诚然，"冰上丝绸之路"的机制建设尚处于起步阶段，有关国际机制对接的探索仅停留在学术交流阶段。这是由于"冰上丝绸之路"尚未出台国际合作机制规划纲要，难以对北极国家和地区提出具有针对性的对接建议与搭建协商平台。正因为如此，才需要一方面正视北极既有国际机制的碎片化、复杂化特征，另一方面对跨区域国际机制对接进行体系化研究。②

"冰上丝绸之路"是一个双向共建的机制化过程，将在北极经济治理的议题领域中逐渐形成跨区域合作的国际机制体系。将不同国际机制整合进内涵更丰富的"冰上丝绸之路"治理框架，需要中国与既有北极国际机制建立政策协调关系，以避免恶性机制竞争。北极气候持续暖化加速了全球地缘政治经济格局的重心逐渐北移，北极经济治理的主导权也开始从北极国家向非北极国家扩散。随着北极国家的北极政策逐渐展现出"门罗主义"趋向，北极地区自由主义经贸秩序面临贸易保护与地缘政治的双重约束，中国维护合理的北极经贸利益就需要创新国际合作平台，"冰上丝绸之路"的机制化进程就是在这样的时代变迁下徐徐拉开序幕。例如，在以北极航运为核心议题领域的北极经济治理蓝图中，业已形成相对完善的国际机制架构，随着国际海事组织、北极理事会等多个国际机制共同向北极航道使用国提供国际规范，国际机制间良性互动成为可能。

"冰上丝绸之路"对接既有北极国际机制可从三方面进行思考。

一是北极地区国际体系仍然具有非等级性特征，强权政治仍然大行其道。国家间的互动取决于国际权力结构的位次属性和自助式安全逻辑。因

---

① 高程：《中美竞争与"一带一路"阶段属性和目标》，《世界经济与政治》2019年第4期，第75页。

② 陈伟光：《共建"一带一路"：一个基于制度分析的理论框架》，《当代亚太》2021年第2期，第23—29页。

此无论是对于北极国家还是非北极国家而言，北极国际体系的无政府状态和地缘政治格局变动都使得北极利益攸关方之间缺乏政治互信，对北极经济合作的愿景大多持观望立场。在"门罗主义"和利己主义的思维惯性下，北极国家对于非北极国家倡议的跨北极经济合作机制缺乏兴趣，更倾向于在既有国际机制框架下维护本国的经济利益。

二是既有北极国际机制缺乏对大国的约束力。北极国家主导的国际机制存在权威性不足和有效性赤字等问题，难以妥善解决跨北极经济合作过程中出现的国际矛盾。尤其是既有北极国际机制大多采取协商一致原则，但主导型大国往往能够"公器私用"，将国际机制作为实施本国北极战略谋划的工具，而且国际机制也没有强有力的组织机构与措施来约束大国的沙文主义行径，更遑论维护非北极国家的合法权益。[1] 尤其是以北极经济理事会为代表的排他性表决规则的设置，逐渐固化了该国际机制的权力结构，也为跨北极经济合作设置了巨大的规则障碍。

三是北极国家的国内规则对北极经济治理的影响巨大。"冰上丝绸之路"的机制对接不仅要考虑既有国际机制的功能成效，还要兼顾共建国家的国内政策环境与利益诉求。事实上，北极国家的国内政治环境始终是决定国际规则能否转变为国内规则的重要因素，某些北极大国也试图通过自身在国际机制的话语优势，将国内标准上升为国际标准、国内规则转变成国际规则。国内政治格局的演变，甚至是政党力量对比结构的变化都有可能引起对外政策立场的改变。2022年瑞典极右翼政党瑞典民主党成为议会第二大党，并推动瑞典放弃传统中立政策，选择加入北约。无独有偶，2022年芬兰执政党社会民主党和最大在野党芬兰人党同意在俄芬边界设立隔离围栏，并申请加入北约。截至2024年12月，瑞典和芬兰已正式成为北约成员国。由此可见，国内利益集团不仅决定了国家政策偏好，还能够影响该国在北极经济治理中的立场。"冰上丝绸之路"的国际机制对接深受中国外贸转型的影响，各类对接国际规则的实践也囿于"中国企业'走出去'""提振北极治理的中国声音"等国内决策的指引，从而为中国参与北极经济治理奠定了时代烙印。

由此看来，大力推进"冰上丝绸之路"对接北极国际机制，其目的在于提升北极国家和其他北极利益攸关方对中国参与北极经济治理事务的接

---

[1] Roger D. Congleton, "The Institutions of International Treaty Organizations as Evidence for Social Contract Theory", European Journal of Political Economy, Vol. 63, No. 1, 2020, pp. 2–4.

受度与认可度,以及北极经济治理国际机制的合法性与有效性。毕竟通过国际机制对接来实现国际机制合作,方能改革北极地区既有国际机制体系"散乱与低效"等问题。"冰上丝绸之路"与北极国际机制的互动并不必然会产生冲突,对这一问题的讨论需要构建分析框架,梳理影响"冰上丝绸之路"国际机制对接成效的因素,并据此探索合理的实践路径。

二、"冰上丝绸之路"与北极国际机制的对接路径

"冰上丝绸之路"与既有北极国际机制对接的成效,取决于北极国家对"冰上丝绸之路"的整体认知与战略决策,这种战略决策受到"议题领域差异性""政策调整成本""权责配置"的影响,也是有效推进"冰上丝绸之路"国际机制对接的思路着眼点。

第一,议题领域差异性是指国家选择性支持具有共同利益偏好的议题范围。在国际机制框架下,参与各方选择那些最符合本国利益的议题进行协商,从而共同商定出一套符合共同利益的决策结果。缺乏共同利益偏好基础的议题,就难以得到目标国际机制成员的认同,国际机制之间的对接则变得困难重重。[①] 议题选择的一致性是确保"冰上丝绸之路"倡议能得到北极国家积极回应的前提条件,毕竟创设共同关心的议题领域是强化国家间"关联政治"的核心。[②] 缺乏共同关心的议题,就难以在不同国际机制之间妥善处理好国家的选择偏好差异。因此,选择北极利益攸关方共同关注的北极经济治理议题作为国际机制对接的突破口,是理解国家对外沟通行为的重要视角。

降低治理成本、提升治理成效是国际机制对接的重要目标。当既有国际机制的治理成本不断攀升,并且治理成效不彰时,国家就有可能对预期治理成效较高的新国际机制产生期待。事实上,北极国际机制治理成本的高低与议题领域紧密相关,例如北极航运领域的治理成本较高,不仅需要相关国家政策协调,且无法抛开《极地规则》和《联合国海洋法公约》等既有国际规则体系,因此新建或加入一个新的北极航运治理国际机制并不一定会降低国家所支付的治理成本,反而有可能导致国家履约选择困境和

[①] Laurence R. Helfer, "Regime Shifting: The TRIPs Agreement and New Dynamics of International Intellectual Property Lawmaking", Yale Journal of International Law, Vol. 29, No. 1, 2004, pp. 18 - 20.

[②] Arthur A. Stein, "The Politics of Linkage", World Politics, Vol. 33, Iss. 1, 1980, pp. 62 - 81.

第八章 "冰上丝绸之路"与北极国际机制的融合路径

增加资源支出,造成相关议题的治理低效化,这就为国家间开展北极航运合作奠定了稳固的国际机制保障。反观随着北极跨国贸易便捷化的不断发展,构建北极国际经贸领域的国际机制成为各北极利益攸关方的共同期望,也愿意进行国际协调并分担相应的治理成本。相关国家认为,参与或建立一个北极经济治理新机制不会显著增加国家所需承担的治理成本,而且北极跨境贸易规模的增大也有可能扩大国际机制的议题领域范围和成员数目,加速相应建章立制的进程,从而有可能提升国际机制的治理成效。新国际机制的治理成本并非由倡导国独自承担,而是由成员分担,并且随着国际机制权威性的不断提升,其对未加入的国家和未涉及的治理领域产生溢出效应。

俄罗斯对于北极经济治理的议题领域采取了多管齐下的策略,从俄罗斯北极战略规划和北极开发愿景的视角出发,分析了"冰上丝绸之路"与欧亚经济联盟、国际北极论坛等国际机制对接时所关注议题领域的差异性。普京政府在北极航运、北极能源开发等议题领域设置了较为严格的规则体系以维护俄罗斯的北极利益,如在《联合国海洋法公约》和本国北方海航道管理规则体系的框架下,强化俄罗斯对北方海航道的管理并获得机制制衡的现实收益;建立国际北极论坛向美西方国家主导的北极经济理事会等形成竞争压力,使得非北极国家的北极投资关注点向俄罗斯倾斜;充分发挥俄罗斯在北极理事会、北极经济理事会建章立制过程中的"一票否决权",尽力抵御其他北极国家对俄罗斯的政治孤立,在一定程度上削弱了美国对这些国际机制的主导权。由于俄罗斯将北极经济开发作为本国经济振兴的重要战略,开展北极物流、能源、通信等领域的国际合作与机制建设符合俄罗斯的利益,因此,中国提出"冰上丝绸之路"倡议与俄罗斯主导的欧亚经济联盟之间就北极经济治理事务存在了共同的议题领域与合作基础。可以预见,中俄在北极经济治理,特别是北极次区域经济治理议题的机制建设将会呈现出不断加速的趋势。

第二,政策调整成本是指一个国家内化国际规则所需付出的行政资源成本。政策调整是判断国际合作成效的关键指标,也是判断新兴国际机制有效性与成长性的重要依据。国际机制的成员往往通过国际国内双重协调来逐渐推进政策调整,其履约成效与政策调整成本支出程度被其他成员和合作伙伴视为评价国际合作成果的参照指标。[1]

---

[1] Robert O. Keohane, "After Hegemony: Cooperation and Discord in the World Political Economy", Princeton: Princeton University Press, 1984, pp. 51-54.

政策调整成本的多寡反映出国际机制对国家政策与行为的影响力强弱。国家在内化国际机制相关规则，承担履约责任的同时，需要对国内相关法规进行修正或是出台新的国内规则，从而需要支出行政资源成本，而且国家围绕某一涉及北极经济治理事务议题制定新政策之后，也有可能将利益关切点转移到新的议题之上，从而构建新的政策体系，并持续投入行政资源。然而，每个国家的行政资源支出都受到国内利益集团和国力强弱的影响，加入国际机制越多，国家所担负的履约责任越大，内化相关国际规则所需资源消耗就越多，这就使得国家对加入新国际机制持谨慎态度。[①]

国家间的可持续合作需要国家按照国际机制的要求进行必要的政策调整，尤其是对既有国内相关政策进行调整。例如，在北极经贸领域，从打破国家的贸易壁垒到实现自由贸易，这一系列的政策调整可能取决于中国与"冰上丝绸之路"共建国家在国际机制框架下的政策调整程度。如果一方进行政策调整，另一方不进行政策调整或政策调整程度较浅，那么两国仍然呈现出竞争关系。[②] 由此看来，各国根据本国利益诉求所确定的政策调整空间，以及对合作预期收益的分配立场，决定了国际机制框架下的政策调整深度。而缺乏政治互信的国家之间，难以建立对等的政策调整计划表与政策调整成效透明度，使得国际机制难以借助成员利益磋商和政策调整实践而向高效化演进。

面对新的国际机制，国家进行政策调整的核心动力是什么？对遵约回报的感知是影响国家选择加入何种国际机制的重要原因。如果新的国际机制与既有国际机制没有较大区别，为了降低履约成本，国家往往不愿意加入新的国际机制，也难以大范围改变国内政策。然而，随着北极经济治理议题领域的不断深化和细化，新建国际机制往往会推进议题领域的差异化，这种差异化的机制构建思路往往会对国家产生吸引力，并有可能推进国家接纳新建国际机制及加大政策调整力度，毕竟同一议题领域的差异化国际机制，可以给国家带来不一样的机制收益。北极经济治理国际机制的纵向化和差异化，使得国家愿意参加更符合本国利益诉求的新国际机制，

---

① Kal Raustiala and David G. Victor, "The Regime Complex for Plant Genetic Resources", International Organization, Vol. 58, No. 2, 2004, pp. 304 – 310.

② Amrita Narlikar, "Deadlocks in Multilateral Negotiations: Cause and Solutions", Cambridge: Cambridge University Press, 2010, pp. 140 – 154.

并主动进行更广泛的政策调整。①

第三,权责配置是指国家对自身在国际机制对接过程中的权责权衡过程。国家在不同国际机制之中拥有不同的地位与利益诉求,为了尽可能扩大自身的机制性权力,同时减少履约责任的成本支出,国家往往会采取"竞争性机制构建战略",即在特定治理议题领域主导构建或主动参与和既有国际机制存在竞争关系的新国际机制。由于各国对国际机制内部的权责分配的公正性存在认知偏差,因此对于强国而言,便会选择在同类国际机制中设置不一样的国际规则;对于弱国而言,则选择加入同质性国际机制以左右逢源,这都导致了国际合作预期收益的下降。各国对北极经济治理存在战略利益的差异,因此如若存在国际机制的同质性竞争,则不仅压缩了国家间利益测度的调试空间,而且有可能提升国际合作成本。因此,为了实现"增权减责",国家往往在不改变既有国际机制框架的前提下,② 采取"两面下注"或"另起炉灶"等策略,逐渐改变北极经济治理某一特定领域的国际合作基础。

权责合理分配能够实现资源共享,降低合作成本。这里的合作成本包括初始构建成本和长期合作成本。权责合理分配可以同时减少这两类成本,实现新兴国际机制与既有国际机制之间的协调与协作,这就要求新兴国际机制具有较高的组织能力与丰富的政治资源,通过改善内部的运行规范来适应北极经济治理的功能性需求。"冰上丝绸之路"在与既有国际机制进行对接的过程中,也面临两种战略选择。一是功能回避战略,即缩小国际机制的议题领域,避免与同类国际机制产生竞争;二是功能拓展战略,即接受既有权威性国际规范体系,并以功能补充等方式,扩展新兴国际机制的职能领域。在如何界定各成员在"冰上丝绸之路"的权责分配问题上,尊重成员对国际机制既有职能需求进行合理的地理分工或任务分工不失于一种理性选择,通过任务差异化发展来实现跨北极国际机制对接实践。

中国与"冰上丝绸之路"共建国家可以形成具有良好愿景的合作格局。例如,任务差异化在东北亚地区取得成效,依循以国家重要性为基础

---

① Thomas Gehring and Benjamin Faude, "A Theory of Emerging Order within Institutional Complexes: How Competition among Regulatiory International Institutions Leads to Institutional Adaptation and Division of Labor", The Review of International Organizations, Vol. 9, No. 4, 2014, pp. 478 – 486.

② Alexander Betts, "The Refugee Regime Complex", Refugee Survey Quarterly, Vol. 29, No. 1, 2010, p. 15.

的项目分层路径，中国推进长期北极经济合作的国家为俄罗斯，而短期合作项目则侧重于北欧国家。这就使得俄罗斯成为"冰上丝绸之路"与既有国际机制对接的重要对象，加大对俄罗斯的北极经贸合作任务差异化发展，能够降低双边合作成本，通过有效的国际机制间合作来夯实中俄经贸合作关系的稳定性。

综上所述，"冰上丝绸之路"与北极既有国际机制对接的路径选择取决于"冰上丝绸之路"的议题领域差异性、政策调整成本和权责配置成效。在北极经济治理国际机制复杂化的背景下，在新兴经济治理议题领域，"冰上丝绸之路"与北极既有国际机制对接的效果取决于各方愿意承担的政策调整成本高低。当政策调整成本较高时，可能会出现协同式的对接成效，即北极经济治理体系存在一个涵盖多数成员的权威国际机制，能够在整体性机制安排中提供有效的国际规范。在政策调整成本较低时，则有可能出现合作型的对接成效，即北极经济治理的议题领域被多个差异化的国际机制所分割，并非所有大国都参与核心国际机制。在传统经济治理议题领域，对接成效主要取决于权责配置程度。若权责配置不合理，则可能出现竞争型的对接成效，例如北极理事会日益明显的排他性开放特征，表明其难以接受非北极国家平等参与北极经济治理的主张与诉求，并且预设了北极国家的特权地位。由此可见，在北极经济治理的不同议题领域，合理选择政策工具有助于"冰上丝绸之路"与既有北极国际机制进行有序对接。

第三节 "冰上丝绸之路"与北极国际机制的融合路径

"冰上丝绸之路"倡议作为一种包容开放的"新型跨区域合作机制"，在北极地区的推进过程中必然会与既有国际机制产生交汇与相融。当前，"冰上丝绸之路"共建国家主导的合作机制包括俄罗斯主导成立的国际北极论坛、冰岛发起的北极圈论坛、芬兰—瑞典的"北极铁路"计划、北极国家共同组建的北极经济理事会和北极理事会等。这些既有多边合作机制与"冰上丝绸之路"倡议的对接与融合面临多重考验。

从当今中国北极外交的整体布局来看，"冰上丝绸之路"倡议在北冰洋沿岸与既有国际机制存在交叉性和竞争性。一些渲染"中国北极威胁论"的北极国家认为"冰上丝绸之路"倡议是对既有北极国际机制的挑战,这种"门罗主义"逻辑必然造成国际机制之间的相互掣肘,阻碍"冰上丝绸之路"倡议的对接成效。坦言之,中国作为地理上远离北极但拥有合法北极权益诉求的大国,在提出"冰上丝绸之路"倡议这一开创性国际合作构想的同时,也面临借鉴经验不足的困境。如何通过有效的机制化路径来逐渐消解北极利益攸关方对"冰上丝绸之路"倡议的疑虑与误解?就目前北极地缘政治经济形势和中国在北极治理实践中的影响力而言,选择广泛融入既有合作机制、增加国际机制之间的协商与沟通,则是相对于"另起炉灶"而言更具可行性的路径。

一、"冰上丝绸之路"与北极国际机制融合的社会化媒介

北极地区国际机制体系的复杂性将长期存在,如何解决国际机制之间的矛盾冲突,立足点应该是在国际机制互动过程中逐渐将规范性要素趋于统一和有序化,最终在某一治理议题领域形成多种规范性要素并存,且能够协同解决特定问题,而非相互掣肘的局面。换言之,规范性要素的扩展与内化是实现国际机制融合的关键所在。如上所述,北极经济治理最终会朝着区域经济一体化方向发展,因此国际机制的重要职责就是引导国际行为体遵循并内化一整套国际规范,从而逐渐实现北极经济治理的有序化和可预期化。[①] 事实上,国际机制融合就是为了消解国际机制无序竞争的不良后果而产生的有益探索,目的就是在特定领域内,将某一国际机制的规范性要素在相关媒介引导下,通过路径外溢与互学互鉴逐渐扩展到其他国际机制之中,从而在不同国际机制之间形成相互协调且逐渐一致的国际行为规范。

国际机制的规范要素扩散依赖于特定社会化媒介的有效引导方可完成,这些媒介主要包括国家和国际机构两个方面。一方面,国际机制的规范约束对象是国家行为,国家在规范要素扩展的过程中扮演着极其重要的角色,尤其是北极大国往往主导着北极国际机制的决策程序和建章立制等关键性规范要素,并期望本国倡导的国际机制能够影响、同化其他国际机制,最终形成本国利益诉求主导下的规范性要素全扩展。因此,对于这类大国主导下的国际机制而言,并不希望与其他国际机制的规范性要素产生

[①] 何杰:《权力与制度——国际机制理论的现实主义分析》,《欧洲研究》2003年第4期,第25—30页。

抵牾，即使是在同一治理领域存在多个治理机制，主导型大国也渴望促进国际机制之间的规范性要素互鉴与融合，而非竞争与集体抵制。另一方面，国际机构历来都是促进机制融合的重要平台，尤其是国际组织为国际规范要素的扩展奠定了组织保障。在北极经济治理过程中，所有的国际规范倡导方都需要利用既有多边机构的建章立制进程来传导其规范，最终形成国际机制成员必须遵循的行为准则。对于各类国际机构而言，无论其行政组织化水平存在何种差异，其作为国际机制融合交流的媒介，都能促使国际机制更注重共有理念塑构与运转成效等因素，而参与其中的国际行为体也能通过良性互动和积极观察而逐渐增强集体认同，从而将有效参与国际机制作为实现本国利益诉求的新模式。[1]

国际机制在不同社会化媒介的融合路径分为主动融合和被动融合两类。主动融合是指同一议题领域国际机制的主动学习与积极自我调适行为，其中学习是最常见的主动融合模式。若某一国际机制开始在既有原则与规范要素的基础上，主动学习另一国际机制的规范性要素，则意味着被学习的对象能够给其带来现实收益。因此，学习源于后发性国际机制对先发性国际机制的超越动机和逐利驱动，虽然这是一种单纯的机制社会化路径，但能有效缩短国际机制距离，增强国际机制之间的良性互动，促进彼此间的规范性要素进一步融合。[2] 例如在北极航运治理领域，北极理事会对国际海事组织《极地规则》的主动融合。

被动融合是指同一议题领域国际机制在外界压力下以消极态度接受其他国际机制的社会影响与规范要素，其中引导是重要的表现形式。在这个背景下，国际机制融合的双方分为主动国际机制和被动国际机制，如果被动国际机制对规范性要素融合的态度消解，甚至排斥，则主动国际机制有可能推行引导式措施，向被动国际机制及其成员许以多种物质和荣誉性承诺，包括减免关税、贸易自由、市场准入、优势身份等，来逐渐增大自身的社会影响，通过激励和惩罚措施来逐渐促进规范性要素的扩散。被动融合往往能够解决国际机制距离和国际地理距离的双重障碍，尤其是强势国际机制对弱势国际机制、区域国际机制对次区域国际机制的融合更为有效。例如，2019 年北极理事会与北极经济理事会达成谅解备忘录，正式开启规范互鉴与机制融合实践。

---

[1] G. John Ikenberry and Charles A. Kupchan, "Socialization and Hegemonic Power", International Organization, Vol. 44, No. 3, 1990, p. 315.

[2] 王剑峰：《理解国际机制融合的社会化逻辑——兼谈"一带一路"沿线机制融合问题》，《国际观察》2019 年第 3 期，第 6—11 页。

——第八章 "冰上丝绸之路"与北极国际机制的融合路径

由此可见,国际机制融合仍然遵循着一种机制现实主义的社会化逻辑,因为在北极地区并不存在绝对势均力敌的国际机制,也很难产生双向自愿融合的和谐状态,更多的情况是,国际机制之间的竞争性方为常态,其竞争的结果往往走向零和博弈。而这恰恰是本书研究国际机制融合的现实价值所在,这有助于一国主导的国际机制规范性要素与同一议题领域其他国际机制规范性要素逐渐形成较为一致的国际行为标准,从而避免因国际机制恶性竞争而导致彼此间的抵牾与互斥。随着"冰上丝绸之路"倡议在北极地区的平稳推进,不仅要考虑当前中国在北极经济治理格局中的实际地位,更要着眼未来,从北极国际机制可持续竞合关系中探寻中国机制性参与北极经济事务的有效着力点和实施路径。

二、"冰上丝绸之路"倡议下的跨区域国际机制融合路径

如何在"冰上丝绸之路"倡议下推进北极跨区域国际机制的融合?这可以从以下几个方面进行政策体系构建。

首先,充分发挥双边—多边社会化媒介的联动作用。尽管次国家行为体也可以事实上参与国际机制,但主权国家仍然是北极地区绝大多数国际机制的核心成员。在"冰上丝绸之路"倡议和北极地区各类国际机制的发展规划中,中国与相关北极国家在这些国际机制的建章立制与实践过程中发挥着重要作用。对于积极响应"冰上丝绸之路"倡议的国家,中国政府可致力于将"冰上丝绸之路"的规范性要素嵌入与伙伴国的双边合作文件之中。《丝绸之路经济带与欧亚经济联盟建设对接合作的联合声明》就成为中俄深化双边合作的典范,以此为基础,有助于"冰上丝绸之路"的顺利推进,强化中俄在北极经济合作的机制性保障,并最终从双边和多边层面同步发力,开创"冰上丝绸之路"和"丝绸之路经济带"共同与欧亚经济联盟对接的复合式国际机制融合新格局。

此外,"冰上丝绸之路"的推进过程既需要保持与既有北极双边合作机制的沟通,同时还要利用已经相对成熟的国际组织来传播规范性要素,进一步提升"冰上丝绸之路"的兼容性与可持续性。作为倡导国,中国的北极外交应致力于将"冰上丝绸之路"中的规范性要素融入权威国际组织的国际文本,为"冰上丝绸之路"与共建国家倡导的合作机制提供权威的国际行为规范标准和机制融合的认同基础;而在国际海事组织等权威性国际机制平台中,中国应该充分利用 A 类理事国等身份优势在议程设置和议题选择上发挥积极作用,促进"冰上丝绸之路"的规范性要素,特别是相

关行业科技标准引起相关国家的关注、学习和内化,从而有效发挥中国在北极经济治理的规范供给与行为协调等方面的影响。

需要说明的是,双边和多边社会化媒介并非是单独发挥作用。例如,国家领导人可以在国际组织、国际论坛等多边框架下传播和倡导"冰上丝绸之路"倡议的机制性要素与理念政策等。因此,中国需要高效配合和协同运作不同层面的社会化媒介以有效引导"冰上丝绸之路"的规范性要素。

其次,采取渐进式融合模式。中国在推进"冰上丝绸之路"与北极国际机制融合的时候,应采取学习、鼓励、互鉴为特征的渐进式融合模式,这是因为北极国家和其他北极利益攸关方在对"冰上丝绸之路"所倡导的规范性要素不甚了解的情况下,往往会先入为主地认为这些要素"低效且难以获益",并有可能受到地缘政治和民族利己主义的影响而放弃学习和了解"冰上丝绸之路"。这种脆弱的沟通联系极易断裂,因此更适用于以渐进式的融合模式来缓解与"冰上丝绸之路"沿线国家的敏感关系,增信释疑,在国际社会树立"中国北极机遇论"的舆论形象,同时这种稳健且务实的机制融合思路,能够实实在在地为中国与北极国家建立畅通的物流联系、便捷的基础设施保障、开放的商贸联系、互利的金融联系和友好的民间联系等。

倡导是指中国应通过话语规劝和理念吸引等方式推动"冰上丝绸之路"的规范性要素向目标国际机制扩展。倡导是一种柔性的国际规范融合方式,有助于从政治心理和观念认知等层面化解北极国家对"冰上丝绸之路"倡议的疑虑与误解。在对北极国家的劝说过程中,特别是对那些处于北极贸易枢纽地带的国家,应强调它们与中国的和平合作历史,进一步塑造双方作为"冰上丝绸之路"共建者的身份一致与共同利益。[①] 并且,在倡导过程中还要注重"冰上丝绸之路"的经济愿景,突出"冰上丝绸之路"将促进中国的优质产业资源与资金融通资源向北极地区流动,从而加深跨北极商贸网络的形成,极大促进北极国家北部领土的经济发展。由此看来,共同利益、优势互补、良好愿景是中国通过倡导来增强"冰上丝绸之路"机制融合成效的重要因素。

再次,推行效率竞争策略。在面临北极既有国际机制先发竞争优势的

---

① 王爱虎、徐沛:《"冰上丝绸之路"建设背景下北极航线的经济价值——基于船舶排放控制的考虑》,《华南理工大学学报》(社会科学版)2020年第6期,第10—17页。

情势下，中国理应围绕机制效率这个关键，扬长避短地实施效率竞争策略，即充分发挥中国在极地基础设施建设领域的技术与施工经验，对北极自然资源开发的投资优势，以及中国对北极商品的市场开放优势，将这些优势有效整合入"冰上丝绸之路"倡议的整体框架和实施过程之中，从而在与北极既有国际机制的竞争中显示出后发优势，促进后者主动对接和融合"冰上丝绸之路"，为促进北极地区经济发展奠定高效化基础。

提升"冰上丝绸之路"倡议在促进北极经济发展上的效率，有助于为中国参与北极经济治理营造良好的国际环境。"冰上丝绸之路"倡议在解决跨区域经济要素流动与整合方面所展现的高效率，是中国引导北极国家将北极地区既有国际机制与"冰上丝绸之路"相对接的底气之源。因此，效率竞争策略的成功与否，取决于北极国际机制的主导国是否对"冰上丝绸之路"产生了积极正面的认知，以及是否对国际机制融合的愿景产生期待。"冰上丝绸之路"作为共建"一带一路"倡议在北极地区的延展，始终强调政策沟通在国际建立信任措施中的基础性作用，这亦是国际机制协商谋共识的过程。[1] 推进"冰上丝绸之路"与北极地区国际机制融合还应关注两个着力点：一是向目标国际机制的领导层和北极国家的精英阶层宣传"冰上丝绸之路"倡议的地缘经济属性，及其普惠性、开放性与包容性；二是充分发挥非政府层面的双边与多边交往，尤其是企业管理层之间的交往，以此为契机向对象国企业和民众阐述"冰上丝绸之路"的尊重、平等与共赢理念。这些有效沟通不仅有助于逐渐消解北极国家对"冰上丝绸之路"的认知偏差，而且奠定了"冰上丝绸之路"与北极国际机制融合的认知基础。

最后，构建长期风险评估机制。"冰上丝绸之路"与北极国际机制的融合存在风险，特别是地缘政治风险。就地缘政治风险而言，北极地区的军事化程度不断提升，美西方与俄罗斯的北极战略矛盾日益尖锐，北约北扩几近完成，北极地区地缘政治格局的不稳定性持续加大，对北极经贸投资环境产生了消极影响。

由此可见，"冰上丝绸之路"的建设是一个相对漫长的过程，需从激励路径、合作预期和投入成本三个方面构建"冰上丝绸之路"风险评估机制。第一，在提升"冰上丝绸之路"成效的同时要注意与既有国际机制的竞争性风险。如前所述，国际机制竞争的结果就是高效率的国际

---

[1] 秦亚青、魏玲：《新型全球治理观与"一带一路"合作实践》，《外交评论》（外交学院学报）2018年第2期，第8—10页。

机制逐渐成为权威国际机制，而效率较低、预期国际协商收益较差的国际机制则有可能被边缘化，从中国的综合实力和推进"冰上丝绸之路"的预期收益来看，"冰上丝绸之路"的后发优势明显，经济收益和竞争力较强，这就有可能加剧与既有北极国际机制的紧张关系。从中国长远北极权益维护的维度来看，"冰上丝绸之路"的推进要高度重视与既有北极国际机制之间的同质性竞争风险，摈弃零和博弈思维，将"冰上丝绸之路"视为北极经济治理国际合作的有益补充。因此需要在国际多边和双边场合开诚布公，增信释疑，避免认知分歧甚至合作破裂。第二，坚持互利共赢思维。注重对北极经济合作预期收益的培育，进一步建设一批标志性合作项目，坚持互利共赢和优势互补，将蛋糕做大，做到公平开放。第三，坚持底线思维。一是在讲求效率的同时避免恶性竞争，不以挤压既有国际机制效力空间为目标，尤其关注北极地区的反"冰上丝绸之路"舆论现象；二是不以牺牲中国北极权益和经济利益为代价[1]，坚持本着"尊重、合作、共赢、可持续"的基本原则参与北极事务。

总而言之，"冰上丝绸之路"并非是取代既有北极国际机制的新机制，而是对既有北极经济治理国际机制体系的有益补充，是第一个非北极国家倡导成立的跨北极经贸综合协商平台，有效提高了既有北极经济治理国际机制的协调效应，缓解了因国际地理距离和国际机制距离双重约束下的北极经济治理乏力的现状。从战略新疆域的维度来看，"冰上丝绸之路"作为中国一项开创性、全局性构想，其内嵌的跨区域经济一体化理念与国际机制融合逻辑，引导着经济资源在北极地区的合理布局，将深远影响北极地区经济发展的格局重塑与资源优化配置。

---

[1] 黄文婕、薛忠义：《"冰上丝绸之路"的三重维度》，《人民论坛·学术前沿》2022年第1期，第106—108页。

参考文献

一、中文著作

1. 曹文振：《经济全球化时代的海洋政治》，中国海洋大学出版社2006年版。
2. 干焱平编著：《国际海洋法知识》，海军出版社1989年版。
3. ［美］杰拉尔德·J. 曼贡著，张继先译：《美国海洋政策》，海洋出版社1982年版。
4. 韩文：《林林总总话北极》，延边大学出版社2004年版。
5. 陆俊元、张侠：《中国北极权益与政策研究》，时事出版社2016年版。
6. 潘敏：《北极原住民研究》，时事出版社2012年版。
7. 北极问题研究编写组：《北极问题研究》，海洋出版社2011年版。
8. 郭培清：《北极航道的国际问题研究》，海洋出版社2009年版。
9. 杨令侠：《战后加拿大与美国关系研究》，世界知识出版社2001年版。
10. 杨剑等：《北极治理新论》，时事出版社2014年版。
11. 杨剑主编：《亚洲国家与北极未来》，时事出版社2015年版。
12. 王泽林编译：《北极航道加拿大法规汇编》，上海交通大学出版社2015年版。
13. ［美］奥兰·扬著，陈玉刚、薄燕译：《世界事务中的治理》，上海人民出版社2007年版。
14. 中华人民共和国海事局：《北极航行指南（西北航道）2015》，人民交通出版社2016年版。
15. 中华人民共和国海事局：《北极航行指南（东北航道）2014》，人民交通出版社2014年版。
16. 位梦华等：《最伟大的猎手：阿拉斯加北极的爱斯基摩人》，商务印书馆2000年版。

17. ［美］贾雷德·戴蒙德著，谢延光译：《枪炮、病菌与钢铁：人类社会的命运》，上海译文出版社 2006 年版。

18. 张铎校译：《2006 年海事劳工公约》（中英对照），大连海事大学出版社 2013 年版。

19. 刘华秋主编：《军备控制与裁军手册》，国防工业出版社 2000 年版。

20. ［挪威］奥拉夫·施拉姆·斯托克、盖尔·荷内兰德主编，王传兴等译：《国际合作与北极治理：北极治理机制与北极区域建设》，海洋出版社 2014 年版。

21. 贾宇主编：《极地法律问题》，社会科学文献出版社 2014 年版。

22. 赵隆：《北极治理范式研究》，时事出版社 2014 年版。

23. 陈奕彤：《国际环境法视野下的北极环境法律遵守研究》，中国政法大学出版社 2014 年版。

24. 陈红霞等编著：《中国极地科学考察水文数据图集——北极分册》，海洋出版社 2015 年版。

25. 王泽林：《北极航道法律地位研究》，上海交通大学出版社 2014 年版。

26. 刘惠荣、杨凡：《北极生态保护法律问题研究》，知识产权出版社 2010 年版。

27. 刘惠荣主编：《北极地区发展报告（2014）》，社会科学文献出版社 2015 年版。

28. 潘增弟主编：《中国第六次北极科学考察报告》，海洋出版社 2015 年版。

29. 张占海编著：《北极海冰快速变化：观测、机制及其天气气候效应》，海洋出版社 2016 年版。

30. 张占海主编：《快速变化中的北极海洋环境》，科学出版社 2011 年版。

31. 张海生主编：《北极海冰快速变化及气候与生态效应》，海洋出版社 2015 年版。

32. 李振福：《北极航线问题的国际协调机制研究》，清华大学出版社 2015 年版。

33. 朱伟林、王志欣等：《环北极地区含油气盆地》，科学出版社 2013 年版。

34. 丁宏：《北极民族学考察笔记》，中央民族大学出版社 2009 年版。

35. ［美］罗伯特·吉尔平著，杨宇光、杨炯译：《全球政治经济学：

解读国际经济秩序》，上海人民出版社 2003 年版。

36. 於世成、胡正良、郏丙贵：《美国航运政策、法律与管理体制研究》，北京大学出版社 2008 年版。

37. 柳思思：《突破与创新：国际关系理论的新研究》，时事出版社 2013 年版。

38. 柳思思：《外交的文化阐释·俄罗斯卷》，知识产权出版社 2012 年版。

39. 肖洋：《管理规制视角下中国参与北极航道安全合作实践研究》，清华大学出版社 2017 年版。

40. 肖洋：《冰海暗战：近北极国家战略博弈的高纬边疆》，人民日报出版社 2016 年版。

41. 肖洋：《大国无疆：中国崛起动能论》，时事出版社 2013 年版。

二、中文期刊

1. 曹云霞、沈丁立：《试析欧洲的信任建立措施及其对亚太地区的启示》，《世界经济与政治》2001 年第 11 期。

2. 程保志：《试析北极理事会的功能转型与中国的应对策略》，《国际论坛》2013 年第 3 期。

3. 邓贝西、肖琳：《北极协同合作：政策与最佳实践》，《太平洋学报》2015 年第 6 期。

4. 丁煌、朱宝林：《基于"命运共同体"理念的北极治理机制创新》，《探索与争鸣》2016 年第 3 期。

5. 方精云、位梦华：《北极陆地生态系统的碳循环与全球温暖化》，《环境科学学报》1998 年第 2 期。

6. 郭洪、毛登森：《从俄罗斯的"北极战略"解读北极地区的军事博弈》，《电光系统》2014 年第 1 期。

7. 郭培清、管清蕾：《探析俄罗斯对北方海航道的控制问题》，《中国海洋大学学报》（社会科学版）2010 年第 2 期。

8. 郭培清、常晶：《简析构建加拿大北极环境政策的主要因素》，《中国海洋大学学报》（社会科学版）2011 年第 1 期。

9. 何铁华：《〈极地规则〉与北极俄罗斯沿岸水域的制度安排》，《中国海事》2014 年第 9 期。

10. 和静钧：《北约展露全球野心》，《南风窗》2006 年第 10 期。

11. 李振福：《北极航线的中国战略分析》，《中国软科学》2009 年第 1 期。

12. 李振福、王文雅、朱静：《北极航线在我国"一带一路"建设中的作用研究》，《亚太经济》2015 年第 3 期。

13. 李振福、尤雪、王文雅：《中国北极航线多层战略体系研究》，《中国软科学》2015 年第 4 期。

14. 李中海：《梅德韦杰夫经济现代化方案评析》，《俄罗斯东欧中亚研究》2011 年第 2 期。

15. 连燕华、马维野、王玉民：《科技安全的定义与概念》，《科技管理研究》2000 年第 2 期。

16. 刘惠荣、陈奕彤：《北极法律问题的气候变化视野》，《中国海洋大学学报》（社会科学版）2010 年第 3 期。

17. 刘惠荣、董跃、侯一家：《保障我国北极考察及相关权益法律途径初探》，《中国海洋大学学报》（社会科学版）2010 年第 6 期。

18. 柳思思：《"近北极机制"的提出与中国参与北极》，《社会科学》2012 年第 10 期。

19. 柳思思：《差序格局理论视阈下的"一带一路"——从欧美思维到中国智慧》，《南亚研究》2018 年第 1 期。

20. 柳思思：《欧盟"环境友好型"北极战略的解读》，《国际论坛》2016 年第 3 期。

21. 马艳玲：《北极旅游安全面临新挑战》，《中国海事》2010 年第 12 期。

22. 马跃：《从加拿大诉欧盟海豹制品禁令案看动物福利壁垒及其影响》，《对外经贸实务》2012 年第 1 期。

23. 潘敏：《机遇与风险：北极环境变化对中国能源安全的影响及对策分析》，《中国软科学》2014 年第 9 期。

24. 钱宗旗：《俄罗斯北极能源发展前景和中俄能源合作展望》，《山东工商学院学报》2015 年第 5 期。

25. 史春林：《北冰洋航线开通对中国经济发展的作用及中国利用对策》，《经济问题探索》2010 年第 8 期。

26. 孙凯：《参与实践、话语互动与身份承认——理解中国参与北极事务的进程》，《世界经济与政治》2014 年第 7 期。

27. 汪晓兵：《经国际海事组织批准的全球四个排放控制区简介》，《中国海事》2015 年第 8 期。

28. 危敬添：《〈1996 年国际海上运输有毒有害物质损害责任和赔偿公约〉2010 年议定书》，《水运管理》2010 年第 7 期。

29. 湘溪：《"北极和平"的终结?》，《世界知识》2015 年第 12 期。

30. 张丽珍：《南极环境损害责任制度评介——以〈关于环境保护的南极条约议定书〉附件六为中心》，《中国海洋大学学报》（社会科学版）2009 年第 4 期。

31. 张侠、屠景芳、钱宗旗、王泽林、杨惠根：《从破冰船强制领航到许可证制度——俄罗斯北方海航道法律新变化分析》，《极地研究》2014 年第 2 期。

32. 张余庆：《MGO 特性及其在船上应用对策研究》，《天津航海》2012 年第 2 期。

33. 舟丹：《俄罗斯将批准私营企业开采北极油气资源》，《中外能源》2013 年第 10 期。

34. 朱晓中：《双东扩的政治学——北约和欧盟扩大及其对欧洲观念的影响》，《俄罗斯东欧中亚研究》2003 年第 2 期。

35. 朱亚宗：《地理环境如何影响科技创新——科技地理史与科技地理学核心问题试探》，《科学技术与辩证法》2003 年第 5 期。

36. 邹志强：《北极航道对全球能源贸易格局的影响》，《亚非纵横》2014 年第 2 期。

37. 肖洋：《北极理事会"域内自理化"与中国参与北极事务路径探析》，《现代国际关系》2014 年第 1 期。

38. 肖洋：《北冰洋航线开发：中国的机遇与挑战》，《现代国际关系》2011 年第 6 期。

39. 肖洋：《中俄共建"北极能源走廊"：战略支点与推进理路》，《东北亚论坛》2016 年第 5 期。

40. 肖洋：《北极科学合作：制度歧视与垄断生成》，《国际论坛》2019 年第 1 期。

41. 肖洋：《韩国的北极战略：构建逻辑与实施愿景》，《国际论坛》2016 年第 2 期。

42. 肖洋：《北极海空搜救合作：规范生成与能力短板》，《国际论坛》2014 年第 2 期。

43. 王明国：《国际制度互动与制度有效性关系研究》，《国际论坛》2014 年第 1 期。

三、外文著作

1. AFS Convention, "International Convention on the Control of Harmful Anti-Fouling Systems on Ships", London: IMO, 2005.

2. Anderson, P., "Cracking the Code: The Relevance of the ISM Code and its Impact Upon Shipping", London: Nautical Institute, 2003.

3. Brubaker, R. D., "Environmental Protection of Arctic Waters", Stockholm: University of Stockholm, 2002.

4. I. Davies, "Issues in International Commercial Law 2005", London: Routledge, 2008.

5. Chircop A. and Linden O., "Places of Refuge for Ships: Emerging Environmental Concerns of a Maritime Custom", Leiden: Martinus Nijhoff, 2006.

6. Christophe Betrem, "The Future of Arms Control: Part Ⅱ Arms Control and Technological Change: Elements of a New Approach", London: International Institute for Strategic Science, 1978.

7. Chircop T. McDorman and S. Rolston, "The Future of Ocean Regime-Building: Essays in Tribute to Douglas M. Johnston", Leiden: Martinus Nijhoff, 2008.

8. Dudley, J. R., Scott, B. J. and Gold, E., "Towards Safer Ships and Cleaner Seas: A Handbook for Modern Tank Ship Operations", Arendal: Gard AS, 1994.

9. Franckx, E., "Maritime Claims in the Arctic: Canadian and Russian Perspectives", Dordrecht: Martinus Nijhoff, 1993.

10. Gold, E., "Gard Handbook on Protection of the Marine Environment", Arendal: Gard AS, 2006.

11. Gold, E., Chircop, A. and Kindred, H., "Maritime Law", Toronto: Irwin Law, 2003.

12. A. G. Granberg and V. I. Peresypkin, "Problemy Severnogo Morskogo Puti", Moscow: Nauka, 2006.

13. G. Oude Elferink and D. R. Rothwell, "The Law of the Sea and Polar Maritime Delimitation and Jurisdiction", Hague: Martinus Nijhoff, 2001.

14. Institute of Maritime Law, "The Ratification of Maritime Conventions", London: Lloyd's Press, 2003.

15. J. Y. Wong, "Deadly Dreams, Opium, Imperialism, and the Arrow War in China", Cambridge: Cambridge University Press, 2002.

16. John, "Ice and Water: Politics, People, and the Arctic Council", Toronto: Penguin Canada/Allen Lane, 2013.

17. John J. Maresca, "The Conference on Security and Cooperation in Europe 1937 – 1975", Durham, NC: Duck University Press, 1985.

18. John M. Snyder, "Arctic Marine Tourism: Its History, Prospects and Management, Centennial", Colorado: Strategic Studies, 2008.

19. Molenaar, E. J., "Coastal State Jurisdiction over Vessel – Source Pollution", The Hague: Kluwer Law International, 1998.

20. Nordquist, M. H., S. Roseene, A. Yankovand and N. R. Grundy, "United Nations Convention on the Law of the Sea 1982: A Commentary", Dordrecht: Nijhoff, 1991.

21. Østreng, W., "The Natural and Societal Challenges of the Northern Sea Route, A Reference Work", London: Kluwer, 1999.

22. Peter Wallensteen, "Peace Reasearch: Theory and Practice", London: Routledge, 2011.

23. Pharand, D., "Canada's Arctic Waters in International Law", Cambridge: Cambridge University Press, 1988.

24. Pharand, D., "The Northwest Passage: Arctic Straits", Dordrecht: Martinus Nijhoff, 1984.

25. Paul Arthur Berkman, Alexander N. Vylegzhanin, "Environmental Security in the Arctic Ocean", Dordrecht: Springer, 2013.

26. Rowe E. W., "Russia and the North", Ottawa: University of Ottawa Press, 2009.

27. Sebenius, J. K., "Negotiating the Law of the Sea", Cambridge, MA: Harvard University Press, 1984.

28. Semanov, G., "Coastal Pollution Emergency Plan", Oslo: Fridjth of Nansen Institute, 1997.

29. SOPF, "The Administrator's Annual Report 2006 – 2007", Ottawa: Ship – Source Oil Pollution Fund, 2008.

30. Svein Vigeland Rottem, "The Arctic Council and the Search and Rescue Agreement: The Case of Norway", Cambridge: Cambridge University Press, 2013.

31. Timco, G. W. and Kubat, I., "Regulatory Update for Shipping in

Canada's Arctic Waters: Options for an Ice Regime System", Ottawa: Canadian Hydraulics Centre, 2007.

32. Vidas, D. and Østreng, W., "Order for the Oceans at the Turn of the Century", The Hague/London/Boston: Kluwer International, 1999.

33. Vidas, D., "Protecting the Polar Marine Environment, Law and Policy for Pollution Prevention", Cambridge: Cambridge University Press, 2000.

四、外文期刊

1. Agyebeng, W. K, "Theory in Search of Practice: The Right of Innocent Passage in the Territorial Sea", Cornell International Law Journal, Vol. 39, 2006.

2. American Bureau of Shipping, "First Joint Rules for LNG: Class Societies ABS and RS Jointly Develop Rules for Arctic Gas Carriers", ABS Activities, Vol. 24, 2008.

3. American Bureau of Shipping, "Leading Ice Experts Join ABS to Discuss Cold Weather Transport", ABS Activities, Vol. 17, 2007.

4. Albert Buixadé Farré and Scott R. Stephenson, "Commercial Arctic Shipping Through the Northeast Passage: Routes, Resources, Governance, Technology, and Infrastructure", Polar Geography, Vol. 37, No. 4, 2014.

5. Alexandre Dubois and Dean Carson, "Placing Northern Development: The Case of North Sweden", Local Economy, Vol. 31, No. 7, 2016.

6. Arctic Council, "Agreement on Enhancing International Arctic Scientific Cooperation", China Oceans Law Review, No. 1, 2017.

7. Andrey Vokuev, "Russia Opens First Arctic Search and Rescue Center", Barents Observer, Vol. 24, 2013.

8. Armstrong, T., "The Northern Sea Route in 1967", Inter – Nord, Vol. 11, 1970.

9. Carin Holroyd, "The Business of Arctic Development: East Asian Economic Interests in the Far North", Canada – Asia Agenda, Vol. 2, 2013.

10. Chircop, A., "Climate Change and the Prospects of Increased Navigation in the Canadian Arctic", WMU Journal of Maritime Affairs, Vol. 6, 2007.

11. Carina Keskitalo, "International Region – Building: Development of the Arctic as an International Region", International Relations of the Asia – Pa-

cific, Vol. 42, No. 2, 2007.

12. Doelle, M. and McConnell, M. L., "Invasive Seaweeds: Global and Regional Law and Policy", Botanica Marina, Vol. 50, 2007.

13. Graca Ermida, "Strategic Decisions of International Oil Companies: Arctic Versus Other Regions", Energy Strategy Reviews, Vol. 5, 2013.

14. Franckx, E., "New Developments in the North – East Passage", International Journal of Estuarine and Coastal Law, Vol. 16, 1999.

15. Fen Osler Hampson, "Knowledge, Power and International Policy Coordination", International Journal, Vol. 52, No. 4, 1997.

16. Jensen, Ø., "Arctic Shipping Guidelines: Towards a Legal Regime for Navigational Safety and Environmental Protection?", Polar Record, Vol. 44, 2008.

17. Henry P. Huntington, "Arctic Science: The Local Perspective", Nature, Vol. 478, No. 7368, 2011.

18. Koivurova, T. and VanderZwaag, D. L., "The Arctic Council at 10 Years: Retrospect and Prospects", University of British Columbia Law Review, Vol. 40, 2007.

19. Leiv Lunde, "The Nordic Embrace: Why the Nordic Countries Welcome Asia to the Arctic Table", Asia Policy, Vol. 18, 2014.

20. Miroslav Mares, "Oil and Natural Gas in Russia's Eastern Energy Strategy: Dream or Reality?", Energy Policy, Vol. 50, 2012.

21. Olav Schram Stokke, "Asian Stakes and Arctic Governance", Strategic Analysis, Vol. 38, No. 6, 2014.

22. Pharand, D., "The Arctic Waters and the Northwest Passage: A Final Revisit", Ocean Development & International Law, Vol. 38, 2007.

23. Phillip Cornell and Jochen, "Energy and High North Governance: Charting Uncertainty", Journal of Energy Securtiy, Vol. 2, 2009.

24. Page Wilson, "Society, Steward or Security Actor? Three Visions of the Arctic Council", Cooperation and Conflict, Vol. 51, No. 1, 2016.

25. Øistein Harsem, Arne Eide and Knut Heen, "Factors Influencing Future Oil and Gas Prospects in the Arctic", Energy Policy, Vol. 49, 2011.

26. Rayfuse, R., "Protecting Marine Biodiversity in Polar Areas beyond National Jurisdiction", Review of European Community & International Environmental Law, Vol. 1, 2008.

27. Ron Wallace, "Emerging Canadian Priorities and Capabilities for Arctic Search and Rescue", Canadian Defence & Foreign Affairs Institute, Vol. 24, 2012.

28. Sebastian Knecht and Kathrin Keil, "Arctic Geopolitics Revisited: Spatialising Governance in the Circumpolar North", The Polar Journal, Vol. 3, No. 1, 2013.

29. Wessel P., Sandwell D. T. and Kim S., "The Global Seamount Census", Oceanography, Vol. 23, 2010.

后 记

　　作为一名专注北极问题研究十余年的学人，研究北极地缘战略与经济治理是一个新的学术机遇。本书的写作过程异常艰苦，不仅需要组建多语种学术团队来梳理相关外文文献，同时也需要进一步扩展学术视野，增加经济学、地理学的相关知识。学术的道路注定是艰苦且孤独的，需要健康的体魄，更需要坚韧的信念，通宵写作已是常态，高强度的学习和工作压力让我的身体已经到了常态化心力憔悴的地步。

　　本书的撰写，离不开亲朋好友的帮助。感谢我的父母，默默帮我维持着家庭的平稳运转。感谢我的爱人柳思思教授予以的智力支持，她贤惠温柔，常常在我陷入思维瓶颈的时刻，予以我亦师亦友的指导。感谢我的孩子，时刻让我感到孩提时代最纯真的美好，双向奔赴的父子亲情，真是人生幸事。感谢出版社编辑的宝贵付出，让本书得以顺利出版。

　　感谢所有的学术先行者，你们的学术探索为我亮起盏盏明灯。中华民族的崛起，是一种从先辈到今世的期望延续，当于我辈之手再行赓续。由此看来，为国治学，为国求学，则是这个时代赋予我的使命。